설득은
들키지
않는다

설득은 들키지 않는다

ⓒ 아델 감바델라, 칩 매시

초판 발행 2025년 10월 29일

지은이	아델 감바델라, 칩 매시
옮긴이	박세연
펴낸이	전은주
편집	정일웅, 도은선
디자인	육일구디자인

펴낸곳	(주)제이포럼
출판등록	2021년 6월 30일 (제2021-000006호)
주소	03832 경기도 과천시 별양로 164 711동 2303호(부림동)
전자우편	jforum1@gmail.com
인스타그램	@jforum_official

ISBN 979-11-94834-20-1 13320

CONVINCE ME: High-Stakes Negotiation Tactics to Get Results in Any Business Situation by Adele Gambardella, Chip Massey
All rights reserved.
This Korean edition was published by Jforum Publishing Co. in 2025 by arrangement with McGraw Hill LLC through KCC(Korea Copyright Center Inc.), Seoul.

이 책은 (주)한국저작권센터(KCC)를 통한 저작권자와의 독점계약으로 (주)제이포럼에서 출간되었습니다. 저작권법에 의해 한국 내에서 보호를 받는 저작물이므로 무단전재와 복제를 금합니다.

FBI 인질 협상가와 경영컨설턴트의 섬세한 설득

convince me

설득은
들키지 않는다

아델 감바델라, 칩 매시 지음 | 박세연 옮김

추천사

"설득에 인질 협상 기술과 첨단 홍보 기술을 이용하려는 사람들을 위한 소중한 지침서."

_다니엘 핑크(美 차세대 미래학자, 《파는 것이 인간이다》, 《다니엘 핑크 후회의 재발견》 저자)

"당신에게 아무도 'NO'라고 말할 수 없게 만들고 싶다면, 이 책을 읽어라."

_제이슨 페이퍼(《엔터프레뉴어》 매거진 편집장, 《빌드 포 투모로우》 저자)

"단 20분 만 읽으면 세일즈에 대한 생각이 달라진다. 사실 우리는 모두 세일즈맨이다."

_조 풀리지(마케팅 연구소 CMI 창업자, 《콘텐츠 바이블》, 《킬링 마케팅》 저자)

차례

추천사 · 005
들어가며 설득, 게임을 뒤집는 최고의 기술 · 011

1부 설득의 기술과 과학

1장 포렌식 듣기
모든 대화는 실마리를 남긴다 · 024
마약 조직원의 숨겨진 욕망 · 026
비즈니스 세계의 포렌식 듣기 · 029
포렌식 듣기가 이끌어낸 변화 · 037

2장 드러내지 않은 이야기 포착하기
칩은 무엇을, 왜 놓쳤나? · 047
말보다 강력한 기록의 힘 · 048
드러나지 않은 이야기를 찾아라 · 058
마음을 열게 만드는 접근 방식 · 059
행동 속에 숨겨진 패턴 읽기 · 062

3장 설득하기 위한 기본 전제
상대의 마음속으로 들어가는 다섯 단계 · 069
설득은 과학이다 · 074
22초, 상대를 읽는 시간 · 078
관계의 여섯 가지 측면 · 082

4장 설득을 시작하는 구체적인 단계
설득 연속체를 만들어라 · 089
상대를 고민에 빠뜨려라 · 099
시각을 살짝 틀어주는 한마디 · 102
설득 연속체를 활용하는 네 가지 단계 · 106

2부 설득 전문가가 되는 법

5장 확신의 힘
흔들림 없는 믿음이 사람을 움직인다 · 112

6장 설득력 강한 사람들의 관계 유지 비결
흥분 상태를 조율하는 세 단계 · 129
설득을 위한 관계 구축의 기술 · 132
인기 팟캐스터가 주는 팁 · 146
관계와 의식 그리고 저항 · 150

7장 마술사와 사기꾼, 점쟁이에게 배우는 설득 기술
똑똑한 사람이 왜 사기를 당할까? · 158
인간의 나약함을 설명하는 바넘/포러 효과 · 159
공감력을 높이는 포러식 표현 · 162
설득력을 높이는 콜드 리딩 · 167

8장 설득의 신경과학
신뢰와 감정적 연결고리 · 176
사람들을 모여들게 만드는 네 단계 · 178
기만적인 상대를 대하는 방법 · 187
이야기는 어떻게 두뇌를 자극할까? · 188
신경과학이 알려주는 설득의 타이밍 · 189

9장 FBI 행동 분석으로 비즈니스 경쟁력 확보하기 1.
생활 방식이 말해주는 것들 · 195
비즈니스 방식 관찰하기 · 198
상사가 아끼는 직원을 관찰하기 · 205
마인드 매핑과 인물 분석 · 207
낯선 사람과 관계 맺기 · 214

10장 경쟁력 확보 2: 두 유형의 설득자 이해하기
감정에 호소하는 감정적 설득자 · 220
자료에 기반을 두는 사실 중심적 설득자 · 223
상대의 성격 기반 파악하기 · 229
FBI의 두 가지 핵심 질문:무엇이 그대로이고 무엇이 달라졌나? · 235
방어가 공격만큼 강력하다면, 이길 수 있다 · 242

11장 집단 설득
근본적인 지식이 중요한 이유 · 247
트렌드를 만들어내는 세 단계 · 253
플러그엔플레이 트렌드 접근 방식 · 256

12장 설득 전술과 협상
좋은 거래에 대한 생각 · 263
인질 협상과 비즈니스 협상의 공통점 · 265
협상은 팀 스포츠다 · 268
완벽한 멀티태스킹이란 없다 · 269
팀 기반 협상으로 최고 성과를 올릴 수 있는 이유 · 271
놀라운 결과를 성취하는 '오즈의 마법사' 기법 · 272
위기는 설득자의 가장 친한 친구 · 274
위기관리팀 구성하기 · 275
사람들이 협상에서 중요하게 여기는 것 · 279

13장 타고난 협상가가 되는 법
집중과 명료함 · 283
걱정과 의구심을 벗어던지기 · 283
다른 사람을 도와주려는 선의 · 284
상대가 진정으로 원하는 것을 파악하기 · 287
문제를 내려다보는 방법 · 297
타고난 설득가 로버트 아이거 · 299
긍정적인 감정 경험을 창조하는 협상 · 302

14장 급박한 상황에서 두려움이 하는 역할
두려움이 미치는 영향 · 309
원시의 두뇌로 현대를 살아가기 · 310
두려움에 마비된 CIA 요원 · 312
두려움을 극복하고 활용하는 법 · 317
두려움에 익숙해지는 법 · 319
두려움을 극복하고 미래로 · 322

15장 자신만의 설득 방식: 개인적인 설득 스타일
존 F.케네디 주니어와의 만남 · 329
자신의 성격은 자신이 구축한다 · 332

16장 성공적인 설득의 네 가지 요소
시점 · 345
신뢰성 · 347
호감도 · 351
반복성 · 355

3부 설득 기술을 자기 분야에 적용하기

17장 비즈니스에서 설득 상황
상황 1: 승진 후 새로운 팀을 분석하기 · 363
상황 2: 마이크로매니저를 대체하기 · 365
상황 3: 과제를 요청하기 · 367
상황 4: 매출 목표 설정하기 · 369
상황 5: 직업 개발 교육에 직원들이 자발적으로 참여하도록 만들기 · 371
상황 6: 새로운 상사와의 만남 · 372
상황 7: 부적절한 면접 질문 · 374
상황 8: 지친 고객 서비스 담당자를 다루기 · 376
상황 9: 프로젝트 예산을 더 많이 확보하기 · 378
상황10: 상사가 위기 상황에서 움직이게 만들기 · 380
상황11: 채용 후보자와 면담하기 · 381
상황12: 새로운 사업가로 전시회장에 들어서고 있다 · 383
새로운 설득 기술 시도하기 · 384

주석 · 386

들어가며
설득, 게임을 뒤집는 최고의 기술

"당신의 딸을 데리고 있다. 돈을 주지 않으면 죽이겠다!" 전화는 곧바로 끊어졌다. 마리아 산체스는 절박한 심정이었다. 멕시코 사람들을 몰래 미국으로 들여보내는 브로커인 '코요테'들이 열아홉 살 된 그의 딸 로사를 은밀한 '인질 창고'에 가둬둔 것이다. 역시 불법 체류자인 마리아는 이미 얼마 남지 않은 돈을 몽땅 그들에게 몸값으로 지불한 터였다. 하지만 인질범들은 돈을 더 내놓으라며 그녀를 협박하고 있다. 그들은 만약 경찰에 알리면 딸을 영원히 볼 수 없을 것이라고 경고했다. 마리아에게는 딸을 구할 방법이 없었다. 결국 미국에서 추방될 위험을 감수하고 연방수사국 Federal Bureau of Investigation(FBI)에 연락했다.

칩 매시, FBI의 인질 협상가

이 이야기는 영화 시나리오가 아니다. 내가 예전에 직접 겪은 일이다. 내 이름은 칩 매시Chip Massey, 이 책의 공저자이자 과거 FBI 협상가였다. 당시 FBI는 마리아가 딸을 찾을 수 있도록 나와 내 팀을 현장으로 보냈다.

단 한 가지 이유로 협상가는 당신이 알고 있는 어떤 영업사원보다 설득력이 뛰어나다. 극단적으로 위험한 상황에서 사람의 목숨을 다루는 일을 하기 때문이다. 나는 마리아와 아무런 친분이 없다. 사실 마리아라는 이름도 가명이다. 당시 위험에 처한 사람은 내 딸이 아니었다. 하지만 나는 마리아가 딸을 찾으려면 인질범에게 어떻게 말해야 할지 정확히 알고 있었다. 살리겠다는 마음만으로는 구할 수 없다. 마리아에게는 '기술know-how'이 필요했다. 인질 협상가가 오랜 경험을 통해 익힌 설득의 기술 말이다.

나는 전화를 기다리며 마리아에게 인질범과 대화하는 방법을 자세히 가르쳤다. 그러고는 마리아 곁에 가만히 앉아 있었다. 마침내 인질범이 거래(사실은 함정인)를 위해 다시 전화를 걸어왔다. 우리는 마리아에게 통화를 최대한 길게 끌라고 했고, 그동안 무슨 말을 해야 하는지 세세히 적은 쪽지를 건넸다. 쪽지에는 우리가 전술적 우위를 확보하기 위해 전략적으로 선택한 내용이 담겨 있었다. 우리는 천천히 협상을 하면서 조금씩 신뢰를 쌓고자 했다. 그렇게 73시간 동안 14번의 통화 끝에 마리아의 딸과 22명의 인질이 무사히 풀려났고, 코요테와 공범들 모두 체포되었다.

만약 이처럼 강력한 설득 기술을 배워서 고객이나 잠재 고객, 동료, 이사회처럼 설득해야 할 모든 대상에 적용할 수 있다면 어떨까? 만약 이러한 설득 기술을 배우기 위해 콴티코(미국 버지니아주에 있는 마을로 FBI 아카데미가 있다-옮긴이)를 방문할 계획이라면 어떨까? 한번 생각해보자. 마리아는 영어에 서툴다. 그리고 극단적인 긴장 상태에서 흉악한 범죄자와 협상해야 했다. 이러한 상황에서도 마리아는 불과 몇 시간 동안 내게서 배운 기술로 3일 만에 자기 딸을 되찾았다!

이 책의 목적은 당신의 설득력을 높이는 것이다. 설득 기술을 최고 수준으로 높여주는 것이다. 다시 말해 상대를 쉽고 빠르게 설득할 수 있도록 만들어주는 것이다. 이를 위해 우리는 여기서 세계적인 수준의 설득 기술을 갖춘 인물들의 사고 과정을 들여다볼 것이다. 그리고 그들이 어떻게 행동했는지 살펴보면서 그들이 활용한 전략을 우리 생활에 어떻게 적용할 수 있을지 확인해볼 것이다. 그 과정에서 내 이야기만 하지는 않을 것이다. 이 책의 공저자인 아델 감바델라의 이야기도 함께 들려줄 것이다.

아델 감바델라, 비즈니스 의사소통 전문가

위기 의사소통crisis communication 전문가인 나는 기업 대표 또는 조직의 일원으로 중요한 협상을 이끌어왔다. 나는《포천Fortune》이 선정한 500대 기업의 경영자를 대상으로 강의를 하고, 미국 대통령과 최고경영자CEO들에게 자문을 제공했다. 또한 효과가 검증된 기술을 활용해서 비즈니스 세상의 유명인들이 그들의 제국을 키워나가도록 도움을 주었다. 나는《월스트리트저널Wallstreet Journal》에 글을 쓰면서 기업의 스캔들을 분석하고 문제 해결을 위한 조언을 달라는 요청을 종종 받고 있다. 또한 나만의 고유한 협상 기술을 경력 전반에 효과적으로 활용하고 있다. 그 기술은 아마 콴티코에서도 배우기 힘들 것이다.

나는 칩과 함께 다양한 설득 기술을 소개하고자 한다. 우리 두 사람은 서로 다른 세상에 살고 있었지만, 이제 설득력이라는 공통 분야에서 함께 일하고 있다. 우리의 성공은 사람들이 우리를 믿고, 우리와 함께하고, 궁극적으로 우리가 바라는 행동을 하도록 만드는 능력에 달렸다.

FBI 협상가와 비즈니스 의사소통가는 매우 다른 사람 같지만 자세히 들여다보면 그들의 일에는 상당한 공통점이 있다. 나와 칩은 각자의 기술이 상호 보완적이며, 서로 많은 것을 배울 수 있다는 사실을 깨달았고, 결국 컨빈싱컴퍼니 Convincing Company 를 공동으로 설립하기에 이르렀다. 우리는 여러 기업과 비영리기구, 그리고 경영자 들이 원하는 것을 얻고 앞서 나갈 수 있도록 강력한 설득 기술을 가르치고 있다.

이 책의 목적은 망설임과 자기 의심을 떨쳐버리고 확신과 용기, 의지를 갖고 최고의 목표를 달성하기 위한 기술과 전략을 가르치는 것이다. 그리고 그 과정에서 세계에서 가장 설득력 높은 인물들의 사고 과정을 들여다보고 그들이 어떻게 행동했는지, 그들의 전략을 여러 상황에 어떻게 적용할 수 있을지 살펴보고자 한다. 이제 우리는 다음과 같은 인물들을 소개하고자 한다.

- 강력한 설득력으로 까다로운 관객에 대처하고 사람들의 존경을 받는 영화감독
- 남성이 지배하는 세상에 뛰어들어 엄청난 저항을 이겨내고 꿈의 자리를 차지한 야심 찬 여성
- 자기만의 차별성을 발견하고 상위 1퍼센트 고객에 과감하게 집중함으로써 기업 인지도를 높인 IT 스타트업 경영자

이들 모두 창조성과 혁신, 그리고 노력을 통해 성공을 거뒀다. 하지만 그들에게 설득 기술이 없었다면 불가능한 일이었을 것이

다. 우리는 당신의 설득력을 높여줄 것이다. 그리고 설득력이 이미 높은 사람에게는 새로운 기술을 전수할 것이다. 또한 비즈니스를 막 시작한 사람이라면, 우리의 전략을 이해하도록 함으로써 성장 속도를 높여줄 것이다.

개구쟁이 네 살배기 아이를 재우기 위해 애쓰는 부모부터 벤처 캐피털의 첫 투자를 받고자 하는 스타트업 사업가에 이르기까지, 모든 사람이 강력한 설득력으로부터 많은 도움을 얻을 수 있을 것이다. 당신이 어디서 일하든 설득력은 강력한 무기가 되어줄 것이다.

설득은 사랑 바꾸기가 아니다

우리는 설득력을 얼마든지 높일 수 있다. 하지만 명심해야 할 것이 있다. 우리는 4~5세무렵 이미 기본적인 설득 기술을 배웠다. 2020년 《저지먼트 앤드 디시즌 메이킹Judgment and Decision Making》이라는 학술지에 게재된 한 논문에 따르면, 아이들은 5세가 될 무렵부터 다른 아이들과 사탕을 바꿔 먹으면서 본능적으로 "수요와 공급의 법칙을 이해하고 행동으로 옮긴다."[1]

또한 그 연구는 6세 아이는 '인식된 가치perceived value'나 '이기심'처럼 설득과 관련된 고급 개념을 활용해서 사탕과 쿠키를 배분한다는 사실을 보여준다. 더욱 중요하게도 인류 역사에서 세상을 바꾼 협상들은 상대의 이기심을 이용하는 동일한 원칙을 근간으로 삼았다.

그런데 안타깝게도 많은 이들의 설득 기술은 사탕을 바꾸던 대여섯 살 시절에서 발전하지 못했다. 성인을 설득하기 위한 기술은 이보다 더 복잡하다. 우리가 성장할수록 직면하게 되는 상황은 점점 더 복잡해지고, 그에 따라 더 높은 수준의 전략적 접근이 필요하다. <u>상대를 효과적으로 설득하기 위해서는 심리학과 전략, 상황 인식, 그리고 우리가 이 책에서 배우게 될 다양한 실용적 기술이 필요하다.</u>

본능에서 한 걸음 물러서면 세상이 달라진다

많은 이들이 예전에 직접 효과를 확인한 직관적인 접근 방식을 특정한 상황이니 사람에 따라 수정하지 않고 그대로 사용한다. 그들에게 설득이란 기계적으로 수행하는 뿌리 깊은 습관이다. 그러나 안타깝게도 예전에 효과가 있었다고 해서 지금도 그럴 것이라는 보장은 없다. 어릴 적에 원하는 것을 얻지 못할 때마다 토라지는 전략을 사용하곤 한 상사가 있다고 해보자. 그는 지금도 직원들이 말을 듣지 않으면 그 전략을 그대로 사용한다. 물론 이 방법도 효과가 있다. 단, 직원들이 새로운 일자리를 찾을 때까지만. <u>많은 사람이 상대를 설득하는 데 실패하는 이유는 이처럼 예전의 접근 방식에 의존하기 때문이다.</u>

우리 두뇌는 매일 새로운 경험을 통해 변형된다. 이러한 현상을 신경가소성^{neural plasticity}이라고 한다. 어린 시절부터 사용했던 자동항법장치에 기반을 둔 설득 전략을 포기하면, 두뇌를 새롭게 프로그래밍하고 새로운 사고방식을 창조하고 상대의 반응을 바꿀 수 있다. 그럼에도 많은 이들은 이제는 쓸모없는 것으로 드러난 경험 법칙에 계속해서 매달린다.

우리는 이 책을 통해 자신의 설득 스타일을 상황과 사람에 따라 수정하는 방법을 설명하고자 한다. 누구나 그 방법을 배울 수 있다.

- <u>스스로</u> 발목을 잡는 반복적인 행동과 부정적인 자기 인식에서 벗어나기
- 본능을 뛰어넘기
- 사람들의 마음과 전반적인 분위기를 한눈에 파악하기
- 협상 기술, 거래 성공률, 경력, 인간관계를 모두 개선해주는

고급 설득 전략을 활용하기

　이 책은 총 3부로 구성된다. 1부 '설득의 기술과 과학'은 위험한 상황에서 효과적으로 사용할 수 있는 기술과 전략을 들여다본다. 그리고 이러한 기술과 전략이 심리적인 차원에서 효과를 발휘하는 이유를 전반적으로 설명한다. 2부 '설득 전문가가 되는 법'에서는 이러한 통찰력을 바탕으로 설득 기술을 개발하는 방법을 살펴본다. 그리고 3부 '설득 기술을 자기 분야에 적용하기'는 설득 기술을 다양한 비즈니스 관계와 일상적인 상황에 적용하는 방법을 보여준다.

　설득은 자기 주장을 강하게 밀어붙이는 게 아니다. 설득 과정은 상대와 그의 가치관을 이해하는 것에서 시작한다. 그래서 1장에서는 가장 먼저 '포렌식 듣기 forensic listening'라는 기술과 그 과학적 원리에 관해 설명한다. 이 기술 하나만으로도 일상생활 속에서 설득력을 크게 높일 수 있다.

1부

설득의 기술과 과학

1장

포렌식 듣기

칩 매시는 인질 협상가가 되기 위한 훈련을 받는 과정에서 적극적 듣기 active listening라는 심문 기술을 배웠다. 적극적 듣기의 목적은 의견 차이를 조금씩 좁혀 나가면서 상대방의 이야기에 귀를 기울이고 있다는 인상을 전하는 것이다.

또한 인질 협상가로 활동하면서 적극적 듣기를 통해 많은 성과를 거뒀지만, 거기에 중요한 한계가 있다는 사실을 깨달았다. 이 기술에는 상내가 남겨놓은 정보를 내화가 끝난 후에 분석하는 방법이 포함되지 않았다. 그래서 칩은 적극적 듣기 기술을 한 단계 더 높여야 할 필요가 있다고 느꼈다. 이를 위해 지금까지 자신의 경력을 되돌아봤다. FBI에 들어오기 전에 칩은 두 교회의 목사였다. 당시 칩은 신도들과 그들의 가정이 결혼에서 장례에 이르기까지 우리 삶에서 일어나는 감정적인 순간에 잘 대처하도록 도움을 주었다. 그리고 목사에서 요원으로 넘어가면서, 인간의 미묘한 감정을 포착하는 기술을 그대로 가져왔다. 위험하고 스트레스가 높은 상황에 처한 사람들의 이야기에 귀를 기울이고 공감하는 기술은 FBI 뉴욕 사무소의 인질 협상가로서 인질범과 스파이, 흉악범의 생각을 이해하는 과정에 많은 도움이 되었다.

모든 대화는 실마리를 남긴다

아델의 비즈니스 기술과 칩의 접근 방식을 결합해서 우리는 인간을 더 잘 이해하기 위해 누구나 활용할 수 있는 기술을 개발했다. 그리고 여기에 '포렌식 듣기'라는 이름을 붙였다. <u>적극적 듣기가 대화가 이루어지는 순간을 위한 것이라면, 포렌식 듣기는 대화가 끝난 이후를 위한 것이다. 포렌식 듣기는 사람들이 말을 하고 난 뒤에 그들의 이야기를 다시 검토하는 기술이다.</u> 사람들의 말과 행동은 항상 실마리를 남기기 때문이다. 포렌식 듣기는 이러한 실마리를 발견하고 분석하는 기술이다. <u>사람들이 말을 멈춘 순간과 방법, 강조한 것, 어조는 그들이 사용한 단어만큼이나 많</u>

적극적 듣기	대화 도중에 긴장을 완화하는 것이 목적	
	일반적으로 스트레스가 높은 상황에서 사용	
	관계 형성을 모색함	
	적용 범위가 제한적이며 특정한 규칙을 따름	
포렌식 듣기	대화가 끝난 뒤 그 내용을 재검토하는 것이 목적	
	관계 형성을 위한 모든 상황에 적용 가능	
	여러 차례 대화를 통해 신뢰를 형성하고 드러나지 않은 믿음(상대가 드러내지 않은 이야기)을 파악하고자 함	
	계속해서 활용함으로써 대화의 실마리를 발견하는 방법(의도적 인정, 예측적 진술, 미래와 자아 및 결과 개선)	

〈표 1-1〉 적극적 듣기 대 포렌식 듣기

은 이야기를 들려준다. 우리는 포렌식 듣기를 통해 대화의 이러한 측면을 분석하고 상대의 말을 재생함으로써 그렇지 않았더라면 놓쳤을 숨겨진 이야기를 파악한다.

사람들은 대부분 듣기 전략에 주목하지 않는다. 그저 단어에 집중하고 고개를 끄덕이면서 좋은 결과를 기대한다. 그리고 과거에 효과가 있었던 설득 전략을 그대로 활용하는 안전한 방법을 택한다. 그러고 나서는 왜 원하는 결과를 얻지 못했는지 의아해한다.

포렌식 듣기를 통해 다음을 배울 수 있다.

- 주의를 기울임으로써 상대를 진정으로 보고 듣고 이해한다는 인상을 전달하는 방법

- 예측적 진술을 통해 상대가 두려움과 희망, 꿈을 드러내게 만드는 방법
- 상대가 드러내지 않은 이야기(이 관계를 통해 당신에게서 혹은 삶에서 정말로 얻어내고 싶어 하는 것)를 파악하는 방법
- 이야기를 활용하여 상대를 설득하고 가장 얻고 싶은 것을 얻는 방법

마약 조직원의 숨겨진 욕망

칩은 FBI 시절에 마약 조직 운영자였던 마르코(가명)를 심문한 적이 있었다. 30대 초반의 마르코는 여덟 건의 살인으로 이미 종신형을 여러 차례 받은 상태라 석방될 가능성은 없었다. 교도소행을 피할 길이 없던 그는 칩에게 중요한 이야기를 털어놓을 이유도 없었다.

당시 칩의 임무는 마르코에게서 경쟁 마약 카르텔에 관한 정보를 알아내는 것이었다. 물론 마르코는 수사에 협조한다고 해도 종신형을 면할 가능성은 없었다. 그래서 칩은 다른 방법을 시도하기로 했다. 먼저 칩은 마르코에게 환경이 더 나은 감방으로 옮기거나 가족이 사는 곳과 가까운 교도소로 이감하거나 혹은 수감

생활을 하는 그의 지인들에게 도움을 주겠다고 제안했다. 그러나 그는 어느 것도 받아들이지 않았다. 그저 지루한 표정으로 먼 곳을 멍하니 쳐다보기만 했다. 결국 칩은 다른 설득 전술을 시도했다. 마르코가 드러내지 않은 이야기를 추측하는 것이었다.

칩은 다음 심문을 앞두고 녹음 테이프와 정보원 면담 자료를 통해 마르코의 범죄 이력을 확인했다. 마르코는 말수가 적었지만, 일단 이야기를 시작하면 단어를 신중하게 선택했고 상당한 비즈니스 감각을 보였다. 그는 위험 요인을 분석해서 누구를 제거해야 할지 판단했다. 그리고 범죄 사업에 따른 위험, 즉 체포되거나 다른 조직의 목표물이 될 위험을 평가했다. 또한 수익 가능성을 예측했다. 마르코의 이러한 분석 능력 때문에 그가 이끄는 카르텔은 매년 수백만 달러를 벌어들였다. 마르코는 사업가였다. 비록 돈을 벌기 위해 사람을 죽여야만 했지만 말이다.

마르코가 자신을 성공한 사업가로 바라본다는 결론에 이르렀을 때 칩은 심문 방향을 바꿔서 그를 자신이 생각하는 이미지에 맞게 대하기로 했다. 칩은 이렇게 심문을 시작했다. "마르코, 지금 우리는 난관에 봉착했습니다. 당신의 정보가 꼭 필요하죠. 우리는 지금 다른 카르텔을 수사하고 있고 당신이 도움을 줘야 그들의 작전과 속셈을 파악할 수 있습니다. 당신이 어떻게 움직였고 목표로 정한 인물들을 어떻게 제거했는지 이미 확인했습니다. 이렇게 말하기는 뭣하지만, 비즈니스 관점에서 본다면 당신의 행동은 지극히 합리적이었어요. 어쨌든 주어진 임무를 잘 수행한 거니까요. 지금 다른 조직이 무슨 일을 꾸미고 있는지 무언가 알고 있는 게 있나요? 우리가 놓치고 있는 게 있을까요?"

그러자 마르코는 처음으로 칩의 눈을 바라봤다. 그러고는 경쟁 카르텔이 앞으로 어떻게 움직일지, 그들의 동기는 무엇인지 말하기 시작했다. 그건 마르코가 드러내지 않은 이야기를 짐작했기에 가능한 일이었다. 마르코는 성공한 사업가로, 그리고 동료들의 인정과 존경을 받는 사람으로 대우받기를 원했다. 마르코가 알려준 정보는 그의 소중한 재산이었고, 자존감과 자신이 추구하는 이미지에 대단히 중요한 것이었다.

포렌식 듣기를 통해서 석방될 희망이 없는 마약 조직원의 숨겨진 동기를 확인할 수 있다면, 이 기술을 비즈니스와 개인적인 대화에 적용함으로써 무엇을 얻을 수 있을지 생각해보자! <u>우리가 만나는 모든 사람에게는 겉으로 드러나지 않은 야심으로 가득한 내면의 삶, 그리고 의도적인 질문과 신중한 듣기를 통해 추측할 수 있는 이야기가 있다.</u> 우리가 상대방의 동기를 확인할 때 우리가 원하는, 그리고 쌍방 모두 도움이 되는 협상을 시작할 수 있다.

비즈니스 세계의 포렌식 듣기

비즈니스 관련 문제가 위험이 높은 실제 범죄 상황과 같을 수는 없겠지만, 이러한 문제 역시 그에 못지않게 압박감이 있다. 인질극 상황, 그리고 앞서 살펴본 마약 조직원에 대한 심문 상황에서 포렌식 듣기는 대화가 끝난 후 내용을 재검토하는 기술이자 과학이다. 우리는 포렌식 듣기를 통해 자신의 감정과 상대의 감정을 더 잘 이해함으로써 설득력을 곧바로 높일 수 있다.

우리 고객 중에는 크리스텐(가명)이라는 엄청난 성공을 거둔 똑똑하고 유능한 전문가가 있었다. 그녀는 특유의 날카로운 성격 탓에 전무로 승진하는 과정에 어려움을 겪고 있었다. 크리스텐은 회사에서 '해결사'로 통했지만, 그 과정에서 자주 사람들의 기분을 상하게 했다. 크리스텐의 상사는 승진을 하려면 먼저 의사소통 방식을 바꾸라고 조언했다. 그렇게 크리스텐은 우리를 찾아왔다. 그녀의 목소리는 기가 죽고 방어적으로 들렸다. 그녀는 뭐가 문제인지, 그리고 어떻게 바로 잡을 수 있을지 알지 못했다. 우리는 포렌식 듣기가 크리스텐에게 큰 도움이 될 것으로 확신했다. 그리고 회의 중에 다른 사람들의 말을 듣는 방식을 바꿔볼 의향이 있는지 물었다. 그녀는 그렇게 하겠노라고 했고, 아델은 우리의 접근 방식을 단계별로 설명했다.

1. 상황 인식
2. 감정 패턴
3. 이해의 힘
4. 의도적인 인정

상황 인식

포렌식 듣기의 첫 단계는 상황 인식situational awareness이다. FBI에서 상황 인식이란 현재의 위협은 무엇이며 앞으로 상황이 어떻게 전개될지를 조사하는 활동을 말한다. 그리고 비즈니스 세계에서 상황 인식은 다른 사람의 이야기를 듣고, 잠재적인 문제를 확인하고, 그 문제가 조직 전반에 어떤 영향을 미칠지 조사하는 활동을 뜻한다. 여기서 말하는 문제란 회의에서 소외되거나 까다로운 상사 밑에서 일하거나 화난 고객을 상대하는 일처럼 간단한 것일 수도 있다. 이러한 비즈니스 문제를 해결하기 위해서는 먼저 상대와 대화를 나누거나 관계를 형성할 때 다음과 같은 사항에 주목해야 한다.

- 상대가 다른 사람이 아닌 자신에게 말할 때 어조와 억양이 달라지는 감정 패턴
- 일관적으로 강조하거나 계속해서 반복하는 이야기 혹은 주제

• 상대가 인정받기를 원하거나 다른 사람을 인정하는 방식

이 세 가지 기준은 사람들이 갈등을 어떻게 해결하는지 알려준다. 우리는 크리스텐이 이사회와의 불편한 관계에 관한 이야기를 꺼냈을 때 이사회가 자신의 의사결정을 비판하는 방식에 실망했다는 사실을 이해할 수 있었다. 그녀는 당시 상황을 설명하면서 목소리의 어조와 억양이 바뀌었다. 또한 자신의 성과를 계속해서 언급하면서 세 번의 주요한 성공을 반복적으로 강조했다. 게다가 이사회가 자신의 실수를 어떻게 이해해주길 바라는지 설명하면서 이렇게 말했다. "이사회는 좀 더 관대한 모습을 보일 수도 있었습니다. 제가 조직을 위해 노력한 것을 고려한다면 말이죠. 하지만 그들은 저를 가차 없이 비난했습니다."

우리는 그녀의 감정 패턴과 그녀가 들려주는 이야기, 그리고 인정받고자 하는 방식(그리고 남을 인정하는 방식)을 검토함으로써 그녀의 동기를 짐작해볼 수 있었다.

감성 패턴

앞서 언급한 항목 중에 감정 패턴 emotional pattern 은 가장 많은 이야기를 들려준다. 상대의 두려움과 분노, 슬픔, 행복 혹은 이들 감정의 조합을 추적해보자. 스트레스에 어떻게 반응하는가? 언제,

어떻게 이러한 감정을 드러내는가? 이러한 질문은 상대가 어떤 사람인지, 그리고 어떻게 관계를 형성해야 할지 파악하기 위한 첫 단계다.

나아가 자신의 가능성을 제약하는 자기 파괴적인 행동도 함께 고려해야 한다. 이 말은 자신의 감정에도 주목해야 한다는 의미다! 누가 그저 그런 아이디어를 이야기할 때 자신이 어떤 표정을 짓는지 유의해보자. 상대의 주장에서 좋은 아이디어를 발견하기보다 논리적 허점을 찾으려 하는 것은 아닌지 생각해보자. 또한 힘든 회의를 마친 직후나 압박감이 심한 경우처럼 상대가 자신을 유심히 살피는 상황에 주목하자. 일반적으로 사람들은 이러한 상황에서 상대가 어떤 사람인지, 그리고 그가 까다로운 사람들을 어떻게 대하는지 평가한다.

이해의 힘

성공적인 관계는 상대를 이해하는 능력과 직접적인 관련이 있다. 상대에 대한 이해는 강제가 아니라 안전과 신뢰에 대한 인식을 만들어내는 것에서 시작한다. 상대가 우리에 대해 느끼는 감정(머릿속에서 테이프가 돌아가면서), 그리고 상대가 드러내는 말과 자세, 행동 사이에 직접적인 연결이 드러나는 경우는 드물다.

우리는 포렌식 듣기를 통해 상대가 관심과 존중을 받고 있다고 느끼도록 만들고, 긍정적인 질문으로 신뢰를 강화할 수 있다. 예를 들어 이전 대화에서 상대방이 사용한 구체적인 표현을 다시 언급하는 것이다. "직장 문화와 관련해서 《하버드 비즈니스 저널》 기사를 읽는 것을 좋아한다고 말씀하셨던 게 기억납니다. 그게 당신의 관심 분야라고 알고 있습니다. 오늘 올라온 기사도 아마 읽어보시겠군요." 이러한 말을 통해 상대의 말을 듣고, 기억하고, 핵심을 이해하고 있다는 사실을 보여줄 수 있다.

포렌식 듣기를 통해 상대의 행동 패턴을 파악함으로써 가능한 인과관계와 반응을 예측할 수 있다. 또한 상대가 반발하기 전에 미리 신호를 감지하고 전반적인 분위기에서 문제를 확인해 해결할 수 있다. 이러한 이해의 힘을 바탕으로 상대를 압박하거나 이용한다는 인상을 주지 않으면서 원하는 결과를 얻을 수 있다.

의도적인 인정

포렌식 듣기의 두 번째 단계는 영향을 미치려는 인물을 확인하고 초기 조사에서 수집한 정보를 활용하는 일이다. 의도적인 인정 targeted validation 이란, 인성을 통해 상대를 자극할 수 있는 특성 영역에 귀를 기울이는 것을 말한다. 이는 관계를 형성하고 상대가 우리를 긍정적으로 바라보도록 만드는 신속하고 현명한 방법이다.

의도적인 인정 활용법: 상대의 말이 중요하고 타당하다는 사실을 보여주는 것은 중요한 일이다. 이러한 방식으로 상대를 인정할 수 있지만, 이를 위해 먼저 인정할 수 있는 구체적인 영역을 발견해야 한다. 그렇다면 그러한 영역을 어떻게 발견할 수 있을까? 먼저 상대가 가장 열정을 쏟는 분야를 확인해야 한다. 다시 말해 상대가 좋아하고 가치 있게 여기는 것을 찾아야 한다. 우리는 상대가 믿는 것이 그가 중요하게 여기는 것이라는 점을 인정해야 한다. 아델이 의도적인 승인 기술을 집에서 활용한 사례를 한번 살펴보자.

아델의 아들 크리스티안은 아홉 살이다. 그런데 며칠 전 아델은 학교에서 크리스티안의 행동에 문제가 있다는 전화를 받았다. 여느 초등학교 2학년처럼 크리스티안도 어떤 날은 아주 기분이 좋았다가 다른 날은 아주 나쁘다. 이는 아홉 살 아이의 특징이기도 하다. 아델은 크리스티안에게 이렇게 말했다. "크리스티안, 어제는 기분이 안 좋은 것 같더라. 무슨 일이 있었는지 얘기해줄래?" 그러자 아이는 말했다. "엄마, 오늘은 기분이 아주 좋아요. 그러니까 오늘 있었던 일을 얘기할래요."

아델은 아들과 대화하면서 몇 가지 필연적인 결론에 도달했다. 첫째, 아이를 변호사로 키우고 있다는 사실이다. 크리스티안의 설득 기술은 꽤 훌륭했다. 덕분에 2학년 아이에게서도 무언가 배울 게 있다는 사실을 깨닫게 되었다.

둘째, 의도적인 인정이야말로 반드시 익혀야 할 효과적인 기술이라는 사실을 배웠다. 아델은 아이에게 이렇게 말했다. "어제 무슨 일이 있었는지 얘기해줄래?." 그런데 크리스티안은 오늘 일로 화제를 전환했다. 결국 아델은 이렇게 말했다. "알겠어. 앞으로는 어제보다 오늘 같은 하루를 더 많이 만들어보렴."

<u>의도적인 인정에서 가장 중요한 것은 진정성이 담겨 있어야 한다는 점이다.</u> 우리는 상대를 그리고 그가 한 말을 진심으로 존중해야 한다. 물론 그런 점을 찾아내기란 쉽지 않다. 먼저 목표에 한 걸음 다가서도록 도움을 줄 특징이나 행동에 주목하자. 예를 들어 이렇게 말할 수 있다. "당신이 회의에서 앤드루를 함부로 대하지 못하도록 제지하는 모습을 봤습니다. 정말로 현명한 행동을 하셨더군요. 앤드루도 강한 인상을 받았을 겁니다."

믿음의 중요성

상대가 움직이게 만들려면 동기를 부여해야 한다. 상대의 문제를 중요하게 생각하지 않으면서 그가 우리의 문제를 해결해주리라고 기대할 수는 없다. 다시 말해 우리는 옳든 그르든 상대의 불만을 먼저 들어줘야 한다. 그래야 상대가 우리의 진심을 받아들일 것이다.

우리가 상대의 목표에 관심을 기울일 때 상대는 우리를 성공의 일부로 바라볼 것이다. 상대가 어려운 과제를 해결하기 위해 노력하고 있다는 사실을 인정하는 것만으로 우리는 상대를 존중하고 그의 목표를 이해한다는 인상을 줄 수 있다. 그리고 우리가 상대의 편이며, 그가 원하는 것을 얻도록 도우려는 의도를 전할 수 있다. 그러면 상대는 우리를 자기 편으로 받아들일 것이다. 아니면 상대를 우리 편으로 받아들일 수 있을 것이다. 진정성과 믿음이 합쳐질 때 우리는 감정적인 차원에서 강력한 영향력을 행사할 수 있으며, 이를 거부하기란 쉽지 않다.

이 기술을 제2의 본성으로 만들기 위해 다음의 일곱 가지 항목을 검토해보자.

1. 상대가 하는 이야기에 주목하자. 어떤 자세를 취했는지, 어느 자리를 선택했는지와 같은 신호를 포착하자.
2. 상대가 어떤 감정을 표현하고 있는가? 불안, 흥분, 예민함, 두려움, 실망, 분노를 드러내고 있는가?
3. 어조와 억양에서 무엇을 파악할 수 있는가?
4. 어떤 주제를 반복해서 말하는가?
5. 대화를 나누는 동안 행동에 변화가 있는가? 짜증이나 지루함을 느끼고 있는가? 지금 상황에 만족하는가? 더 많은 관심을

보이는가?

6. 다른 사람을 비난하는가, 아니면 해결책을 찾고 있는가?
7. 다른 아이디어를 찾고 있는가, 아니면 자기 생각만 반복해서 말하고 있는가?

포렌식 듣기가 이끌어낸 변화

유능하지만 사람들과 종종 마찰을 빚는 크리스텐의 사례를 다시 들여다보자. 그녀는 승진을 희망하는 임원이다. 그리고 상황을 정확하게 파악하기 위해 노력하면서 자기가 맡은 과제에는 몰두하는 반면, 상사의 질문이나 우려에는 별로 신경을 쓰지 않는다. 상사가 업무를 지시할 때 크리스텐은 직원들이 지켜보든 말든 그에 반박하면서 그 업무가 불가능한 이유를 제시하곤 한다. 그녀의 반박은 대부분 타당했지만, 표현은 건설적이거나 외교적인 것과는 거리가 멀었다. 크리스텐은 자주 이렇게 말했다. "좋은 생각이 아닙니다. 잘 안될 겁니다." 크리스텐은 두뇌 회전이 대단히 빠른 사람이었다. 그녀는 자신의 반응 속도를 늦춰줄 필터를 만들어낼 필요가 있었다. 게다가 직원들은 그녀를 협력을 이끄는 리더가 아니라 비판적인 실무자라고 생각했다.

우리는 크리스텐에게 '의도적인 인정' 기술을 활용해서 목표 달성에 도움이 되는 방향으로 사람들의 긍정적인 행동에 주목하도록 조언했다. 이후 까다로운 프로젝트를 맡게 되었을 때 그녀는 먼저 그 프로젝트의 최종 목표를 인정했다. 그리고 시간을 들여 프로젝트를 분석한 뒤 자신이 생각하는 문제점을 제시했다. 또한 자기 주장이 옳다는 사실을 최대한 빨리 입증하려는 생각에서 벗어나 신중하고 포용적인 방식으로 자신의 전문성을 사람들에게 보여주었다.

크리스텐은 대화를 깊이 있게 들여다보면서 사람들이 무슨 말을 했는지, 그리고 왜 그런 말을 했는지 곰곰이 생각해봤다. 그녀는 남을 비판하는 것만큼 패턴을 파악하는 데도 대단히 유능했다. 우리가 가르쳐준 포렌식 듣기 기술은 얼마 지나지 않아 그녀의 두 번째 본성으로 자리 잡았다. 그때부터 상황은 달라지기 시작했다. 크리스텐의 팀원들은 점차 그녀를 신뢰할 만한 리더로 바라보기 시작했다. 어떤 직원은 그녀에게 조언을 구했다. 그녀는 몇몇 주요 팀원과 긴밀한 관계를 맺었다. 그리고 때와 장소에 맞춰 적절한 질문을 던졌다. 회의 시간에는 나중에 다시 살펴보게 될 '예측적 진술predictive statement'과 같은 고급 기술을 사용하기도 했다. 언젠가 회의에서 까다로운 고객에게 프로젝트 가격을 어떻게 제시해야 하는지에 관한 질문을 받았을 때 그녀가 했던 대답은 새로운 기술의 효과를 잘 보여준다.

그런 유형의 고객과 함께 일한 제 경험에 비춰볼 때 그런 고객은 예산을 정할 때 대단히 보수적이지만, 경영진이 프로젝트를 우선순위로 정하면 과감하게 투자하는 경향이 있습니다. 그 정도 기업이라면 우리 기업의 제품이나 서비스에 대한 예산 규모가 6만~9만 달러 정도일 것 같군요. 제 예상이 근접했나요?

크리스텐은 포렌식 듣기를 통해 고객과의 관계를 짚어보고 뚜렷한 행동 패턴을 파악했다. 그리고 질문의 마지막에 "제 예상이 근접했나요?"라고 덧붙여서 겸손한 태도를 드러냈고, 회의에 참석한 상사와 간부 들의 의견을 암묵적으로 존중하는 모습을 보였다. 이후 6개월간 크리스텐은 이처럼 사소하지만 중요한 변화를 계속해서 이어나갔고, 결국 전무로 승진했다.

이러한 기술은 모든 산업 분야에 종사하는 모든 사람에게 도움이 된다. 실제로 유명 브랜드를 이끄는 몇몇 경영자는 이 기술을 활용해서 매출과 직원들의 동기를 끌어올리고 혁신을 일구어냈다. 예를 들어 도이치방크 Deutsche Bank 와 삼성, SAP와 같은 《포천》 선정 500대 기업은 우리의 기술을 전 세계 모든 직원에게 가르치고 있다. 이제는 메타 Meta 로 이름을 바꾼 페이스북 Facebook 도 28억

9000만 명에 달하는 활발한 사용자들의 부정적 인식을 개선하기 위해 이 기술을 선택했다. 그리고 한 소기업은 우리의 기술을 활용해서 9개월 만에 연매출을 19만 5000달러에서 120만 달러로 끌어올렸다. 당신도 이 책을 다 읽고 나면 망설임과 자기 의심을 떨쳐버리고 확신과 용기를 갖고 최고의 목표를 향해 달려 나갈 것이다.

<u>우리가 이 책에서 소개하는 것은 사람들을 통제하거나 이용하는 기술이 아니라 그들을 더 잘 이해하고 동기를 부여하는 기술이다.</u> 그 영향력은 신중하고 개방적이고 공감하고 진실한 태도에서 비롯된다.

이러한 설득 기술을 효과적으로 활용하면, 사람들이 자기 자신에 관해 더 많은 것을 드러내도록 만들 수 있다. 우리는 그들이 말하지 않은 이야기를 파악할 수 있다. 그리고 무엇이 그들을 움직이게 하고, 동기를 부여하고, 용기를 북돋워주는지, 또한 그들이 무엇을 두려워하고 외면하는지 알 수 있다. 나아가 자신의 주장과 질문을 다듬어서 고객과 상사, 동료 들이 우리의 아이디어를 더 잘 받아들이고, 우리의 관심에 더 많은 주의를 기울이고, 우리가 제시한 조건에 더 쉽게 동의하도록 만들 수 있다.

우리는 칩이 FBI 시절에 경험한 다양한 사례를 들여다보고 최고 인질 협상가의 기술을 일상생활 속 대화와 관계, 상황에 적용함으로써 협상 과정을 더 순조롭게 만드는 방법을 살펴볼 것이다.

또한 홍보 담당자이자 위기 컨설턴트로서 아델이 경험한 다양한 사례를 통해 많은 이야기를 들려주고자 한다. 아델의 이야기는 아마도 칩의 사례들처럼 화려하거나 극적이지는 않을 것이다. 하지만 기업의 생존과 경력, 업계 평판 또한 삶과 죽음의 문제만큼 중요한 사안이다. 우리는 공황 상태에서 해결책을 발견하는 것, 그리고 급박한 상황에서 집중력을 발휘하여 올바른 결정을 신속하게 내리는 것의 차이를 들여다볼 것이다.

우리는 개방적이고 진실하고 자발적인 태도가 어떻게 회의적인 전망을 극복하고 매출을 끌어올리고 거래를 성사시키는 데 도움이 되는지 살펴볼 것이다. 그리고 최고의 경영자들이 어려운 시기에 신뢰를 구축하고 결속을 강화하기 위해 활용하는 리더십 기술을 다뤄볼 것이다. 당신은 우리의 설득 전략을 배우고 익히는 과정에서 그것을 삶의 전반의 광범위한 관계 영역에 적용할 수 있다는 사실을 확인하게 될 것이다.

요약

- 적극적 듣기는 의견 불일치를 단계적으로 줄여나가면서 상대의 말을 귀담아듣고 있다는 인상을 전하는 기술이다.

- 포렌식 듣기는 대화를 마치고 난 뒤 상대의 말을 다시 검토하는 기술이다. 말은 실마리를 남긴다. 포렌식 듣기를 통해 상대가 어떤 방식으로 이야기했는지 들여다봄으로써 그가 드러내지 않은 이야기를 포착할 수 있다.

- 포렌식 듣기를 위한 단계별 훈련 과정은 상황 인식, 감정 패턴 파악, 상대에 대한 더 깊은 이해, 의도적인 인정으로 구성된다.

- 포렌식 듣기를 통해 무엇이 그를 움직이고, 동기를 부여하고, 용기를 북돋워주는지, 또한 그들이 무엇을 두려워하고 외면하는지 파악할 수 있다.

2장

드러내지 않은 이야기 포착하기

칩은 FBI 신참 요원 시절에 지명수배자 검거반과 함께 교대 근무를 한 적이 있다. 워싱턴 DC 현장 사무소는 경험 많은 연방법원 집행관인 저스틴 비커스와 칩을 한 팀으로 배정했다. 그들은 지명수배자들의 행방을 추적하는 임무를 맡았고, 사건 처리를 위해 업무를 분담했다. 우선 칩이 모든 잠재적인 단서를 조사하고 범죄자와 연관된 인물들의 소재지를 파악하기로 했다. 그리고 심문을 통해 정보를 얻을 것인지, 아니면 감시를 통해 얻을 것인지는 수배자의 과거, 그리고 도주 상태가 얼마나 오래 지속되었는지를 기준으로 판단하기로 했다.

그들이 처음으로 워싱턴 DC에 있는 갈색 건물에 도착했을 때 저스틴은 칩에게 면담을 맡겼다. 그 건물은 수배범의 할머니가 소유한 집이었다. 저스틴은 칩을 이렇게 안심시켰다. "우린 무슨 질문을 해야 할지 잘 알고 있어. 함께 가서 수배범과 관련해 알아낼 정보가 있는지 확인만 하면 돼."

칩이 현관으로 다가서려 할 때 저스틴은 이렇게 당부했다. "문을 너무 세게 혹은 많이 두드리지 말게나. 자칫 놀랄 수 있으니까. 노크를 하고 반응이 있는지 그냥 기다리게." 그때 칩은 열의로 가득했고 약간은 긴장했다. 저스틴에게 좋은 인상을 주고 싶었다. 노크를 하자 곧바로 문이 열렸다. 마치 그들이 오기를 기다리고 있었던 것처럼 말이다.

칩은 업무적인 인사를 건넸다. "안녕하십니까? 이른 아침부터 죄송합니다. 저는 특수 요원 칩 매시라고 합니다. 이쪽은 비커스 집행관입니다. 월링턴 부인이시죠?" 그녀는 고개를 끄덕였다. "조너선이 손자 맞죠?" 그렇다고 했다.

칩은 손에 노트를 든 채 질문을 시작했다, 저스틴은 뒤에서 칩이 대화를 나누는 모습을 지켜봤다. 칩은 많은 질문을 했다.

"조너선에 관한 소식을 가장 최근에 들었던 게 언제인가요? 전화 통화를 하셨나요, 아니면 직접 만나셨나요?"

그녀는 대답했다. "기억이 나질 않네요."

"어디에 거주하고 있는지 들으셨나요?"

"잘 모르겠어요."

"여자 친구가 있나요?"

"없는 것 같아요."

"우리가 이야기를 나눠볼 만한 친구나 친척이 있을까요?"

"모르겠어요."

"어디서 일을 하고 있다는 말을 하던가요?"

"글쎄요. 모르겠어요."

"어떤 차를 타고 다니나요? 차량 명의가 다른 사람으로 되어 있습니까?"

"몰라요."

칩은 아무런 답변도 듣지 못했다. 많은 질문을 던졌지만 성과는 없었다. 결국 여느 때와 똑같이 면담을 끝냈다. "여기 제 명함입니다. 손자에게 무슨 이야기를 듣거나 소식을 들으신다면 꼭 좀 전화를 주십시오. 중요한 일입니다."

그녀는 알겠다는 듯 고개를 끄덕였다. 칩은 저스틴에게 말했다. "질문 있으신가요?" 그는 웃으면서 고개를 저었고 여성에게 시간을 내줘서 고맙다고 인사했다.

그런데 차로 돌아가면서 저스틴은 휴대전화로 분주히 문자를 쓰고 있었다.

칩은 말했다. "별 도움이 안 되는군요."

저스틴은 칩을 보며 말했다.

"칩, 잠깐만. 팀원들에게 문자 먼저 보내고."

칩은 물었다. "명단에 있는 다른 사람들도 방문해볼까요?"

저스틴은 말했다. "아냐. 그는 그 집에 있어."

칩은 놀라서 물었다. "네? 그걸 어떻게 알죠?"

그러자 저스틴은 자세에 관한 짧은 강의를 시작했다.

"그녀가 서 있는 자세를 봤나?"

칩은 온갖 질문을 퍼붓느라 정신이 없어서 그녀의 자세에는 주의를 기울이지 못했다.

저스틴은 이렇게 설명했다. "그녀는 온몸으로 문을 막아서고 있었어."

"칩, 자네가 질문하는 동안에 그녀는 문을 조금씩 닫았어. 그건 집안에서 무슨 일이 일어나는지 보여주기 싫다는 신호야. 그녀는 우리가 빨리 가주길 바랐지. 손자가 무사한지 물어보지 않았다는 걸 눈치챘나? 그리고 우리가 왜 찾아왔는지도 물어보지 않았지. 그 이유를 알겠나? 그건 그녀가 무슨 상황인지 이미 알고 있기 때문이야."

지원팀이 도착한 뒤 칩과 저스틴은 다시 그 집을 찾았다. 이번에도 할머니는 마치 예상이라도 한 것처럼 곧바로 문을 열어주었다. 그녀는 나긋한 목소리로 속삭이듯 말했다. 안에 있는 누군가를 깨우지 않게 조용히 말하려는 듯했다. 이번에는 저스틴이 질문을 했다. 그녀는 낮은 목소리로 천천히 부드럽게 답했다.

저스틴은 이렇게 말했다. "아무 말씀도 하지 마세요. 그냥 고개로 네, 아니오만 표시하세요. 그가 지금 여기 있죠?"

그녀는 고개를 끄덕였다.

저스틴은 다시 손자가 1층에 있는지, 아니면 위층에 있는지 물었다. 그녀는 고개를 가로저었다. 지하실에 있습니까? 여성은 고개를 끄덕였다.

저스틴은 물었다 "깨어 있습니까?"

여성은 어깨를 으쓱하더니 고개를 가로저었다.

저스틴의 질문은 계속되었다. "무기를 갖고 있습니까?"

그녀는 고개를 끄덕였다.

칩과 저스틴은 지원팀과 함께 집으로 들어가 수배범을 체포했다.

칩은 무엇을, 왜 놓쳤나?

나중에 칩이 보고서를 작성할 때 저스틴은 칩이 알아챘어야 할 사항을 짚어주었다. 가장 먼저 그는 할머니의 자세를 지적했다. 다음으로 그녀가 드러내지 않으려 했던 감정을 언급했다. 저스틴은 이렇게 설명했다. "그녀가 겁먹지 않은 것처럼 보이려고 애를 쓴다는 것을 눈치챘나? 나는 분명히 느껴지더라고." 그리고 손자의 안전에 관해 묻지 않았다는 것 역시 중요한 신호였다. 또한 그녀는 대답을 최대한 짧게 했다. 이것도 무언가 이상하다는 뚜렷한 신호였다.

그날 경험 많은 파트너가 똑똑히 봤던 것을 왜 칩은 보지 못했을까? 그건 저스틴에게 강한 인상을 남기려고 질문을 하고 대답을 적는 데에만 정신이 팔렸기 때문이다.

말보다 강력한 기록의 힘

지금 상사와 동료, 그리고 잠재 고객과 회의를 한다고 해보자. 당신은 휴대전화를 확인하거나 점심에 뭘 먹을지 고민하려는 충동을 참고 졸음을 억누르면서 관찰의 힘을 활용해야 한다. 즉 이렇게 해야 한다.

1. 머리만이 아니라 눈과 귀로도 듣는다
2. 포렌식 필기라고 부르는 새로운 방식으로 적는다.

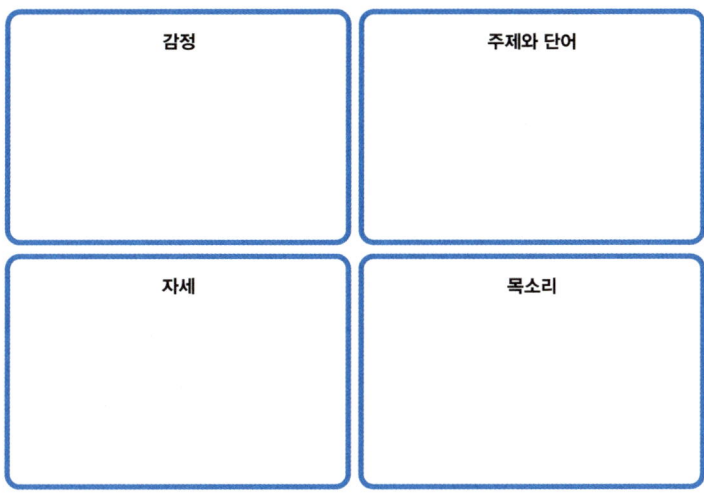

〈그림 2-1〉 포렌식 필기

포렌식 필기법은 통찰력을 얻는 대단히 효과적인 방법이다. 이는 들리는 내용을 그대로 받아 적는 게 아니라, 상대가 이야기하는 '방식'을 관찰하고 보완한다. 우리는 이 기술을 통해 대화 내용을 기억하려고 기계적으로 받아 적기만 하는 이들보다 경쟁 우위를 차지할 수 있다. (분명, 관찰은 날카로워야 한다. 그저 "아무개는 멍청이다"라고 적는 것은 의미가 없다. 글씨를 흘려 적는 편이라면, 그게 노움이 된다는 사실을 태어나 처음으로 발견하게 될 것이다)

우리는 포렌식 필기로 상대의 감정 상태를 파악할 수 있다. 저스틴이 할머니의 행동을 관찰하면서 보여준 통찰력을 떠올려보자. 그는 할머니의 행동 중 다음의 네 가지 주요 측면에 주목했다.

감정: 상대의 감정 상태는 어떤가? 자신감이 있는가? 여유가 넘치는가? 두려워하는가? 흥분했는가? 실망한 모습인가?

주제와 단어: 대화 도중에 어떤 이야기나 단어를 계속해서 반복하는가? 다른 사람의 말을 그대로 따라 하는 것처럼 들리는가? 자신이 듣고 싶어 하는 말을 하는가? 정해진 각본대로 이야기를 반복하는가? 이야기를 하는 방식은 많은 중요한 점을 말해 준다. 상대방이 선택한 주제와 단어는 그의 생각과 관련해서 중요한 것을 시사한다.

자세: 상대는 자신과 다른 사람에게 어떤 자세를 보여주고 있는가? 당신이 말할 때 몸을 어떻게 움직이는가? 자세가 개방적인가, 방어적인가? 주변을 부지런히 살피는가, 아니면 대화에만 집중하는가?

목소리: 사람들은 말할 때 고유한 언어적 패턴을 보인다. 우리는 이러한 패턴으로 많은 것을 파악할 수 있다. 어조가 높은가, 낮은가? 억양이 달라졌는가? 말이 빠른가? 조심스러운가? 자주 멈추는가?

위 네 가지는 포렌식 필기에서 고려해야 할 중요한 사항이다. 다음 연습을 살펴보자. 이 연습을 통해 상대를 주의 깊게 관찰하면서 설득력을 높일 수 있다. 단순 참석자든, 진행자든, 판매자든,

인터뷰어든, 인터뷰이든 간에 모든 형태의 비즈니스 회의에 적용해볼 수 있다. 회의를 진행하는 동안 내용을 적으면서 미묘한 행동 관찰 사항도 함께 적어보자. 회의 중이라 필기하기가 힘든 상황이라면, 회의를 마치고 몇 분 동안 적어보자. 그리고 네 가지 범주에 따라 보고 들은 내용을 정리하자.

연습 2-1: 포렌식 필기

감정

회의실 안에서 힘의 균형은 어떻게 형성되어 있는가?

사람들은 당신을 어떻게 대하는가? 서로 어떻게 대하는가?

당신의 말에 사람들은 어떤 반응을 보이는가?

회의실 분위기는 어떤가? 긴장감이 드는가? 지루함? 두려움? 스트레스? 짜증?

여기에 확실한 리더가 있는가?

사람들은 리더의 역할을 거부하는가, 아니면 인정하는가?

주제와 단어

상사나 고객 혹은 회의에 참여한 사람들이 반복해서 언급하는 주제나 프로젝트와 관련된 아이디어가 있는가?

사람들이 피하려는 요주의 인물이 있는가?

의사소통 방식이 딱딱하거나, 과장되거나, 조심스러운 사람이 있는가? 그는 자신이 최신 유행에 민감하다는 사실을 과시하기 위해 혹은 언급할 만한 중요한 이야기가 없다는 사실을 숨기기 위해 마케팅 유행어를 마구 남발하는가?

자세

사람들이 어떤 자세로 앉아 있는가? 방어적이고 폐쇄적인 자세로 있는가, 아니면 다리를 벌려 많은 공간을 차지하고 있는가?

당신이 말할 때 사람들은 자세를 고쳐 앉는가?

목소리

당신이 아이디어를 제시할 때 사람들이 말하는 어조와 억양, 속도가 바뀌는가?

그들이 말을 할 때는 어떤가?

목소리에서 긴장이 느껴지는가? 목소리가 큰가? 아니면 부드러운가?

상대의 감정 상태와 대화 주제, 자세, 목소리의 어조와 억양, 속도는 그가 당신의 아이디어를 어떻게 생각하는지 말해주는 실마리다. 이러한 실마리를 추적함으로써 감정적인 차원에서 현명하게 상대를 대할 수 있다. 이는 상대의 생각은 물론, 감정을 의식적으로 관찰하고 이해하기 위한 전략이다.

상대의 감정 상태를 파악했다면, 이제 더 깊이 들어가서 상대의 감정적 동기 부여 요소를 확인할 수 있다. 그리고 그러한 요소를 염두에 두고 고급 영업 전략을 활용함으로써 고객 혹은 잠재 고객과의 관계를 강화할 수 있다. 사람들은 당신이 판매하는 제품과 서비스 혹은 아이디어를 듣기 전에 자신의 감정적 욕구를 충족시키고자 한다. 2015년에 발표된 〈고객 감정에 관한 새로운 과학The New Science of Customer Emotions〉이라는 논문에 따르면, 감정적 동기 부여 요소에는 몇 가지 공통점이 존재한다.[1]

무리에서 돋보이려는 욕망: 사람들은 자신이 특별하고 획기적인 일을 하고 있거나, 혹은 스스로 그런 존재라고 느끼고 싶어 한다.

미래에 대한 확신: 잠재 고객과 상사, 동료는 당신의 아이디어나 제안이 조직에 기여할 것이라는 확신을 원한다.

행복감: 사람들은 자신의 선택으로 건강과 마음의 평화를 누

릴 수 있길 원한다.

흥분감: 사람들은 주변 여건에 따른 자신의 선택이 흥미로운 결과로 이어지길 원한다.

소속감: 스스로 더 큰 존재의 일부라고 생각할 때 사람들은 애착과 책임감을 느낀다.

이상적인 자아: 야심 찬 아이디어는 사람들이 새로운 목표를 추구하도록 동기를 부여한다. 이를 통해 효과적으로 행동을 유도할 수 있다.

안전함: 사람들은 당신의 제안을 선택한 것에 대해 후회하길 원치 않는다.

우리는 이러한 동기 부여 요인을 활용해서 감정적 차원에서 성공적인 세일즈 전략을 세울 수 있다. 최고의 성과를 위한 제안에는 위 일곱 가지 감정적 동기 부여 요소 중 적어도 세 개가 포함되어야 한다. <u>우리의 이야기가 이러한 기본적인 감정과 더 긴밀하게 이어질 때 설득력과 성공 가능성은 더 높아진다.</u>

얼마 전 우리는 벤처캐피털 투자를 바탕으로 시장을 장악하기 위해 치열한 경쟁을 벌이고 있는 대규모 IT 기업인 커뮤니티브랜즈_{Community Brands}와 컨설팅 계약을 맺었다. 그 기업의 최고경영자인 진폴 길볼트_{Jean-Paul Guilbault}는 시스템을 바꾸도록 기업을 설득하는 일이 대단히 어려운 과제라는 사실을 잘 이해했다. 특히 모든 기업이 동일한 시스템을 사용할 때 그 과제는 더욱 힘들다. 많은 기업이 기존에 사용하던 시스템은 문제가 많고 느려 터진 데다 시대에 한참 뒤떨어진 것이었다. 하지만 IT 서비스 업체를 바꾸려면 모든 직원이 많은 불편함을 감내해야 했다. 이러한 우려에 대처하기 위해, 커뮤니티브랜즈의 경쟁 업체들은 새로운 플랫폼으로 이전하는 데 따른 불편함을 최소화하겠다고 약속하거나, 아니면 그러한 불편함을 아예 인정하지 않으려 했다.

반면 우리는 커뮤니티브랜즈에 사람들의 직관에 맞서는 전략을 제시했다. 우리는 플랫폼 전환에 따른 불편함을 그대로 인정하고 이를 세일즈와 마케팅 전술로 사용하라고 조언했다. 자세한 이야기를 살펴보자.

우리는 시스템 플랫폼을 소개하는 광고에 거친 일을 하거나 급류에서 래프팅을 하는 등 대단히 힘든 일을 하는 사람들의 이미지를 삽입했다. 그리고 이런 문구를 실었다. "시스템 전환보다 더 힘든 일도 있습니다." 우리는 이 광고를 통해 시스템 전환이 쉽지는 않지만 커뮤니티브랜즈가 잠재 고객을 위해 전환 과정을 최대한 부드럽게 만들어주는 경쟁력을 확보하고 있다는 사실을 강조하고자 했다. 그리고 다음과 같이 잠재 고객들의 다양한 감정적 욕구를 자극했다.

미래에 대한 확신: 기존 시스템을 교체하고 앞으로 나아가려는 시도는 미래의 성공을 위한 과제다.

행복감: 세일즈팀은 고객 기업의 직원들이 시스템 전환 과정에서 겪게 될 어려움을 최소화하는 방법에 대해 설명했다. 그러나 경쟁사들은 새로운 플랫폼으로의 전환이 직원들에게 미칠 영향을 인정하기는커녕 세일즈 회의에서도 이를 언급하지 않았다. 반면 커뮤니티브랜즈는 고객의 욕구에 더 많은 공감으로 대응했다.

안전함: 고객 기업의 경영진에게 직원들의 고충을 덜어줄 방안을 제시함으로써 잠재적인 부작용에 대한 우려를 해소하고 커뮤니티브랜즈를 선택하는 것이 올바른 결정이라는 확신을 심어주었다.

광고는 아주 성공적이었다. 커뮤니티브랜즈가 처음 세일즈를 위해 방문했을 때 잠재 고객들은 종종 이런 말을 했다. "광고를 봤습니다. 이러한 변화를 위해 필요한 모든 것을 갖춘 최초의 IT 기업이군요."

또 다른 사례를 살펴보자. 우리는 한 주요 방위산업체의 영업 부서와 함께 일한 적이 있다. 여기서 우리가 맡은 일은 세일즈 전략을 수립하고 전투용 드론의 통신 문제를 해결하는 것이었다. 우리는 약간의 조사를 통해 미국 국방부에 납품하는 무인항공기

unmanned air vehicle(UAV)를 실전에서 테스트해본 경험이 없는 엔지니어들로 세일즈팀이 구성되었다는 사실을 발견했다. 이에 우리는 세일즈팀을 지원하기 위해 전역한 육군 및 공군 고위 인사들을 초빙해 무인항공기에 대한 실전 테스트를 진행했다. 그리고 세일즈팀이 다음과 같은 잠재 고객의 감정적 욕구를 충족시킴으로써 감정적인 차원에서 동기를 부여하도록 했다.

미래에 대한 확신: 군대는 사상자 규모의 축소나 더 많은 전투 승리 등의 성과를 이룩할 것이다. 이 기술은 힘든 상황에서도 전쟁으로 피해를 입은 지역에서 군인과 민간인의 생명을 지켜줄 것이다.

소속감: 무인항공기는 세계 최고 엘리트 군인들이 사용하도록 설계되었다. 그 장비에 대한 테스트는 임무를 부여받은 특수 요원들이 진행할 것이다.

성공에 대한 동기 부여: 군인들은 이 기술이 작전 수행에 도움이 된다는 사실을 이해해야 한다.

이 업체의 매출은 감정적인 차원에서 메시지를 전달한 뒤 1년 만에 30퍼센트 성장했다. 이처럼 감정적인 연결고리를 만들고 이를 통해 사람들을 설득할 때 기업의 수익은 증가한다.《하버드 비즈니스 리뷰〉에 실린 〈업무적인 감정 관리Managing Emotions at Work〉라는 제목의 기사에 따르면, 좋은 쪽으로든 나쁜 쪽으로든 "감정은 참여와 창조성, 의사결정, 업무 성과에 영향을 미친다. 그리고 수익에 미치는 영향은 쉽게 확인할 수 있다."

물론 사람들은 생각과 감정을 있는 그대로 드러내지 않는다. 이러한 생각과 감정을 파악할 수 있는 유일한 방법은 사람들이 드러내지 않은 이야기를 발견하고 들여다보는 것이다.

드러나지 않은 이야기를 찾아라

드러나지 않은 이야기unstated narrative란 특정 상황에서 사람들의 머릿속에서 돌아가는 테이프를 말한다. 그 내용은 자신이 누구인지, 어떤 사람이 되고 싶은지, 어떻게 보이길 원하는지에 관한 생각을 담고 있다. 드러나지 않은 이야기는 삶의 곳곳에 있으며 우리 모두 이러한 이야기를 많이 쌓아 놓고 있다. 그 몇 가지 사례를 살펴보자.

- 이번 프로젝트는 확실하게 처리해야 한다. 아니면 승진에서 누락되어 생계가 곤란해질 것이다.

- 나의 프레젠테이션 실력이 최고라고 자부한다. 그리고 모두가 동의할 거라 믿는다.
- 내가 꼼꼼하지 못하다는 사실을 아무도 눈치채선 안 된다.

상대가 어떻게 보이길 원하며 당신을 어떻게 바라보는지 이해할 때 우리는 설득력을 크게 높일 수 있다. 그러나 안타깝게도 사람들은 그러한 생각을 말이나 행동으로 잘 드러내지 않는다. 그래도 안전한 느낌을 전달해서 긴장을 풀도록 만든다면, 상대는 자신의 생각을 스스로 드러낼 것이다.

마음을 열게 만드는 접근 방식

우리 모두 이런 경험이 있을 것이다. 지금 새로운 비즈니스 파트너를 마주 보고 앉아 있다. 실수하지 않기 위해 상대에 관해 모든 것을 알아내고자 한다. 그는 자기 자신을 어떻게 바라보고 있을까? 내게서 무엇을 원할까? 여기서 우리는 적극적 듣기를 통해 드러나지 않은 이야기를 재빨리 포착해야 한다. 그리고 포렌식 듣기로 넘어가야 한다. 1장에서 살펴봤듯이 적극적 듣기가 아이디어를 강조하거나 잠재적인 갈등을 막기 위해 그 순간에 대처하는 것이라면, 포렌식 듣기는 대화가 끝난 다음에 논의한 내용을 재검토하는 것이다.

한 가지 적극적 듣기 기술은 '가벼운 격려'를 통해 상대가 계속해서 이야기하도록 유도함으로써 그가 무엇을 중요하게 생각하는지 파악하는 것이다. 예를 들어 "네!" "그렇습니다" "맞습니다" 혹은 "100퍼센트 맞습니다"와 같은 표현을 사용하는 것이다. 우리는 이러한 긍정의 표현을 통해서 자신이 주의를 기울이고 있다는 느낌을 전달하고, 상대가 스스로 자신을 더 많이 드러내도록 만들 수 있다.

다음으로 우리가 권하는 한 가지 포렌식 듣기 기술은 '최대 칭찬'이다. 이는 대화를 나누면서 상대방의 말에 무언가를 보충하는 것이다. 이를 통해 긍정적인 인상을 전할 수 있다. 상대는 우리가 귀를 기울이고 있으며 자신을 인정하고 자기편에 서 있다고 생각하게 될 것이다. 이러한 방법으로 우리는 자신의 제안에 상대가 마음을 활짝 열도록 만들 수 있다.

상황: 동료가 삐쳤다

동료가 내놓은 아이디어로 당신이 인정을 받는 바람에 동료와 갈등이 생겼다고 해보자. 이번 일로 감정이 상한 동료는 다른 사람들 앞에서 당신의 아이디어를 종종 비판한다. 이러한 상황이라면 최대 칭찬 기술을 활용해보자. 다음 회의 때 동료가 제시한 아이디어를 긍정적으로 평가하면서 그 이유를 설명하자. 구체적인 내용을 덧붙인다면 당신이 동료의 말에 귀를 기울이고 있다는 인상을 줄 수 있다. 그리고 나서 당신을 대하는 동료의 태도가 달라졌는지 지켜보자.

적극적 듣기를 하면서 결말이 열린 질문을 활용하면 동료가 자기 자신에 관해 했던 이야기를 더 잘 이해할 수 있다. 예를 들어 이렇게 질문하는 것이다.

- 그게 무슨 의미인지 자세히 설명해줄 수 있나요?
- 당신의 생각을 자세하게 말해주겠어요?
- 지금 그것에 대해 어떻게 생각하나요?

관계의 감정적 측면에 주목하는 이러한 질문을 던지면 상대가 자신을 드러내도록 유도할 수 있다. 여기에다가 이전 대화에서 상대가 했던 이야기를 다시 끄집어내는 기억 더듬기reach-back 기술을 활용하자. 이를 통해 주의를 기울이고 있다는 인상을 효과적으로 전달할 수 있다. 이 기술의 효과는 대화의 순간을 넘어서 장기적으로 이어진다. 예를 들어 위 사례에서 이렇게 말할 수 있다. "타일러, 자네가 지난달 열린 주간 회의에서 언급한 새로운 기업의 사회적 책임corporate social responsibility(CRS) 계획에 강한 인상을 받았어. 그 덕에 기업의 사회적 책임 계획에 도움이 되는 방향으로 결정을 내렸어."

나아가 적극적 듣기를 하면서 감정에 이름을 붙일 수 있다. 즉 상대가 어떻게 느끼는지 물어보고 대답을 기다리는 것이다. 가령 이렇게 물어볼 수 있다. "이번 결정에 별로 만족하지 않는 것 같군요. 그렇죠?" 이러한 질문을 통해 상대가 주의를 기울이고 자신이 어떤 감정을 드러내고 있는지 스스로 이해하게끔 만들 수 있다. 그리고 상대의 감정에 이름을 잘못 붙였다면 이를 바로잡을 수 있다.

우리는 포렌식 듣기 과정에서 상대의 감정을 받아들이는 방식을 이해하기 위한 시스템을 구축하게 된다. 그 효과는 대화를 나누는 동안은 물론, 그 뒤로도 계속 이어진다. 감정의 목적을 발견할 수 있는가? 반사적인 반응인가? 아니면 전략적인 대응인가? 상대가 감정을 드러낸 것을 후회하고 왜 그런 행동을 했는지 해명할 것인가? 아니면 아무 일 없던 척할 것인가?

행동 속에 숨겨진 패턴 읽기

어느 날 오후 그룹 회의 도중에 상사가 폭발했다. 얼마 전 고객

만족 설문조사에서 드러난 부정적인 결과에 불같이 화를 낸 것이다. 상사의 이런 모습은 처음이 아니다. 그러나 이제 우리에게는 포렌식 듣기가 있다. 이 기술을 이용해서 상사와 새로운 관계를 형성할 수 있다. 그리고 새로운 눈으로 상황을 조망하고 분석함으로써 팀과 기업 그리고/혹은 개인의 경력을 긍정적인 방향으로 이끌어 나아갈 수 있다.

상황: 상사가 또 미쳤다

상사의 이런 모습을 예전에도 본 적이 있다. 대개 그는 화를 낸 다음날 아침에 직원들에게 가벼운 인사를 건네면서 사과한다. 이번에도 상사는 설문조사 결과에 상당한 압박을 받고 있어서 그랬다고 변명을 늘어놓는다. 그는 본사의 질책이 있을 것으로 예상하고 있다.

여기서 당신은 미시적 관점과 거시적 관점에서 상사의 행동을 바라봐야 한다. 먼저 거시적 관점을 살펴보자.

- 상사의 행동이 팀에 어떤 영향을 미칠 것인가?
- 직원들은 자리에 숨어서 나오지 않을 것인가? 끔찍한 상사와 사무실 분위기를 불평하는 단체 문자를 밤새 주고받을 것인가? 아니면 모두 이력서를 새로 준비할 것인가?

- 직원들은 자신들이 느낀 당혹감을 협력 업체나 다른 외부인에게 드러낼 것인가?
- 상사의 이러한 행동은 그가 지적하는 문제에 어떤 영향을 미칠 것인가?
- 상사의 행동에 긍정적인 효과도 있을까?
- 직원들은 설문조사에서 드러난 문제를 해결하고 긍정적인 방향으로 개선하기 위한 계획을 실행에 옮길 것인가?
- 상사의 행동은 문제를 더 악화시키고 직원들이 건설적인 방식으로 문제 해결에 다가서지 못하도록 가로막을 것인가?

포렌식 필기를 통해 관찰 내용을 기록하자. 이를 통해 다음과 같은 행동 패턴을 인식할 수 있다.

감정: 상사가 실망했을 때 주로 어떤 감정을 드러내는가?

주제와 단어: 상사가 프로젝트와 관련해서 여러 번 언급한 주제나 아이디어가 있는가?

자세: 당신이 해결책을 제시했을 때 상사는 자세를 바꾸었는가? 다른 사람과 이야기할 때와는 다른 자세를 취했는가?

목소리: 당신이 설문조사 결과를 언급했을 때 상사의 억양과 어조, 속도가 바뀌었는가?

화를 낸 뒤 사과하는 상사의 행동 패턴을 염두에 두고 다음 질문에 대해 생각해보자.

- 사과 후 상사의 정신적·감정적 상태는 어떻게 변했는가? 새로운 아이디어를 더 잘 받아들이려 하는가?
- 사과 후 솔직한 피드백을 더 잘 받아들이는가? 한동안 긍정적이고 활기찬 태도를 유지하는가? 이러한 행동 패턴은 주기적으로 일어나는가?
- 사과 후 어떤 형태의 관계를 더 선호하는가?
- 어떤 유형의 행동이나 변화(있다면)를 보이는가?
- 긍정적인 감정 상태로 다시 돌아오기 전에 대개 사무실에 틀어박혀 있는가?

패턴 이용하기

이제 분석을 통해 상사는 화를 내고 마음이 풀릴 때까지 문을 닫고 자기 사무실에 앉아 있곤 한다는 사실을 확인했다. 마침내 문을 열고 나왔을 때 그는 긍정직인 감정 상태를 보이며 자책하는 말과 함께 직원들과 웃고 떠든다. 물론 그것도 다음번 폭발 전까지다. 당신은 상사에게 도움을 줄 수 있는(그리고 영향력을 행사할 수 있는) 행동 패턴을 파악했다. 이제 상사의 행동 패턴에서 문을 열고 나오기까지 기다렸다가 급여 인상이나 승진을 요구해본다.
이를 통해 패턴이 어떻게 작용하는지 확인해볼 수 있다.

- 상사가 문을 열고 나온 뒤는 평소보다 아이디어나 피드백을 더 잘 받아들인다.
- 이러한 수용적인 태도가 이어지는 시간대를 확인했다.
- 일반적으로 상사의 긍정적인 태도는 다음날 점심때까지 이어지며, 이후로 폭발의 위험성이 다시 조금씩 높아진다.

이러한 사실을 파악하는 게 왜 중요할까? 당신은 상사의 행동 패턴과 주기를 확인했다. 더 중요하게도 이제 상사를 설득하기에 유리한 시점을 파악한 것이다. 상사의 분노 조절 장애를 비난하는 다른 직원들과는 달리, 당신은 폭풍 후 고요를 포착해서 더 좋은 관계를 형성하고 신뢰받는 조언자로 자리 잡을 수 있다.

그러나 사람들 대부분 이러한 방식으로 상사나 고객과의 관계에서 드러나는 역동성을 분석하는 데 시간을 투자하지 않는다. 그리고 상대의 긍정적인 감정 상태를 활용하고 자신의 태도를 그에 따라 수정하려는 노력을 하지 않는다.

요약

- 상사와 동료 혹은 지인과 대화할 때 그들이 실제로 말하는 이야기에만 주목하지 말자. 상대의 감정과 대화 주제와 단어, 자세, 목소리에 주의를 기울이자. 우리는 이를 포렌식 필기라고 부른다.

- 상대에게 감정적으로 동기를 부여하는 요소를 파악하자. 그러한 요인으로는 무리에서 돋보이려는 욕망, 미래에 대한 확신, 행복감, 흥분감, 소속감, 이상적 자아에 대한 갈망, 안전함이 있다.

- 가벼운 격려와 최고의 칭찬을 활용해서 상대가 마음을 열고 진정한 생각과 감정을 드러내도록 하자.

- 상대의 행동 패턴을 관찰하고 분석해서 중요한 대화 시점을 선택하자.

3장

설득하기 위한 기본 전제

상대의 마음을 읽을 수 있다면 마치 영화를 보는 것처럼 그 사람의 이야기 속에서 주인공이 될 수 있다. 상대의 마음속으로 들어가는 능력은 인질 협상가가 반드시 갖춰야 할 자질이다. 인질 협상가는 인질범이 어떠한 유형의 인물인지는 물론, 그가 어떻게 지금의 상황에 이르게 되었는지도 이해해야 한다. 이는 기술이자 과학이다. 이러한 자질은 모두에게 있지만, 인질 협상가는 특히 그 기술을 갈고닦아서 스트레스가 극단적으로 높은 상황에서 활용할 수 있어야 한다.

상대의 마음속으로 들어가는 다섯 단계

인질 협상가는 다음의 다섯 단계를 활용한다.

1. 무대 마련하기

인질 협상가가 상대하는 인물의 감정 상태를 바탕으로 사용하는 한 가지 기술은 협상의 전반적인 진행 과정을 자세하게 알려주는 것이다. 가령 협상가는 이렇게 말한다.

> 대화하기로 결정해주셔서 고맙습니다. 진심으로 감사합니다. 당신이 지금 생각하는 모든 것에 대해 이야기를 나눠보고 싶습니다. 우리가 어떻게 이 자리에서 만나게 되었는지도 알고 싶고요. 서로 알아가다 보면 신뢰가 쌓이면서 안전함을 느끼게 될 겁니다.

우리는 이 단계를 '무대 마련하기'라고 부른다. 이제 무대를 마련했으니 칩외 이야기를 더 들어보지.

사람들은 종종 이렇게 묻죠. "인질 협상가로서 스트레스를 받을 때는 어떻게 대처합니까?" 저는 다른 모든 요소를 배제하는 신중한 방식으로 인질범과 대화를 나눠야 한다고 배웠습니다. 시끄러운 무전기 소리, 번쩍이는 조명, 머리 위를 날아다니는 헬리콥터, 방송국 카메라, 대기 중인 경찰 특공대로부터 완전히 빠져나와야 한다고 말이죠.

저의 과제는 무엇에 집중할 것인지 결정하는 겁니다. 현장의 압박감과 스트레스에 위축된다면 절박한 처지에 놓인 이들을 도울 수 없게 됩니다. 인질범이 인질의 머리에 총을 겨누고, 폭탄은 언제라도 터질 수 있고, 성난 유괴범이 어이없는 요구를 하는 상황에서는 방향을 잃어버리기 쉽습니다. 이러한 사고 패턴에 사로잡힌다면 오로지 지금 상황이 얼마나 끔찍하게 이어질 것인가만 걱정하게 됩니다. 그러면 스트레스가 나를 압도하면서 나 역시 문제의 일부가 되어버립니다. 비즈니스에서도 마찬가지입니다. 우리가 해야 할 일은 초점을 옮겨서 고객의 문제를 어떻게 해결할 것인지에 집중하는 겁니다.

2. 초점 전환하기

칩의 이야기는 계속된다.

인질범이 어떻게 자신과 다른 이의 생명을 위기에 처하게 만든 이러한 상황에 이르게 되었는지 정확히 이해해야 합니다. 이를 위해서 그 순간 몰려드는 두려움에서 벗어나 인질범의 삶을 이해하는 것으로 초점을 옮겨야 합니다.

이를 통해 인질범에 대한 압박을 낮추면서 내가 느끼는 스트레스에서도 벗어나 인질범 스스로 상황을 해결하도록 도움을 주는 노력을 시작할 수 있습니다. 그럴 때 분석적인 두뇌가 완전하게 가동되면서 인질 협상의 훈련이 성과를 드러냅니다.

우리는 이 기술을 개인적인 삶과 직업적인 삶에도 적용할 수 있다. 가령 상사가 당신을 불러서 고객에게 저지른 실수에 대해 화를 낸다고 해보자. 물론 이는 삶과 죽음이 오가는 인질극 상황이 아니다. 그래도 상사의 스트레스에 어떻게 반응하느냐에 따라 당신의 생계가 위기에 처할 수도 있다.

여기서 첫 번째 단계는 상사의 감정 상태에 주목하는 것이다(당신이 저지른 실수에 대한 분노, 경영진에 리더로서 무능하다는 인상을 주게 될 것이라는 걱정, 고객을 잃어버릴지 모른다는 초조함, 잠재적인 문제를 일찍 예상하지 못했다는 후회). 상사는 지금 이러한 모든 감정을 느끼고 있다. 상사나 고객이 이러한 감정 상태에 있을 때 당신의 두뇌는 아마도 경보 신호를 울릴 것이다.

이러한 상황에 대처하려면 심리적 전환이 필요하다. 다시 말해 '이런, 상사가 나를 비난하고 있어. 억울해. 해고당할지도 모르겠어'라는 우려에서 '힘든 상황이지만 얼마든지 상황을 해결할 수 있어'라는 생각으로 넘어가야 한다. <u>상사가 공격 모드에 있는 동안 당신은 초점을 전환해야 한다. 차분함을 유지하면서 분석적인 태도를 취하면 문제를 해결할 수 있다.</u>

3. 방어적인 태도에서 벗어나기

다음 단계는 상황을 객관적으로 바라보면서 방어적인 태도에서 벗어나는 것이다. 그 목적은 상사가 어떤 불만이 있는지 혹은 왜 화가 났는지를 최대한 구체적으로 말하도록 유도하는 것이다. 그렇다. 여기서 당신은 직업적·개인적으로 강한 비난을 감수해야 한다. 이는 인질 협상가의 일이기도 하다.

4. 고의가 아니어도 사과하기

상대를 안정시키고 유리한 위치를 차지하기 위한 한 가지 기술은 상대의 분노에 사과하는 것이다. 왜 그래야 할까? 그래야 상대가 비난에서 문제 해결로 초점을 전환할 것이기 때문이다. 상대가 분노하는 와중에도 차분함을 유지할 때 우리는 분석적인 두뇌의 힘을 발휘해서 문제에 더 집중할 수 있다. 그리고 스트레스에서 벗어나 새로운 관점으로 상황을 바라볼 수 있다. 그래야만 무슨 말을 해야 할지, 어떻게 문제를 해결해야 할지 곧바로 이해할 수 있다. 그리고 대화의 흐름을 주도할 수 있다.

5. 더 나은 방법으로 설득하기

먼저 다음과 같이 화가 난 이유를 물어보자.

- 지금 가장 중요한 문제는 무엇인가?
- 경영진이 이번 일을 알게 되면 무슨 일이 일어날 것으로 예상하는가?
- 이 문제를 어떻게 설명해야 할까?
- 문제를 해결하려면 어떻게 해야 할까?

상사가 감정적으로 불안정한 모습을 드러낼 때마다 당신은 심리적 차원에서 자신을 진정시켜야 한다. 이를 통해 현재 상황에 대한 불안감에서 벗어나 상사를 돕는 노력으로 넘어가야 한다. 자신이 무시당하거나 해고당할지 모른다는 두려움에서 벗어나야 한다. <u>자신을 변호하기보다 설득 모드로 이동해야 한다.</u>

그럴 때 상사는 당신을 향한 분노에서 문제 해결로 초점을 전환하게 된다. 이 다섯 단계를 통해서 상사에 대한 영향력을 높이고 분석적인 두뇌의 힘을 발휘할 수 있다. 상사와 함께 문제를 해결하기 위해 꼭 필요한 과정이다.

설득은 과학이다

우리 두뇌는 사람들을 만날 때 그들의 패턴을 파악한다. 그리고 과제를 중심으로 협력할 때는 신경과학자들이 말하는 '동기성 synchronicity'을 만들어낸다. 두뇌가 예전에 봤던 패턴을 인식할 때 우리는 신경적인 차원에서 상대와 동기화된다. 이러한 동기화는 상호 이해와 공감, 협력을 강화하는 기능을 한다.

펜실베이니아대학교의 신경과학자 마이클 플랫Michael Platt에 따르면 동기성은 다음 세 가지 방법으로 만들어낼 수 있다. 그것은 소그룹(6~8명) 게임과 스토리텔링 그리고 상대의 행동을 따라하는 것이다.[1]

플랫 박사는 동기화를 보여주는 간단한 사례로 프로 축구 선수에 관한 연구 사례를 제시한다. 그는 이렇게 설명한다. "공격수가 골을 넣으려면 골키퍼와 비동기화되어야 한다."

공격수가 골키퍼와 심리적으로 동기화될 때 골키퍼는 슛의 방향을 예측할 수 있다. 그래서 골키퍼는 공격수와 어떻게든 동기화하려고 한다. 반면 공격수는 골키퍼와 비동기화하기 위해 안간힘을 쓴다. 즉 예기치 못한 동작으로 골을 넣으려 한다. 물론 이처럼 비동기화가 필요한 경우도 있지만, 비즈니스 상황에서는 대부분 동기화가 필요하다.

과학자들은 쥐를 이용해 동기성을 연구했다. 노스웨스턴대학교의 예브게니아 코조로비츠키Yevgenia Kozorovitskiy 박사는 쥐 두 마리의 두뇌를 동일 주파수로 자극하는 방식으로 동기화했다. 그리고 몇 분이 지나자 두 쥐 모두에게서 경계심이나 적대감이 사라졌다. 두 마리 쥐는 갑자기 오래전 잃어버린 친구처럼 가까운 사이가 되었다.²

코조로비츠키 연구팀이 두 쥐에 서로 다른 주파수로 동일한 실험을 했을 때 쥐들이 갑작스럽게 유대감을 보이는 모습은 나타나지 않았다. 물론 인간은 쥐보다 훨씬 더 복잡한 동물이다. 그리고 동기화를 위해 두뇌를 자극하는 실험을 할 수도 없다. 그래도 우리는 <u>말과 행동으로 우리와 함께 있을 때 편안하고 관심받고 있다는 감정을 느끼도록 상대를 '자극'할 수 있다. 다시 말해, 얼마든지 상대가 우리와 동기화되도록 만들 수 있다.</u>

상대의 관심에 대한 동기화

비즈니스 상황에서 상대를 설득하기 위해서는 인질 협상과 마찬가지로 상대의 관심사와 동기화를 이루어내야 한다. 상대의 감정을 똑같이 느낄 때 상대와 곧바로 연결된다. '상대를 이해했기' 때문이다. 이 말은 고도로 동기화가 이루어졌다는 뜻이다. 동시에 플랫의 비유처럼 골키퍼와 비동기화하려는 공격수처럼, 때로는 비동기화를 그대로 받아들여야 한다. 이를 위해서는 결단이 필요하다.

관계를 강화하는 방법

한 번의 대화나 만남으로 동기화를 이루기는 어렵다. 그래서 포렌식 듣기를 통해 상대의 행동 패턴을 관찰해서 강력한 관계를 만들어내야 한다. 그래야 상대에게서 예전에 보지 못한 측면을 발견할 수 있다.

관계를 형성하고자 하는 사람에 관한 정보를 오랫동안 수집하다 보면 그의 행동에 숨겨진 의도를 정확하게 파악할 수 있다. 그리고 이러한 결론에 이르게 된다.

- 그의 행동에 대해 예전에는 그렇게 생각하지 못했다.
- 그가 이 문제에 신경을 쓸 거라고 예상하지 못했다. 하지만 관심이 많았다.
- 그가 나를 싫어한다고 생각했다. 하지만 그건 정말로 정말로 _____였다.

상대의 행동 패턴을 파악하면 그의 진정한 의도를 이해할 수 있다. 물론 상대의 행동 패턴에서 자신이 싫어하는 의도를 발견하게 될 수도 있다. 가령 계약을 원하지 않는다거나 승진에서 누락될 것이라는 사실을 알게 될지도 모른다. 그래도 이러한 예측에 직면해서 자신의 감정 상태를 확인하려는 노력이 필요하다. 이를 통해 아이디어를 제시하거나 관계를 개선할 수 있다. 까다로운 상사나 고객, 동료를 안정시키는 것은 우리 자신도 안정시키는 일이라는 사실을 명심하자.

이제 우리는 인질 협상가처럼 생각하고 있다. 우리는 스스로 이렇게 물어야 한다. 상대는 왜 이 문제로 어려움을 겪고 있는가? 드러내지 않은 더 많은 이야기가 있을까? 그리고 약간의 조사를 한다면 다른 원인이 있다는 사실을 짐작할 수 있다. 가령 상사는 얼마 전 이사회 회의에서 경영진이 약속을 저버린 것에 화가 났을 수 있다. 지금 <u>상사가 무엇을 중요하게 여기는지 파악하려는 노력도 중요하지만, 먼저 상사의 태도에 영향을 미치는 상황을 이해해야 한다. 상사의 진정한 의도를 알지 못하면 문제를 해결할 수 없다.</u>

상내를 차분하게 만들기

스스로 차분함을 유지하면서 비난을 감내할 힘이 있다는 사실을 보여준다면 자신의 가치와 영향력은 높이면서 스트레스는 낮출 수 있다. 그리고 이러한 힘과 공감 능력을 결합할 때 우리의 영향력은 엄청나게 커진다. 상대를 침착하게 만들고 방어적인 자세를 취하거나 공격적인 말을 하지 않는다면 영향력은 증가할 것이다. 그러면 상대는 우리를 동맹이자 신뢰할 만한 조언자로, 그리고 검증된 동료로 바라보기 시작할 것이다. 당신은 자신을 방어하지 않았다. 그리고 당신의 행동으로 상대가 입은 피해에 대해 사과했다. 또한 자리로 돌아가 분노를 터뜨리는 대신에 문제 해결을 위해 노력했다.

그랬다면 축하한다! 이제 당신은 비즈니스 상황에서 설득력을 높이기 위한 인질 협상 프로그램의 첫 단계를 통과했다. 다음으로 상대의 마음을 읽어내는 방법을 알아보자.

22초, 상대를 읽는 시간

사람을 읽는 기술은 스파이나 이중 첩자 혹은 전직 FBI 인질 협상가만을 위한 것이 아니다. 상대를 읽는 능력 그리고 상대가 나를 어떻게 읽는지 이해하는 능력을 키우면 모든 분야에서, 그리고 비즈니스 관계에서 확고한 우위를 점할 수 있다. 《나는 왜 이 일을 하는가 Find Your Why》의 저자 사이먼 사이넥 Simon Sinek 은 이렇게 말했다. "고객의 100퍼센트는 인간이다. 직원의 100퍼센트는 인간이다. 인간을 이해하지 못한다면 결국 비즈니스를 이해하지 못하는 것이다."[3]

상대를 정확하게 읽을 때 우리는 그를 훨씬 더 깊이 이해할 수 있다. 그리고 우리 자신의 설득력을 높일 수 있다. 또한 이러한 능력을 발휘함으로써 더 높이 승진하고, 대중적 인지도를 쌓고, 수익성 높은 비즈니스 기회를 발견할 수 있다.

우리가 상대에게 관심을 기울일 때 상대도 우리에게 관심을 기울인다. 그 시작은 상대가 드러내지 않은 이야기를 살피는 것이다. 즉 우리는 먼저 자신은 누구이며 어떤 모습을 보이고 싶어 하는지에 대한 상대의 생각을 파악해야 한다. 드러내지 않은 이야기는 이력서에서 쉽게 확인할 수 있는 직함이나 연봉, 교육 수준보다 더 많은 것을 들려준다. 그렇다면 어떻게 그 이야기를 확인할 수 있을까? 이에 관한 논의를 시작해보자.

22초 읽기의 힘

칩은 FBI에 몸담기 전에 감리교회 목사로 활동했다. 그동안 결혼에서 부모나 자녀와의 사별에 이르기까지 삶을 바꾸는 여러 사건을 겪는 사람들의 모습을 지켜봤다. 또한 사람들이 일반적으로 이러한 상황에서 어떻게 행동하는지에 대한 이해를 바탕으로 그들의 마음을 효과적으로 읽는 법을 배웠다. 나아가 FBI에 들어와

서는 사람들이 스트레스 상황에 처하거나 남을 속이고 이용하려 들 때 어떻게 행동하는지 깨닫게 되었다.

기자 생활을 마치고 위기관리 전문가로 변신한 아델은 기업 경영자와 국가 지도자들에게 자문하는 과정에서 상황을 재빨리 인식하고 신속하게 결정을 내리는 방법을 배웠다. 아델이 이러한 분야에서 능력을 발휘할 수 있었던 것은 아마도 롱아일랜드 지역의 이탈리아계 미국인 가정에서 자랐기 때문일 것이다. 실제로 아델은 공감 능력을 바탕으로 상대의 의도를 재빨리 간파할 수 있는 솔직한 사람이다.

우리를 비즈니스 상황에서 만났다면 당신은 아마도 우리가 다른 누구보다 더 다가가기 쉬운 사람이라고 느낄 것이다. 우리는 재미있는 이야기를 주고받고, 자학적인 농담을 하면서 즐거운 시간을 보내곤 한다. 하지만 다른 한편 우리는 사람을 읽는다. 그리고 이를 위해 22초 읽기 22-second reading 라는 기술을 활용한다. 여기서 22초는 상대의 에너지 수준과 성격을 파악하는 데 걸리는 시간을 뜻한다. 많은 것을 보여주지만 우리가 쉽게 간과하는 한 가지 질문은 이것이다. 우리가 만난 사람은 관계를 형성하길 원하는가, 아니면 강한 인상을 주길 원하는가? '우리에 대해 더 많은 것을 알고 싶다'고 생각하는가, 아니면 '어서 내 이야기를 하고 싶다'고 생각하는가? 우리는 이 질문에 대한 답으로 상대가 새로운 아이디어와 신선한 관점에 얼마나 개방적인 사람인지 판단할 수 있다.

많은 이들은 무의식적 편향 nconscious bias 이 더 중요한 게 아닌가 생각한다. 그러나 무의식적 편향은 기업들이 만들어낸 애매모호한 개념이다. 솔직하게 말해서, 아무런 의미도 없는 개념이다. 물론 우리 모두 편향이 있다. 편향은 인간의 본성이다. 우리 모두 언제나 서로를 평가한다. 그렇지 않으면 상대를 믿을 수 없다. 그렇다고 해서 주변의 모든 사람을 의심하는 마키아벨리주의자가 되어야 한다는 말은 아니다. 다만 목표 달성에 도움이 되는 방식으로 상대를 관찰하는 데 집중해야 한다는 뜻이다.

우리가 잠재 고객이나 비즈니스 관계자를 만나서 나눈 대화의 내용을 살펴본다면, 아마도 우리가 당신을 위해 실시간으로 구축해놓은 시스템의 존재를 확인하게 될 것이다. 다음에서 이야기할 '관계의 여섯 가지 측면'을 이해한다면, 당신은 이 개념을 자신이 일하는 분야에 쉽고 효과적으로 적용할 수 있을 것이다.

어떻게 하면 관계 형성에 능숙해질 수 있을까? 어떻게 예측과 확신을 통해 사람들과 관계를 맺고 영력을 행사할 수 있을까? 이 질문에 내한 답은 여섯 가시 핵심 요소도 설닝할 수 있나. 그섯은 자신의 스타일과 이야기, 상태, 그리고 상대의 스타일과 이야기, 상태를 말한다.

관계의 여섯 가지 측면

관계의 근간에는 이유가 존재한다. 이번 만남의 목적은 무엇인가? 인사를 나누는 자리인가, 아니면 지속적인 논의를 위한 자리인가? 힘의 균형은 어떤가? 나의 최종 목적은 무엇인가? 상대의 최종 목적은 무엇인가? 공식적인 자리인가, 사적인 자리인가? 지금부터는 새로운 고객과의 만남을 준비하는 과정에 대해 간략히 살펴보자.

자신의 스타일

좋아하든 아니든, 우리는 모두 의식적으로 혹은 무의식적으로 외모로 상대를 평가한다. 그러므로 외모에 관한 이야기부터 시작하자. 사람들은 당신의 나이에 편견을 갖는가? 당신의 스타일은 최신 유행을 따르는가, 아니면 보수적인가? 자만심이 강하거나 상대를 통제하려 하거나 혹은 잘난 체하는 스타일인가? 아니면 체계가 없거나 주저하거나 조심스러운가? 자신의 에고를 분명하게 드러내는가? 질문을 하는 과정에서 불안과 조급함 혹은 지식의 부족을 드러내는가?

자신의 이야기

이는 우리가 드러내지 않은 이야기, 관계에서 자신의 역할, 상대에게 드러내거나 드러내지 않은 감정, 그리고 상대에게 보여주고 싶은 자기 모습이다. 이는 사람들이 믿는 것과 말하는 것 사이의 차이를 보여준다.

자신의 상태

어떤 감정 상태에 있는가? 이번 만남에서 성과를 올려야 한다는 압박을 느끼고 있는가? 아이가 아파서 집에 있거나 휴가 계획을 세워야 하는 등 여러 가지 문제로 주의를 집중하기 힘든가? 자신의 상태가 상대에게 어떤 영향을 미칠지 생각해보자.

상대의 스타일

상대의 옷차림은 편안한 스타일인가, 공식적인 복장인가? 예술적이거나 독특한 스타일인가? 대화를 나눌 때 어떤 자세를 취하고 있는가? 말을 하면서 자신감 없는 모습을 보이는가, 아니면 무언가를 알아내려고 하는가? 지나치게 말이 많은가, 아니면 정확하고 간결한가? 상대의 행동은 어떤가? 자연스러운가? 방어적인가? 유쾌한가? 설득하려고 하는가? 적대적인가?

상대의 이야기

이는 상대가 드러내지 않은 이야기, 관계에서 상대가 맡은 역할, 당신에 대한 느낌, 그리고 보여주고 싶어 하는 자신의 모습을 말한다. 우리는 이를 통해 상대가 나에게 친근감을 느끼는지 적대감을 느끼는지 알 수 있다. 당신이 말할 때 상대는 회의적이거나 믿지 못하겠다거나 혹은 주의를 집중하지 않는 태도를 보이는가? 아니면 관련된 질문을 하거나 맞장구를 치거나 혹은 지위가 더 높은 사람으로서 대우받으려고 하는가?

상대의 상태

상대는 변화에 개방적인가, 저항적인가? 방어적인 태도를 보이는가? 자기 의견을 내놓기보다 동료의 아이디어에 더 관심이 있는가? 두려워하거나 진정성이 부족하다는 느낌이 드는가? '당신'을 읽으려고 하는가? 만약 그렇다면 당신의 감정 상태를 어떻게 인식하고 있는가?

<u>상대를 일관적이고 효과적으로 읽기 위해서는 그가 무엇을 믿고, 원하고, 소중하게 여기는지에 주목해야 한다.</u> 계약을 놓고 협상하든, 십 대 자녀가 자기 인생을 위해 긍정적인 선택을 내리도록 조언하든, 혹은 새 차를 사려고 배우자를 설득하든, 상대의 상황을 파악하고 공감하면 강력한 영향력을 발휘할 수 있다.

요약

- 인질 협상가가 상황을 진정시키기 위해 사용하는 다섯 단계는 무대를 마련하고, 초점을 전환하고, 방어적인 태도에서 벗어나고, 고의가 아니어도 사과하고, 상대에게 더 나은 방법으로 설득하는 것이다.

- 진정 능력과 공감 능력을 결합할 때 우리의 영향력은 엄청나게 높아진다. 분위기를 차분하게 만들고 방어적인 자세를 취하거나 공격적인 말을 하지 않는다면 강력한 힘을 발휘할 수 있다.

- 22초 읽기는 상대의 에너지 수준과 성격을 재빨리 파악하기 위해 사용하는 기술이다. 사람들이 가장 쉽게 간과하는 질문은 아마도 이것일 것이다. 상대는 관계를 형성하고자 하는가, 아니면 강한 인상을 남기고 싶어 하는가?

- 관계의 여섯 가지 측면은 상대의 스타일과 이야기, 상태를 기준으로 그를 평가하고, 동시에 상대가 우리의 스타일과 이야기, 상태를 기준으로 어떻게 반응할 것인지 예측하는 방법이다.

4장

설득을 시작하는 구체적인 단계

협상과 타협과 거래는 짧은 시간에도 이루어질 수 있다. 협상 테이블에 앉았다는 것은 이미 어느 정도 마음을 정했다는 것을 뜻한다. 그들은 이미 거래에 따른 이익과 손실을 분석했고 상대의 거절과 요구 사항을 예상하고 있다. 협상을 위해 양보해야 할 부분도 모두 고려했다. 상대의 생각을 바꾸는 것은 공식적인 협상보다 훨씬 어려운 일이다. 엄청나게 힘든 일이다. 하지만 성공적인 설득을 위해 끈기와 원칙을 지킬 가치는 분명히 있다.

많은 이들은 확고부동한 태도로 협상에 임한다. 그들은 먼저 최고의 카드를 꺼내 든다. 그리고 상대의 마음을 충분히 돌릴 수 있을 것이라 여기면서 새로운 깨달음을 기꺼이 공유하려 한다.

이렇게 강한 태도를 고수하면 스스로 깊은 만족감을 느끼기야 하겠지만, 그 누구도 설득하지 못한다.

아델의 아버지 잭 감바델라의 사례를 살펴보자. 사실 잭은 가장 설득력이 없는 사람 중 하나다. 뉴욕시 지하철 계약업체를 운영하는 잭은 종종 길을 묻는 사람들과 마주친다. 그는 아주 친절하고 매력적인 사람이지만, 길을 설명하는 능력은 형편없다. 길을 묻는 사람에게 가는 길에 만나게 될 랜드마크를 너무 자세하게 설명하는 바람에 오히려 더 헤매게 만든다. 도시에서 길을 잃은 사람들은 이제 그의 설명을 듣고 이야기 속에서 헤매게 된다. 아델은 17년 전 롱아일랜드에서 잭에게 설명을 들은 한 가엾은 여행자가 지금도 브루클린으로 돌아가지 못하고 있는 게 아닐까 상상하곤 한다.

잭은 다른 사람들처럼 자신의 설득 도구함에 들어 있는 도구를 꺼내 쓴다. 그건 뉴욕에 관한 이야기와 자신의 놀라운 매력이다. 그는 자신이 생각하는 최고의 카드를 먼저 꺼내 들지만, 그건 최고의 선택이 아닐 가능성이 높다.

잭이 너무 자세한 이야기 속에서 길을 잃는 경향이 있다면, 이와는 반대 문제를 가진 친구도 있다. 그는 지나치게 빨리 본론으로 들어가는 경향이 강하다. 얼마 전 아델은 그 친구와 점심을 함께했다. 그런데 그는 주문한 샌드위치가 마음에 들지 않는 눈치였다. 샌드위치를 한 입 베어 물자마자 대뜸 종업원을 불러 이렇게 말했다. "샌드위치가 맛이 없어요." 종업원의 동공이 흔들리는 것을 친구는 알아채지 못했지만 아델은 똑똑히 봤다. 그는 곧바로 본론으로 들어가서 샌드위치가 맛이 없다고 따졌다. 그러나 그 퉁명스러운 태도는 자신의 주장을 독단적으로 들리게 했고, 종업원은 수긍하지 않았다.

그때 친구는 이렇게 말할 수 있었다. "여길 여러 번 왔는데 오늘 나온 샌드위치는 맛이 좀 이상하네요. 요리사에게 좀 전해주시겠어요?" 그러한 경우, 일반적으로 요리사가 나와서 손님에게 불만 사항을 물어보고, 그때 친구는 칠면조 고기가 딱딱하다거나 빵에서 곰팡내가 난다거나 마요네즈가 빠졌다는 설명을 할 수 있었을 것이다. 그렇게 했다면 친구는 점심값을 내지 않거나 혹은 새로 만든 샌드위치를 먹었을 것이다. 하지만 친구는 자신의 카드를 너무 빨리 던져버렸다.

인질 협상도 마찬가지다. 칩 역시 이렇게 말하고픈 유혹을 종종 느낀다. "이제 모두 끝났어. 여기서 나갈 유일한 방법은 지금 당장 내 말대로 하는 거야." 그러나 너무 빨리 본론으로 들어가면 상대의 반발을 자극하고 마음을 상하게 만들고, 더 나쁜 일이 벌어질 수도 있다. 관계를 구축하고자 한다면 이렇게 말해야 한다. "오늘 왜 그런 행동을 했는지 한번 이야기해봅시다."

설득 연속체를 만들어라

가장 중요하게 생각하는 것을 먼저 내세우면 설득의 기회는 사라진다. 게다가 대화의 논리적 요점도 사라지고 지적 우월감도 사라진다. 설득해야 할 상대를 외면했기 때문이다. 결국 상대는 생각을 바꾸지 않고, 예전보다 더 강하게 자기 생각을 고수하게 된다.

이러한 상황은 컬럼비아대학교 교수 로버트 본템포Robert Bontempo 박사가 말하는 '고결함의 전설saga of our righteousness'의 의미를 잘 설명해준다.[1] 그는 이렇게 조언한다. "첫째, 자신이 어떤 주제를 이해하게 된 과정을 이야기하고픈 욕망을 자제해야 한다." 다시 말해 자신의 통찰력을 과시하지 말라는 것이다.

다음으로 "자신의 주장을 보류할 줄 알아야 한다." 이는 대부분에게 쉽지 않은 일이다. 우리는 상대가 자신이 알고 있는 것을 이해하길 원한다. 그러나 다른 사람의 입장은 좀처럼 고려하지 않는다. 설득은 장기적으로, 천천히, 각본에 따라, 체계적인 방식으로 이루어질 때 최고의 효과를 발휘한다. 설득 과정은 자연스럽게 이루어져야 한다. 사람들은 새로운 사고방식을 받아들이도록 강요당한다는 느낌을 싫어한다. 그들은 혼자 힘으로 새로운 결론에 도달하고 싶어 한다.

사회과학자들은 설득을 연속체로 바라본다. 1960년대 초 사회 판단 이론을 주창했던 심리학자 무자퍼 셰리프Muzafer Sherif는 수평 모형(그림 4-1)을 통해 이러한 생각을 설명했다. 그의 모형은 A, B, C로 시작하는데, 이들 모두 상대가 동의할 가능성이 높은 주장에 해당된다. 셰리프는 이를 '수용 영역latitude of agreement'이라고 불렀다. 다음으로 중간에 있는 D, E, F는 '중립 영역latitude of noncommitment'에 해당한다. 이러한 주장은 긍정적이거나 부정적인 측면이 없는 중립을 취한다. 마지막으로 이 모형에서 맨 오른쪽 세 가지 유형의 주장인 G, H, I는 '거부 영역latitude of rejection'에 해당한다. 이러한 주장은 강력한 반발에 부딪힌다.

〈그림 4-1〉 설득 연속체

연속체상에서 각각의 알파벳은 설득 과정에서 사용하는 여러 유형의 주장을 의미한다. 이 모형은 상대의 생각을 바꿀 수 있는 유일한 정보는 '수용 영역'의 맨 오른쪽 끝, 즉 연속체 상에서 C와 D 사이에 있다는 사실을 말해준다.

본템포는 이렇게 설명한다. "연속체상에서 '거부 영역'에 해당하는 주장을 제기하면 상대가 대뇌 변연계에서 느끼는 감정과 멀어지게 된다." (변연계는 두뇌의 일부로 행동 및 감정 반응에 관여한다.) 그는 이렇게 덧붙인다. "변연계가 관여할 때 우리 두뇌는 활성화된다. 자기 생각과 감정에 자극받아 상대의 생각과 감정에 주목하지 못한다. 자기 생각과 감정이 아무리 완벽하고 논리적이라고 해도 말이다."

우리는 예전에 한 비영리단체와 함께 일한 적이 있다. 당시 그 단체는 인턴십 프로그램의 혜택을 홍보하던 중이었다. 그들은 인턴십 프로그램에 관해 설명하면서 먼저 비용을 언급했다. 그 프로그램이 1만 달러에 달하는 비용보다 훨씬 더 가치 있다고 생각했기 때문이었다. 이 전략은 경기가 좋을 때는 효과가 있었다. 하지만 그들은 경기가 침체되는 상황에서도 그러한 홍보 전략을 계속해서 사용했고, 결국《워싱턴포스트》탐사보도 기자에게 비난의 빌미를 주게 되었다. 그 기자는 기사에서 그 단체가 인턴들을 어떻게 공짜로 부려 먹는지 보도했다.

이러한 상황에서 그 단체는 우리에게 조언을 구했다. 우리는 그 프로그램의 혜택과 인턴십을 시작한 학생들이 감수해야 할 위험에 관해 여러 질문을 했다. 그 결과 우리는 그 단체에는 적절한 심사 과정이나 학생들을 지원하는 조직이 없었고, 그래서 인턴십에 참여한 학생들은 실질적으로 의미 있는 업무 경험을 쌓지 못한다는 사실을 확인했다. 결국 학생들이 정규 취업으로 이어질 수 있는 경력을 거의 혹은 전혀 쌓지 못한 상황에서 프로그램은 종료되었다.

이에 대해 우리는 다음과 같이 설득 연속체상에서 고객 메시지를 작성했다.

주장 A: 우리 단체는 학생들에게 인생을 바꿀 수 있는 업무 경험을 제공한다. 우리는 소득 수준과 상관없이 모든 학생이 체계적인 인턴십 과정을 통해 배움의 기회를 누릴 수 있어야 한다고 생각한다.

주장 B: 아이오와주에서 온 섀런은 우리 단체의 도움이 없었더라면 의회에서 일할 기회를 잡지 못했을 것이다.

주장 C: 섀런은 인턴십 경험을 발판으로 삼아 졸업 후에 정식 일자리를 잡았다.

주장 D: 우리는 연계 대학에서 이번 프로그램에 참여한 학생 중 92퍼센트에게 장학금을 지급하는 방식으로 재정적 지원을 제공하고 있다.

사회과학에 기반을 둔 이러한 메시지는 효과가 있었고, 그 단체는 프로그램과 관련된 언론 기사에 만족감을 보였다.

우리가 책을 쓰기 위해 본템포 박사와 인터뷰를 했을 때 그는 총기 규제를 사례로 들어 칩에게 실험을 했다. 그는 이렇게 주장했다. "총기 소지는 우리를 더 안전하게 만들어줍니다." 칩은 깜짝 놀랐다. FBI 출신인 칩에게 그 주장은 대단히 도발적으로 들렸다. 칩은 모두가 총을 소지하면 총기를 사용하는 일이 더 많아지고, 그 과정에서 많은 사람이 위험에 처하게 되리라 생각했다. 즉 본템포 박사의 주장은 칩의 '거부 영역'인 G, H, I에 해당하는 것이었다. 이 주장은 칩이 알고 있는 사실은 물론 그의 변연계와도 일치하지 않았다.

여기서 우리는 총기 규제에 관한 설득 과정을 순조롭게 시작하기 위해 칩의 '동의 영역'에 해당하는 주장을 먼저 제시하도록 조언했다. 가령 "미국에서는 다른 나라들보다 총기 사고가 더 빈번히 발생하고 있다"와 같은 주장으로 말이다. 칩은 이 주장에 동의했다. 이는 연속체상에서 A, B, C에 해당한다. 칩의 실시간 피드백을 고려할 때 그는 아마도 "미국에서는 다른 어떤 나라보다 인구당 더 많은 살인 사건이 일어나고 있다"라는 주장 B에도 동의할 것이었다. 이제 이 시점에서 두뇌 화학이 작동하기 시작한다. 40년간의 연구 결과에 따르면, 칩(혹은 다른 누군가)의 생각을 바꿀 수 있는 유일한 주장은 C "총기 규제는 지나친 대응으로 보일 수 있지만 사람들이 총기를 불법적으로 소지하지 못하도록 막기 위해서는 더 많은 규제가 필요하다"는 것이다.

본템포 박사는 이렇게 말했다. "그 주장은 칩이 신경학적 차원에서 동의할 수 있는 영역에서 맨 끝에 있는, 그리고 예전에는 생각해보지 않았던 것입니다. 이 주장은 긍정적이거나 부정적인 감정을 자극하지 않습니다." 이는 칩의 생각이 바뀔 수 있는 연속체 상의 유일한 지점이다. 이 대화의 과정에서 총기 규제에 관한 칩의 생각은 바뀌지 않았지만, 그의 생각은 아마도 연속체에서 조금 더 오른쪽으로 이동했을 것이다. 그리고 새로운 관점으로 마음을 더 열게 되었을 것이다. 이로써 칩의 설득 영역은 더 넓어졌고, 그는 더 개방적인 태도를 취했다.

우리의 주장은 자신의 관점에서 옳을 수 있다. 그러나 <u>설득은 무엇이 옳은지에 달려 있지 않다. 설득은 우리가 영향을 미치고자 하는 사람이 무엇을 옳다고 믿는지에 좌우된다.</u> 이러한 생각은 상대를 설득 연속체에서 이동시키기 위한 핵심이다. 지금 상대가 설득 연속체에서 어디쯤 서 있는지 파악하고자 한다면, 몇 가지 자유로운 형태의 질문을 던져보자.

- 우리가 나눈 이야기에 대해 어떻게 생각하는가?
- 어떻게 느끼는가?

- 다른 사람들도 그렇게 느낀다고 생각하는가?
- 언제 이 문제가 해결/수정될 것으로 생각하는가?

우리는 서로 도움이 되는 지점에서 출발해야 한다. 한 가지 예로, 범죄가 조금씩 증가하는 대도시 쇼핑몰에서 의뢰를 받은 적이 있다. 휴가철이 다가오고 있었지만 많은 소비자가 그 쇼핑몰을 돌아다니는 것에 두려움을 느꼈다. 그런데 그 쇼핑몰은 두 경찰서 사이에 있다 보니 서로 문제를 미루고 있었다. 우리를 찾아온 쇼핑몰 관계자는 시장에게 도움을 요청했으나 아무런 소용이 없었다고 했다. 시장은 자신이 할 수 있는 일이 없다고 말했다.

이에 우리는 유동 인구가 줄어들면서 매출에 타격을 받은 쇼핑몰 주변 매장 주인들로 조직을 구성했다. 그리고 비즈니스와 생계를 우려하는 매장 주인들의 인터뷰 영상을 제작해 시장에게 보냈다.

여기서 우리는 설득의 연속체를 기반으로 다음과 같이 전달해야 할 메시지를 작성했다.

주장 A: 우리 모두 소상공인들이 이 도시에 일자리와 기회를 제공한다는 주장에 동의합니다.

주장 B: 시장님, 이 문제를 해결하기 위해 도움이 절실히 필요합니다. 아니면 모두 가게 문을 닫아야 할지 모릅니다.

주장 C: 급박한 문제를 당장 해결해야 합니다. 저와 고객의 안전이 우려됩니다. (이 주장에는 매장 외부에서 발생한 범죄 사건의 폐쇄회로 영상을 첨부했다.)

주장 D: 그래도 답변이 없다면 절박한 심정의 점주들의 인터뷰 영상을 담은 자료를 지역 방송국에 보내겠다는 서한을 첨부했다.

시장은 점주들의 주장에 주의를 기울이는 노력이 서로에게 도움이 된다는 사실을 이해했다. 우리의 설득 작업은 즉각적인 효과를 보였다. 지금 상황이 발 빠른 대처가 필요한 위기의 순간이라는 사실을 직접적으로 보여주었기 때문이다. 우리가 메시지를 보내고 24시간이 흘러 경찰이 인력 배치를 확대하면서 범죄 사건이 중단되었다. 이처럼 위기를 효과적으로 활용하면 상대를 설득 연속체에서 더 빨리 이동시킬 수 있다(위기를 유리한 방향으로 활용하는 방법에 관해서는 12장에서 자세히 다룬다).

이제 서로 다른 두 조직을 살펴보자. 본템포 박사는 엑손모빌 Exxon Mobil 및 국제연합 United Nation(UN)과 관련해서 이런 말을 했다. "엑손모빌이 개발도상국들을 위해 UN보다 더 많은 일을 하고 있다는 주장에는 대부분 수긍하지 않을 겁니다."

저는 엑손모빌이 아프리카 사하라사막 이남 지역의 빈곤층을 위해 UN보다 더 많은 일을 해왔다고 생각합니다. … 고용 창출은 지속가능한 개발 전략입니다. 공동체에 일자리를 제공하고 노동의 존엄성과 더불어 안정적인 월급을 지급할 때 공동체를 변화시키는 인프라를 구축하게 될 것입니다. 반면 원조는 그렇지 않습니다. 주민들의 의존성만 높일 뿐입니다. 결론적으로 저는 수단에 대해 UN은 부정적인 영향을, 그리고 엑손은 긍정적인 영향을 미쳤다고 생각합니다.

그런데 이 주장은 많은 이들에게 '거부 영역'인 G, H, I 유형에 해당한다. 본템포 박사는 이렇게 지적했다. "대부분 이러한 주장은 들으려고도 하지 않습니다. 그러고는 저를 즉각 이렇게 평가하죠. '당신도 그런 부류군. 그저 재산만 지키려는 파시스트야.' 그들에게 저는 '거부 영역'에 있습니다. 그래서 저의 다른 주장도 들으려 하지 않습니다."

그렇기 때문에 효과와 설득력을 극대화하려면 먼저 '동의 영역'에서 출발해야 한다.

주장 A: 저는 수단의 경제 상황에 대해 심각하게 우려하고 있습니다.

주장 B: 이 문제를 해결하지 않으면 경제 불안과 내전이 일어날 겁니다.

주장 C: 이는 심각한 문제이며 우리는 그들을 도와야 합니다.

이러한 주장을 들은 사람들은 이제 새로운 관점을 받아들일 준비가 되었다. 이러한 접근 방식이 효과가 있는 이유는 사람들은 대부분 상대가 솔직하고 예의 바른 사람이라고 확신할 때까지 그의 주장을 받아들이려 하지 않기 때문이다. 그러나 일단 그러한 확신이 서면, 경계가 이동하기 시작하면서 설득 연속체에서 D, E, F의 주장을 고려할 만큼 수용의 폭이 넓어진다. 이 단계에서 우리가 해야 할 일은 주장을 뒷받침하는 구체적인 증거를 제시하고 그들의 반응을 유심히 관찰하는 것이다. <u>대화를 나누는 동안 그들이 우리와 뜻을 같이할 수도 있는 경계에 도달했다면, 일단 멈춰야 한다. 그렇지 않으면 그들은 이후의 주장에 반발할 것이다.</u> 상대의 입장이 우리가 바라는 쪽으로 이동했다면, 조금 시간을 두고 그가 연속체상에서 더 멀리 나아가도록 시도하자.

상대를 고민에 빠뜨려라

때로는 상대가 연속체를 따라 이동하도록 자극할 필요가 있다. 이를 위해 우리가 활용할 기술은 설득 클리프행어^{convincing cliffhanger}라고 부르는 것이다. 설득 클리프행어란 타당하면서도 흥미로운 문제를 제기함으로써 우리가 설득하려는 상대가 기존의 믿음을 의심하면서 더 많은 정보를 찾도록 만드는 기술을 뜻한다.

설득 클리프행어 기술의 핵심은 FUD인데, 이는 공포^{fear}, 불확실성^{uncertainty}, 의심^{doubt}의 약자다. 여기서 우리의 목표는 상대가 이렇게 고민하도록 만드는 것이다. '내가 생각보다 이 문제에 대해 잘 모르는 것 같아.' 상대의 확신은 설득을 가로막는 최대 장애물 중 하나다. 그러므로 상대가 미처 파악하지 못한 정보를 자연스럽게 제시함으로써 그가 그 정보를 곰곰이 생각해보도록 유도해야 한다. 불확실성을 제시하는 것은 상대가 새로운 정보를 적극적으로 찾게 만들고 아이디어에 대한 저항감을 낮출 수 있다. 지금 벌이지고 있는 상황을 이해하고 자신의 관점을 새롭게 형성하려는 욕망은 대단히 유혹적이다.

비즈니스 상황에서 활용하기

예전에 우리는 새롭게 최고재무관리자^{CFO}로 부임한 어느 임원과 함께 일한 적이 있다. 그런데 그가 언론에 기업 이미지를 부정적으로 만들고 있다는 논란에 휩싸이면서 홍보팀이 그에게 "기존 방침을 따라달라"고 요청했다. 홍보팀은 당시 상황을 진정시키기 위한 전략을 이미 세워두었지만, CFO는 팀의 조언을(그리고 우리의 조언도) 받아들이려 하지 않았다. 그는 자신의 홍보 전략이 홍보팀이 제시한 것보다 더 효과적이라고 확신했다. 그래서 우리는 그에게 FUD를 제시했다. 우리는 그가 자신의 대응 전략을 설명하는 모습을 촬영해서 이를 홍보팀의 전략과 비교하고 어떤 게 더 나은지 판단해보자고 제안했다. 우리가 CFO에게 자신의 영상을 보고 스스로 비판을 해보도록 했을 때 그는 언론이 이 문제를 바라보는 방식과 관련해서 자신이 잘못 생각하는 부분이 있을 수 있겠다는 사실을 깨달았다. 그러고는 말 그대로 마음을 바꿔 먹었다.

우리는 메시지를 전하는 과정에서 FUD를 종종 활용한다. 조 바이든^{Joe Biden} 대통령이 당선되기 전, 바이든 암정상회^{Biden Cancer Summit}의 홍보팀은 암 연구 사업을 위한 기금 마련에 더 높은 관심을 불러일으키기 위해 우리 기업을 협력체 목록에 포함시켰다. 그 사업은 바이든이 내놓은 야심 찬 프로젝트였다. 이를 위해 우리가 벌인 캠페인은 〈투데이 쇼〉를 비롯하여 여러 온라인 및 기존 매체에서 225번이나 언급되었다. 우리의 접근 방식이 성공할 수 있었던 이유는 설득 연속체상의 A, B, C 영역에서 출발했기 때문이었다.

주장 A: 거의 모든 사람의 주변에는 암에 걸린 사람이 있다.
주장 B: 암 치료 비용은 어마어마하다.
주장 C: 우리 모두 암 치료법 개발이 절실하게 필요하다는 주장에 동의한다.

이제 설득 클리프행어 영역으로 넘어가게 된다. 바이든 암연구소는 앞으로 25년간 암 발병률을 절반으로 낮추기 위해 노력하고 있다. 그리고 이 목표를 달성하려면 개선된 의료 시스템이 필요하다.

우리는 여기서 멈춰야 한다. 사실 바이든 대통령은 오바마케어Obamacare를 강화해야 한다는 메시지를 전하고자 했지만, 이러한 주장은 유권자 대부분에게 '거부 영역'에 해당하는 것이었다. 드럼프 행정부 시절이 막 끝난 상황에서 우리는 이 주장이 유권자를 데려갈 수 있는 한계 지점이라고 생각했고, 그래서 멈췄다. 그리고 이를 통해 대중의 관심을 높이고, 암 연구에 관한 활발한 논의를 불러일으켰으며, 많은 이들이 치료에 대한 희망을 중심으로 결집하도록 만들었다. 또한 이러한 시도는 바이든의 대선 운동에서 지지를 강화하는 중요한 역할을 했다.

시각을 살짝 틀어주는 한마디

이제 상대가 설득 연속체상에서 어디에 있는지 확인하고 완벽한 설득 클리프행어를 찾아내 그를 우리의 주장 쪽으로 이동시켰다고 해보자. 그런데 연구 결과는 사람들의 생각에 영향을 미치기 위해서는 세 단계를 거쳐야 한다고 말해준다. 다음은 두뇌가 변화하는 단계다.

단계 1: 기존 인식 구조를 해동하기

여기서는 두뇌에서 태도 변화가 나타난다. 〈그림 4-2〉는 우리의 태도가 형성되는 과정을 보여준다. 이는 가치관과 성장 과정, 교육, 경험이 기존 믿음을 강화하는 방식을 말해준다.

단계 2: 인식 체계를 이동시키기

상대의 기존 인식 체계를 이해했다면, 이제 그가 새로운 가능

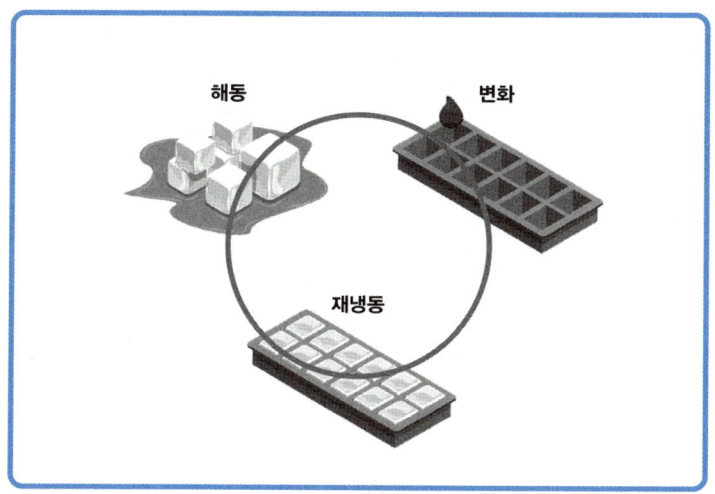

〈그림 4-2〉 르윈의 변화 관리 모형

성에 마음을 열고 기존 믿음을 깨뜨리도록 만들어야 한다. 이를 위해 우리가 선하고 솔직하고 긍정적인 의도를 지닌 사람이라는 점을 먼저 보여줘야 한다. 그래야 상대가 방어벽을 허물기 때문이다.

단계 3: 새로운 인식 체계로 재냉동하기

마지막으로 상대가 새로운 사고방식으로 이동하고 이를 재냉동해서 믿음으로 굳혀야 한다.

한 가지 사례로 이즈 대교Eads Bridge 이야기를 살펴보자. 이 사례는 사람들이 자신의 주장을 받아들이려 하지 않을 때 그들의 믿음을 확인해서 이를 연속체상에서 이동시켜야 한다는 사실을 말해준다.

앤드루 카네기Andrew Carnegie는 많은 돈을 투자해서 이즈 대교를 건설했다. 1874년 7월 4일에 30만 명에 이르는 시민과 많은 기자가 세인트루이스에 세워진 그 다리에서 펼쳐질 독립기념일 행렬을 구경하기 위해 몰려들었다. 그런데 역사적으로 목조 다리는 넷 중 하나꼴로 하중을 견디지 못하고 무너졌다. 그리고 이즈 대교는 여태까지 본 적이 없는 형태의 다리였기에 사람들의 우려는 더 컸다. 그 다리는 역사상 처음으로 철로 만든 교각이었다. 또한 기차가 미시시피강을 건널 수 있는 유일한 통로이기도 했다. 그러나 사람들이 그 다리를 안심하고 건너게 만드는 것은 또 다른 문제였다.

1800년대 사람들은 코끼리는 자신의 무게를 버티지 못할 구조물은 본능적으로 건너기를 거부한다고 믿었다. 그래서 카네기는 생각했다. "코끼리가 다리를 건너는 모습을 본다면 사람들은 다리가 충분히 안전하다고 믿을 것이다."[2] 물론 코끼리가 그 다리를 건널 일은 앞으로 거의 없을 것이었다. 하지만 그러한 사실은 별로 중요하지 않았다. 다만 코끼리는 설득 클리프행어의 완벽한 사례였다.

설득 연속체는 모든 설득 과정에서 활용할 수 있는 중요한 도구다. 하지만 영향을 미치고자 하는 상대를 효과적으로 설득하기 위해서는 이를 개인적으로 맞춤화해야 한다. 그리고 이를 위해서는 상대가 드러내지 않은 이야기를 파악하고 포렌식 듣기를 활용하고 그들의 생활 방식 pattern of life(POL)을 이해하는 등 구체적인 기술에 주목해야 한다.

우리는 적절한 의사소통 방식을 통해 이 기술을 효과적으로 활용할 수 있다. 상대에게 중요한 이야기와 마음속 주제에 계속해서 주의를 기울이자. 상대가 자신을 드러내는 방식을 이해하고 대화를 나누는 동안 어떤 표현을 사용하는지 주목하자. 퉁명스러운가? 과묵한가? 지나치게 차분한가? 사교적인가? 유머에 반응하는가? 비난을 들으면 움찔하는가? 우리를 편하게 느낄 때 상대는 우리의 주장과 아이디어, 비전에 마음을 더 열 것이다. 그리고 우리의 이야기를 더 잘 받아들이고 조언을 더 잘 따를 것이다.

우리가 어떤 정치적 입장이나 주장을 제시하든 상대의 생각을 바꾸려는 시도는 상당한 위협이 될 수 있다는 점을 명심하자. 그 이유는 상대의 생각과 감정은 자신의 정체성에서 중요한 부분을 차지하기 때문이다.

설득 연속체를 활용하는 네 가지 단계

단계 1: 우리가 솔직하고 자신 있고 예의 바른 사람이라는 점을 보여주자. 사람들은 가치관과 태도가 자신과 비슷한 사람을 신뢰하는 경향이 있다. 상대가 우리를 예의 바른 사람으로 바라보지 않고 우리의 가치관을 인정하지 않는다면, 우리가 제시하는 주장에도 의문을 품을 것이다.

단계 2: 각본에 따라 상대를 설득 연속체에서 우리가 제시하는 가장 강력한 주장으로 조심스럽게 이동시키자. 그 과정에서 세 번 이상 대화의 시점을 마련하는 것이 좋다. 그리고 설득 클리프행어를 통해 연속체에서 가장 중요한 지점을 보여주자.

단계 3: FUD를 제시하자. 상대의 확신은 설득 과정의 최대 걸림돌이 될 수 있음을 명심하자.

단계 4: 해소되지 않은 긴장을 제시하자. 설득하려는 상대에게 우리가 생각하는 중요한 아이디어의 씨앗을 심은 뒤 스스로 생각하고 고민하도록 만들자. 이렇게 설득 클리프행어를 남겨둠으로써 믿음을 이루는 기존 인식 체계를 해동하도록 유도해야 한다.

요약

- 사람들은 종종 가장 강력한 주장으로 대화를 시작하는 실수를 저지른다. 그 경우 상대방은 기존의 믿음을 더 강하게 고수한다.

- 심리학자 무자퍼 셰리프는 설득 연속체의 수평 모형을 개발했다. '동의 영역'이란 서로 합의할 수 있는 믿음의 구간이다. '중립 영역'은 긍정적인 측면과 부정적인 측면이 없는 구간이다. '거부 영역'은 서로 의견이 일치하지 않는 구간이다. 상대의 입장을 설득 연속체를 따라 자연스럽게 이동시키는 것은 상대의 마음을 바꾸는 가장 효과적인 접근 방식이다.

- 설득 클리프행어는 타당하면서도 흥미로운 문제를 제기함으로써 상대가 자신의 기존 가정을 의심하고 더 많은 정보를 적극적으로 찾도록 유도하는 접근 방식이다. 이 기술의 목적은 공포와 불확실성, 의심을 제시함으로써 상대의 믿음을 형성하는 인식 체계를 해동시키는 것이다.

2부

설득 전문가가 되는 법

5장

·

동료를 그룹 프로젝트에 참여하도록 유도하기, 다섯 살 아이에게 채소 먹이기, 잠재 고객이 자신의 기업에 관심을 기울이도록 자극하기 등 우리는 매일 누군가에게 무언가를 설득해야 한다. 자신의 설득 기술에 어느 정도 확신이 있어야 할까?

이 장에서는 확신이 설득 과정에서 차지하는 역할을 살펴본다. 그리고 확신이 넘치거나 부족할 경우 상대가 어떻게 우리 자신과 우리의 아이디어를 받아들이지 못하는지 확인해본다. 여기서 우리는 세상 사람들을 설득하기 위해 도전했지만 아쉽게도 성공 직전에 실패한 여러 사례를 소개할 것이다. 그리고 바로 이러한 운명을 피하는 방법에 대해 알아볼 것이다.

흔들림 없는 믿음이 사람을 움직인다

확신은 우리에게 힘을 부여하는 감정이다. 확신에는 어떤 대상이 있다. 가령 우리는 인간적인 매력이나 리더로서의 자질 혹은 내일 있을 프레젠테이션에 대한 준비 상황과 같은 대상에 확신을 느낀다. 이러한 확신은 우리가 더 큰 성공을 위해 달려가는 열정적인 사람이라는 사실을 보여준다.

그런데 왜 많은 이들이 자기 능력에 확신을 갖지 못하는 걸까? 왜 우리는 성공을 내세우지 않고 실패에만 집착하는가? 그건 아마도 변화를 향한 확신을 절망의 반대편에서만 찾으려 하기 때문일 것이다. 혹시 자신이 일하는 환경을 설명하면서 다음과 같은 표현을 사용하지는 않는지 살펴보자.

- 이러지도 저러지도 못하는 국면
- 끝이 보이지 않는 터널
- 고된 노동
- 처음으로 되돌아가기
- 지루한 업무
- 똑같이 반복되는 일상
- 지옥을 지날 때는 멈추지 말고 가라.

이러한 표현은 자신의 업무 환경에 대한 깊은 불만이나 절망을 드러낸다. 이처럼 직업적·개인적 삶에서 절망감이 추한 얼굴을 든다면, 그것은 업무 환경과 같은 중요한 요소를 바꿔야 한다는 신호다. 어쩌면 자기 자신도 바꿔야 할 것이다.

큰 성공을 거둔 사람을 포함하여 우리는 모두 종종 희망을 잃어버리곤 한다. 목표 달성에 실패하고, 급여 인상이나 승진에서 누락되고, 그토록 원했던 새로운 일자리를 얻지 못한다. 그럴 때 우리는 자신이 아직 진정한 잠재력을 발휘하지 못했다고 스스로 설득한다. 이처럼 절망의 늪에 빠져 두려움을 느낄 때 자신이 바라는 모든 것은 언제나 도달할 수 없는 곳에 있다고 느끼게 된다.

가장 먼저 설득해야 할 사람은 우리 자신이다

퀸즐랜드대학교의 심리학과 학과장인 윌리엄 폰 히펠 William von Hippel 교수는 이렇게 말했다. "누군가에게 무언가를 설득하려면, 그리고 경력과 사회적 성공이 설득에 달려 있다면, 가장 먼저 설득해야 할 대상은 바로 자기 자신입니다."[1]

자신을 설득하는 일은 직업적인 성공에서 대단히 중요하다. 아델은 《뉴욕타임스》나 〈투데이 쇼〉와 같은 권위 있는 언론 매체에서 활동하는 사람들을 고객으로 삼아 활동한 개인적인 경험을 통해 그 사실을 깨달았다. 아델의 고객들이 언론계에서 처음으로 중요한 기회를 잡기 전에, 그들은 대개 긴장과 불안의 상태에서 살아간다. 그리고 가면증후군 imposter syndrome(자신의 성공이 능력이 아닌 운으로 이루어졌다고 생각하면서 사람들을 속이고 있는 게 아닐까 불안해하는 심리 — 옮긴이)으로 괴로워하면서 다른 이들이 자신보다 더 좋은 기삿거리를 찾았을 거라고 상상한다. 그러나 처음으로 성공을 거두고 나면 지금까지의 모든 자기 의심이 사라진다. 그들은 언론에 모습을 드러낼 다음 기회를 기대하면서 지금까지 얼마나 많은 기회를 놓쳤을지 궁금해한다.

우리는 이렇게 큰 성공을 거둔 고객들이 계속해서 확신의 파도를 넘나들도록 훈련한다. 이제 그들은 더 이상 멈출 수 없다. 언론의 관심을 받을 자격이 충분하다고 확신하기 때문이다. 그들은 인정을 받고 유명해지고 자신의 말이 인용되는 지금의 상황을 최대한 활용하고자 한다. 폰 히펠은 이렇게 지적한다. "우선 자신이 무언가를 믿도록 만들 수 있다면, 다른 사람을 더 효과적으로 설득할 수 있다는 사실을 직관적으로 이해하게 됩니다."

확신 강화하기

확신을 강화하기 위해 잠시 자신이 잘하는 일을 떠올려보자. 그리고 다음 문항에 대해 생각해보자.

- 자신의 성취로 축하와 상, 칭찬, 인정을 받았을 때
- 자신의 타고난 능력
- 사람이나 상황에 대한 빠른 판단이나 지혜로운 대처로 직장이나 일상생활에서 어려움을 해결한 순간

최고의 순간을 경험했던 때를 떠올려보자. 자신이 강인하고 특별하며 지금의 기세가 계속 이어질 것이라고 느꼈던 순간을 떠올려보자. 그때의 경험을 돌이켜보면서 영광의 감정을 느껴보자. 혹시 너무 자만하고 있다는 느낌이 드는가? 절대 그렇지 않다. 그건 자신과의 문제다. 우리는 확신을 강화함으로써 설득력을 높일 수 있다. 그리고 우리가 설득해야 할 첫 번째 사람은 바로 자기 자신이다.

할리우드 캐스팅 감독이 전하는 조언

아델과 칩은 이 책을 쓰면서 유명 할리우드 캐스팅 감독인 엘렌 자코비 Ellen Jacoby를 만나 유망한 배우가 중요한 오디션을 앞두고 어떻게 준비해야 하는지에 관해 함께 이야기를 나누었다. 자코비는 이렇게 설명했다. "오디션 현장에서는 모든 행동을 통해 긍정적인 통제력, 즉 힘과 존재감, 장악력을 전달해야 합니다. 그리고 그런 자질을 분명하게 갖춰야 합니다. 오디션 무대에 들어

설 때 배우는 무슨 캐릭터를 보여줄 것인지 이미 결정한 상태여야 합니다." 자코비는 오디션 무대에서 최고의 배우는 자신이 만든 캐릭터가 실제로 살아갈 법한 환경을 창조한다고 말했다. 그러고는 이렇게 덧붙였다. "배우는 자신이 만든 캐릭터에 관한 모든 요소를 신중히 선택해야 합니다. 걷고, 말하고, 먹고, 옷 입는 방식까지 말이죠. 그러나 자신이 만든 함정에 빠질 때 실패하고 맙니다."[2]

영화의 주인공을 맡기 위해 오디션을 볼 기회는 거의 없겠지만, 우리도 자신이 만든 함정에 빠질 수 있다. 자신의 의도와 행동이 일치할 때 우리는 비로소 자신의 설득력에 대한 확신을 느끼게 된다. 우리는 설득력을 자신의 것으로 만들어야 한다.

지나친 확신은 독이 된다

확신은 설득력을 높이는 소중한 자산이다. 그러나 그러한 확신도 과도하면 위험하다. 정신과 의사들은 이러한 위험을 과신 편향이라고 부른다. 애리조나대학교 마케팅 부교수 마틴 라인먼 Martin Reimann은 비즈니스와 마케팅 분야에서 신뢰의 역할을 연구하고 있다. 그는 최근 논문에서 이렇게 밝혔다. "사람들은 자신의 유능함을 과시하기 위해 (이미지 관리 차원에서) 과신이라는 가면을 쓴다. 그러나 이러한 태도는 오히려 역효과를 일으킨다."[3]

지나친 확신을 드러내는 것은 독이 된다. 사람들은 그러한 사람을 오만하고, 잘난 체하고, 뻔뻔하다고 여길 것이다. 이러한 형용사 모두 확신이 과도한 사람을 묘사하는 부정적인 표현이다. 이 경우 확신의 저울은 완전히 기울어 있다. 안타깝게도 많은 이들은 과신의 반대가 겸손이라고 생각한다. 실제로 우리는 개인의 성취를 자랑하는 것이 사회적으로 바람직하지 못한 행동이라고 배웠다. 우리는 뻔뻔한 사람으로 보일까 봐 걱정한다. 그러나 겸손 역시 뻔뻔함 못지않게 매력 없는 태도다. 지나친 겸손은 불안하고 무능하다는 이미지를 전한다.

역사상 최고의 풋볼 감독으로 알려진 빈스 롬바디 Vince Lombardi 는 이렇게 말했다. "확신은 전염성이 강하다. 그리고 확신의 결핍도 마찬가지다." 우리가 확신을 드러낼 때 청중은 우리를 믿는다. 반면 주저하는 모습을 보일 때 청중도 우리의 메시지를 받아들일지 주저한다.

확신의 수준을 1~5점으로 생각해보자. 당신은 아마도 5점보다 4점을 선호할 것이다. 5점은 지나치게 건방진 듯한 인상을 전해서 자신의 설득력에 부정적인 영향을 미칠 위험이 있기 때문이다. 확신 점수는 우리가 스스로 매기는 주관적인 점수다. 그래도 청중의 반응을 참조할 수 있다. 청중이 우리의 메시지를 잘 받아들일 때 그들은 다음과 같은 신호를 보낸다.

- 프레젠테이션을 하는 동안 혹은 하고 난 뒤에 적극적으로 함께 이야기를 나누고 싶어 한다.
- 우리의 감정에 공감하면서 우리의 몸짓, 목소리의 어조와 억양을 따라 한다.
- 고개를 끄덕이면서 노트나 동료 혹은 휴대전화에 한눈팔지 않고 시선을 집중한다.
- 우리 자신과 청중이 원하는 결과에 대한 논의에 많은 관심을 보인다. 이러한 모습은 청중이 우리의 프레젠테이션에 자신을 투영하고 있다는 뜻이다.

우리는 극단적인 겸손과 극단적인 확신 사이에서 다른 이들이 건방지거나 위압적이라고 혹은 소극적이거나 불안하다고 느끼지 않을 최적의 지점을 발견할 수 있다. 이제 효과적인 설득을 위해 확신의 수준을 조절하는 방법을 살펴보자.

확신을 갖되 다른 이를 폄하하지 말자

라인먼 교수는 확신을 통해 긍정적인 결과를 끌어내야 하지만, 그 과정에서 비교를 해서는 안 된다는 사실을 연구로 입증했다. 전문가로서의 역량과 경험, 안목을 보여주는 시도는 좋지만, 동료나 경쟁자를 비하해서는 안 된다. 다른 사람을 무너뜨리면서까지 자기 능력을 입증하려는 태도는 곤란하다.

지금 프레젠테이션을 하고 있다고 상상해보자. 시작은 순조롭다. 의욕이 넘치는 젊은 직원인 매슈가 기업의 역량에 관한 이야기를 시작한다. 그는 고객들의 만족 사례를 바탕으로 주목할 만한 사회적 증거를 제시한다. 그리고 고객의 요구를 충족시킨 것으로 기업이 받았던 상을 자랑한다. 여기까지는 괜찮다. 그런데 갑자기 경쟁사들을 헐뜯기 시작한다. "이 분야에서 경쟁사의 신뢰도나 경험은 우리의 절반에도 미치지 못합니다. 실제로 그들은 한 고객의 비즈니스를 완전히 망쳤고, 그래서 그는 결국 우리에게 의뢰했습니다." 이렇게 경쟁사를 비난하는 데 열을 올리면 프레젠테이션의 흐름이 어긋나기 시작한다. 다른 이를 비난하는 확신은 청중이 우리의 진정성에 의문을 품게 만든다. 이로 인해 협상과 관계 형성이 어그러진다면, 누구를 탓할 것인가?

아델은 복엽기 비행이나 카약 모험, 자동차 경주 등 특별한 경험을 제공하는 기업과 함께 일한 적이 있다. 그리고 그 과정에서 《워싱턴포스트》의 레저 활동 코너 전면에 그 기업을 위한 지면을 따냈다(과신 편향으로 오해받을 위험이 있지만, 당시 그 시면과 시섬은 그야말로 완벽했다!). 그 기업과 기자는 이번 기사에 큰 기대를 갖고 있었다. 그 기업의 관계자는 기자와의 첫 통화에서 함께 열기구를 타고 인터뷰를 진행하기로 약속했다. 그러고는 자화자찬을 늘어놓기 시작했다. 그는 액티비티 시장에서 그 기업이 경쟁사들보다 우월한 이유를 모두 열거했다. 그런데 나중에 그 기자는 통화 전에 약속했던 특집 기사 대신 새로운 레저 시장에 관한 일반적인 유행을 소개하는 기사를 내보냈다. 그리고 그 기업과 더불어 모든 경쟁사를 나란히 소개했다. 기업의 관계자는 어찌 된 영문인지 어리둥절했다.

이후 아델은 고객과 함께 상황을 파악한 뒤 이렇게 결론을 내렸다. "시장 경쟁사들의 약점을 언급하면서 비즈니스 내부의 문제점을 드러내고 말았습니다. 그래서 기자는 더 많은 정보를 파헤치는 데 집중했군요. 대신에 비즈니스 내부의 문제점을 지적하면서 우리가 어떻게 그것을 해결했는지, 그리고 그 과정에서 어떤 개선을 이루어냈는지 설명하는 방식이 더 나았을 겁니다."

당시 액티비티 서비스는 다소 생소한 시장이었다. 관계자가 경쟁사를 언급하지 않았더라면 기자는 다른 기업들을 조사할 생각을 하지 못했을 것이다. 그러나 그 기업은 비즈니스 시장에서 확고한 입지를 굳힐 기회를 날려버리고 말았다. 기자는 그 고객을 혁신 기업으로 소개하기는커녕 다른 경쟁사들과 함께 새로운 유행의 일부로만 언급했다. <u>경쟁사의 약점을 지적할 때 청중은 그 기업에 의문을 품는다. 우리의 설득을 방해하는 것은 경쟁자가 아니다. 바로 우리 자신이다.</u>

자기 비하 올바로 활용하기

자기 비하는 억울한 누명을 쓰고 있다. 어떤 이들은 자기 비하가 신뢰도를 떨어뜨리고 자존감에 부정적인 영향을 미친다고 말한다. 게다가 자기 비하 유머를 자주 사용할 경우 자신을 낮춰 보지 말라고 조언하는 솔직한(그러나 유머 감각은 없는) 사람들을 종종 만나게 된다. 자기 비하를 적절히 활용하면, 매력 있고 솔직한 사람이라는 인상을 줄 수 있다. 그래도 자신을 조롱하는 농담을 즐겨한다면, 다음 몇 가지 사항에 유의하자.

사소한 약점이나 결함을 선택하자: 오레오 과자 봉지를 뜯으면 끝장을 보는 자신의 습관에 관한 농담을 하면 모두 웃을 것이다. 그러나 보드카 한 병을 한자리에서 비웠다고 털어놓는다면 똑같은 결과를 기대하기 힘들 것이다.

자신의 장점을 조롱하지 말자: 이러한 유형의 농담은 자신을 비하해서 웃긴다기보다 자칫 은근히 잘난 척한다는 인상을 줄 수 있다. 예전에 입었던 옷이 꽉 낀다고 자신을 뚱뚱하다며 푸념하는 모델을 좋아하는 사람은 없을 것이다.

청중의 기분을 좋게 만들어주는 자기 비하 농담을 하자: 예를 들어 IT 기업 관계자들 앞에서 그럭저럭 쓸 만한 자신의 컴퓨터 기술에 관해 농담을 할 수 있을 것이다. 혹은 피트니스

강사들로 가득한 회의실에서 끝내 빼지 못한 10파운드에 대해 자조적인 농담을 해봐도 좋겠다.

극단적으로 부정적인 표현은 삼가자: "전 너무 멍청한 인간입니다"라는 말보다 "가끔 바보 같은 실수를 합니다"처럼 부드러운 표현을 사용하자.

여성이라면 과도한 자기 비하 농담에 주의하자: 여성들은 친구들과 이야기를 나누면서 자기 비하 농담을 즐겨하는 경향이 있다. 하지만 낯선 사람과 함께 하는 자리는 친구와의 저녁 식사 자리와는 다르다. 지나친 자기 비하는 자신의 신뢰성에 부정적인 영향을 미친다.

프랭크 기술의 힘

프랭크 기술 frank technique 은 세일즈와 마케팅, 리더십을 위한 도구로 지위에 상관없이 조직 내 모든 구성원에게 도움을 준다.

우리는 프랭크 피터스 Frank Peters 에게 경의를 표하는 의미로 이 기술에 그의 이름을 붙였다. 그의 이름을 굳이 검색해볼 필요는 없다. 유명인이 아니기 때문이다. 당신이 그를 알 가능성은 거의 없지만, 그를 아는 사람은 모두 그와 함께하는 시간을 좋아한다. 칩의 형인 마이크의 친구인 프랭크는 비행기의 매력에 푹 빠졌고 조종사를 꿈꿨다. 십 대 시절의 프랭크는 타고난 이야기꾼이었다. 칩은 프랭크가 들려준 이야기 중 하나를 마치 어제 들은 것처럼 기억하고 있다.

어느 날 프랭크는 초경량 비행기에 관한 이야기를 했다. 그는 초경량 비행기는 조종사 자격증이 없어도 몰 수 있다고 했다. 그냥 비행기를 조립해서 이륙하기만 하면 된다! 당시 나는 열네 살이었고 조종사 자격증은커녕 운전면허증도 없었다. 나는 프랭크의 설명에 매혹될 수밖에 없었다! 프랭크는 말했다 "칩, 우리도 할 수 있어. 초경량 비행기를 만들어 농장에서 날리면 돼." 나는 놀랐다. 내가 정말 할 수 있을까? 프랭크는 말했다. "당연하지. 넌 할 수 있어." 지금쯤 당신이 무슨 생각을 하고 있을지 안다. 프랭크의 그 모든 설명은 그야말로 위험천만한 이야기였고 그 시절 나는 순진무구한(논란의 여지는 있지만) 소년이었다. 하지만 내가 강조하고자 하는 부분은 지금부터다. 프랭크는 자신의 경험을 바탕으로 초경량 비행기를 제작해서 날리는 과정을 그림으로 보여주었다. 그러고는 정말로 놀라운 일을 했다. 그는 자신의 이야기 속에서 배역 하나를 내게 맡겼다. 그는 자신처럼 나도 비행기를 만들 수 있다고 설득했다. 그리고 우리 집 농장 위를 날아다니는 내 모습을 그려보라고 했다. 나는 그 생각에 마음을 빼앗기고 말았다.

사람들은 대부분 자신에 관한 이야기를 한다. 그러나 프랭크는 듣는 이를 자신의 이야기 속으로 끌어들임으로써 마치 송어를 잡듯 사람의 마음을 사로잡았다. 그는 듣는 이가 자신의 이야기에 참여하도록 유도함으로써 주의를 집중시켰다. 그래서 사람들은 그의 이야기를 기억하고 그와 함께하기를 바란다. 그리고 그가 들려주는 이야기에 설득된다. 우리는 바로 이러한 프랭크 기술을 활용해서 고객들이(고위 임원이든 평사원이든 야심 찬 사업가든) 비즈니스 관계로부터 원하는 것을 얻어내도록 도움을 준다.

프랭크는 영향력이 막강한 사람이 다른 이를 설득하기 위해 무슨 일을 하는지 본능적으로 알았다. 그는 청중을 자신의 이야기 속으로 던져 넣음으로써, 그리고 그들에게 배역을 주고 공감할 기회를 창조함으로써 사람들과 관계를 형성했다. 사람들은 이유를 알지 못하면서도 프랭크와 프랭크의 이야기, 그리고 그 이야기를 들었을 때 느낀 감정을 기억했다. 이는 우리가 앞으로 관계를 위해 갈고닦아야 할 근본적인 기술이다.

성공은 함께 나누는 것

매디슨가에서 일하던 20대 중반, 아델은 1-800-플라워스 1-800-Flowers라는 기업의 CEO를 위해 《타임 매거진》의 표지 지면을 따내는 중요한 성과를 냈다. 언론 분야에서 일하는 대학 시절

룸메이트 덕분에 가능한 일이었다. 그 성취는 아델의 인맥을 통해 거둔 아델의 성공이었고 오로지 아델만의 영광이었다! 당시 아델은 그 성과가 너무나 자랑스러운 나머지 다른 팀원들과 스포트라이트를 공유해야 한다는 생각을 하지 못했다. 이후 아델은 동료들에게 인기를 잃고 말았다. 그때 상사였던 조가 들려준 이야기를 잊지 못한다. "이번에 거둔 성과가 모두 당신의 공이라는 건 모두 알고 있어요. 하지만 동료들과 공을 함께 나누지 않으면서 지나치게 독단적인 모습을 보이고 말았어요."

과연 아델은 그때 어떻게 해야 했을까? 그 일을 시작하기에 앞서 매체와 관련해서 도와줄 지인이 있다고 설명함으로써 동료들이 신뢰하게 만들 수 있었다. 그리고 기사가 나갔을 때 동료들의 도움에 감사를 표할 수 있었다. 이를 통해 팀워크를 강화하고 소속감을 높일 수 있었다. 사실 우리 모두는 스스로 가치 있는 존재라는 느낌을 중요하게 여긴다.

자신의 성공에 도움을 준 사람들에게 고마움을 표현하면 앞으로 더 큰 성공을 이어나갈 수 있다. 그러면 그들은 우리를 관대하고 신뢰할 만한 팀원으로 인정할 것이다. 그리고 더 많은 정보를 공유하고, 흥미로운 프로젝트를 소개하고, 새로운 기회를 소개해줄 것이다. 또한 도움이 필요로 할 때 소중한 조언을 해줄 것이다.

요약

- 확신은 설득 과정에서 중요한 역할을 한다. 확신이 과하거나 부족하면 자신의 존재와 자신의 아이디어를 효과적으로 설득하지 못한다.

- 확신의 수준을 1~5점으로 생각해보자. 그러면 아마도 5점보다 4점을 원할 것이다. 5점은 자만심을 드러냄으로써 설득력에 부정적인 영향을 미칠 수 있기 때문이다. 확신 점수는 스스로 매기는 주관적인 평가지만, 그래도 청중의 반응을 참조해볼 수 있다.

- 자신의 주장을 뒷받침하기 위해 경쟁자를 비난하지는 말자. 이는 청중이 신뢰를 잃게 만든다.

- 프랭크 기술을 사용해서 상대가 우리의 이야기에 참여하고 공감할 수 있는 역할과 기회를 부여하자. 그러면 그들은 이유를 모르면서도 우리와 우리의 이야기, 그리고 자신이 느낀 감정을 기억할 것이다.

6장

설득력 강한 사람들의
관계 유지 비결

우리 모두에겐 긴장 해소를 위한 의식儀式이 있다. 가령 명상이나 와인 한 잔 혹은 달리기 같은 것이다. 그런데 긴장은 설득 과정에서 아주 쓸모가 있다. 긴장이 없으면 누구에게도 무엇도 설득할 수 없다.

스트레스가 너무 낮을 때 우리는 자기 만족이나 미루기 습관에 빠진다. 반대로 지나치게 높은 스트레스는 불안을 높이고 성과에 부정적인 영향을 미친다. 우리는 극단 사이에서 최고 성과를 위한 최적 지점을 발견할 수 있다. 이러한 생각은 정신과 의사 로버트 여키스Robert Yerkes와 존 딜링엄 도드슨John Dillingham Dodson이 20세기 초에 실행한 연구를 통해 입증되었다.[1]

두 사람은 여키스-도드슨 법칙 yerkes-dodson law 을 개발했다. 그들은 스트레스와 성과 사이의 관계를 연구했고, 스트레스나 긴장에 최적 지점이 존재한다는 사실을 발견했다. 우리는 바로 그 지점에서 최고 성과를 올릴 수 있다.

오늘날의 비즈니스 환경에서 적절한 스트레스를 활용하는 것은 리더십을 강화하는 중요한 기술이다. 여키스와 도드슨이 세계적으로 설득력이 강한 인물들을 대상으로 수행한 연구 결과는 오늘날 사실로 드러나고 있다.

우리는 여키스-도드슨 법칙을 기반으로 설득 곡선 convincing curve 이라는 것을 개발했다. 그 핵심 개념은 상대를 설득하기 위한 최적 지점이 존재한다는 사실이다. 우리는 적절한 수준의 긴장을 통해 적절한 수준의 동기를 부여할 수 있다. 동시에 상대의 긴장

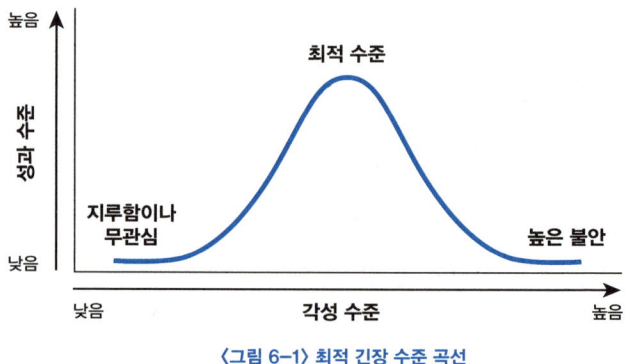

〈그림 6-1〉 최적 긴장 수준 곡선

을 적절한 수준으로 끌어올림으로써 적극적인 참여를 유도할 수 있다. 하지만 상대가 위협이나 이용당한다는 느낌을 받거나 강한 스트레스를 받을 정도로 긴장 수준을 높여서는 안 된다. 우리는 리더로서 적절한 수준의 긴장을 활용함으로써 압박감이 심한 상황에서 자신과 다른 사람들을 설득할 수 있다. 지금부터 다양한 비즈니스 상황에서 사용할 수 있는 효과적인 기술을 살펴보자.

- 업무 속도가 느린 마케팅 및 세일즈 팀원들에게 탈진에 이르는 강한 스트레스를 주지 않고서 동기를 부여하기
- 투자자를 지나치게 압박하지 않으면서 아이디어를 받아들이도록 유도하기
- 경기 침체기에 이사회가 자신을 신뢰하도록 만들기

흥분 상태를 조율하는 세 단계

설득력이 뛰어난 사람은 속도를 조절함으로써 상대의 흥분 상태를 조율한다. 다음의 간단한 세 단계를 통해 그렇게 할 수 있다.

상대의 확신을 흔들기: 해결책을 제시해 상대의 긴장을 높인다.

변화의 방법을 제시하기: 우리가 제시한 해결책을 통해 상대가 직면한 갈등과 문제 상황에 대처하고 그 과정에서 성장하고 변화하도록 도움을 줄 수 있다는 사실을 보여준다.

최대 긴장 자극하기: '최고의 도전과제'를 어떻게 해결할 수 있는지 설명한다. 일반적으로 여기서 최대 긴장을 자극한다.

아델은 초창기 시절 고객인 컵케이크 매장을 위해 직관적인 차원에서 이 방법을 활용했다. 대침체 Great Recession 가 한창인 2008년에 아델은 부티크 럭셔리 홍보 대행사를 설립했다. 창업 시점은 좋지 않았다. 아델은 어떻게든 경기 흐름을 거슬러 올라가야 했다. 어떻게든 성공하고 싶었기 때문이다.

그때 두 여성이 아델을 찾아왔다. 막 사업을 시작한 두 사람은 컵케이크 매장을 널리 알리고 싶어 했다. 문제는 매그놀리아 베이커리처럼 언론을 장식한 돈 많은 경쟁사들이 맨해튼 지역에 이미 자리를 잡고 있다는 사실이었다. 아델은 두 사람에게 자신이 개발한 '소왓 테스트 so what test'를 시험해봤다. 이 테스트는 긴장의 씨앗을 뿌리는 첫 단계에 해당한다. 당시 그들이 나눈 대화를 따라가보자.

고객: 우리는 금융과 패션 업계를 떠나서 새로 사업을 시작했습

니다.

나: 그래서요? 언론은 별 관심이 없을 겁니다.

고객: 우리 가게의 컵케이크는 아주 맛이 좋습니다.

나: 그래서요? 사람들은 당연히 그걸 기대하겠죠?

고객: 우리가 판매하는 컵케이크의 가격은 4달러입니다.

나: 그건 별 도움이 되지 않아요.

고객: 그래도 매일 매진이 됩니다.

나: 그렇다면 제가 도움을 줄 수 있겠군요.

앞서 설명했듯이 아델은 긴장 수준을 높이기 위해 두 사람의 확신을 좀 흔들었다. 그렇게 마음의 준비를 시킨 뒤 두 번째 단계로 넘어갔다. 아델은 자신의 해결책을 따르면 그들이 직면한 상황을 유리하게 활용하면서 비즈니스를 키울 수 있다고 설명했다. 두 사람의 조그마한 매장은 엘리트 계층 사람들이 많이 거주하는 워싱턴 DC의 조지타운 골목에 있었다. 아델은 케이크를 만드는 조리대를 매장의 입구 쪽으로 옮겨서 손님들이 매장 바깥으로 줄을 서게끔 만들라고 제안했다. 좀 이상하게 들릴 수도 있지만, 이러한 방법으로 입소문을 즉각 만들어낼 수 있었다.

다음으로 세 번째 단계로 들어갔다. 아델은 기자들이 컵케이크 매장에 관심을 갖도록 하는 과정에서 직면할 어려움을 설명하면서 특별한 해결책을 제시했다. 그것은 긴 대기 줄을 홍보하는 전략이었다! 아델은 맛과 고상한 분위기만으로는 기자들의 관심을 자극하기에 충분하지 않다고 판단했다. 하지만 사람들이 기꺼이 줄을 서서 맛보려는 컵케이크는 무언가 특별한 것이었다. 아델은 그 전략을 바탕으로 설득 곡선을 사용해서 컵케이크 전문가들을 설득했다. 그리고《뉴욕타임스》의 유명 음식 평론가인 프랭크 브루니Frank Bruni를 포함하여 여러 매체에 '컵케이크 대기 줄'에 관한 소식을 전했다. 이후로 매장은 유명세를 탔다. 그로부터 10년이 더 흐른 지금도 그 매장 밖에는 사람들이 줄을 서 있다.

설득을 위한 관계 구축의 기술

칩과 아델은 이 책을 쓰면서 글을 쓴다는 것에 관해 각자의 지인들과 이야기를 나누었다. 우리는 연구 결과와 인터뷰를 나눈 인물들, 그리고 집필 과정에 관한 이야기를 했다. 그리고 원고 마감을 지키기가 얼마나 힘든지 토로하기도 했다. 그렇게 이야기를 나누면서 이번 프로젝트의 가치를 확인하고 업무 네트워크로부터 많은 도움을 얻었다.

관계를 구축하고 인맥을 넓히는 최고의 전략은 사람들의 진정한 열정을 확인하고 이를 바탕으로 연결고리를 만들어나가는 것이다. 엘비스 프레슬리의 열광적인 팬인 아델은 링크드인LinkedIn 게시글에서 그 로큰롤 황제가 어떻게 마케팅과 홍보의 최고 사례가 되었는지 자세히 설명했다. 그 글에서 아델은 열한 살 소녀 시절에 아버지를 설득해서 그레이스랜드로 함께 갔던 이야기를 썼다. 그리고 주 경계를 넘어 뉴저지에서 멤피스로 향한 여정에 관해서도 적었다. 게다가 그 황제가 살았던 저택으로 가는 길에 세 번이나 겪었던 자동차 고장까지 상세하게 기록했다.

음반 프로듀서인 캐머런 크레이그Cameron Craig는 그 글을 읽고 아델과 연결고리를 느꼈다고 했다. 그는 아델에게 전화를 걸어 그 글을 읽고 참으로 많은 것을 느꼈으며, 아델이 엘비스에 열광하는 것처럼 자신은 조니 캐시에 열광한다는 이야기를 들려주었다. 두 사람은 경력에서도 공통점이 있다는 사실을 발견했다. 결국 둘은 빈지마케팅Binge Marketing이라는 콘퍼런스를 공동으로 주최했다. 맨해튼에서 열린 그 행사에는 두 사람이 함께 아는 지인들 그리고 각자가 아는 유명 인사들이 참석했다. 그 명단은 IBM과 이베이e-Bay, 드래프트킹스DraftKings, 애플Apple 등 유명 기업의 인사들로 화려했다. 이처럼 관심사를 공유하면 성공적인 비즈니스 관계를 맺을 수 있다. 여기서 아델은 협력을 통해 비즈니스를 공동으로 운영하는 관계를 구축했다.

깊은 관계에 주목하자

중요한 것은 관계의 양이 아니라 질이다. 링크드인에서 누군가를 축하해달라는 메시지를 받았지만 정작 자신은 그 사람이 누군지 알지 못한 적이 얼마나 많이 있었는가? 링크드인에서 지인 목록을 수집하기보다 깊고 강력한 관계를 형성하는 데 주목하자.

《경영의 이동Under New Management》의 저자이자 온라인상에서 열리는 '슈퍼커넥터 정상회의Super Connector Summit'의 주최자인 데이비즈 버커스David Burkus 박사는 '공유 활동 원칙shared activity principle'을 강조한다. 그는 이렇게 설명한다. "커피를 마시는 자리에 초대하기보다 상대가 열정을 갖고 있고, 전문적인 지식을 확보하고 있으며, 기여할 수 있는 프로젝트에 초대하라. 그저 잡담을 나누기보다 함께 활동에 참여함으로써 상대를 더 잘 이해하고 유대관계를 강화할 수 있다."[2]

안전지대에서 벗어나자

버커스는 비슷한 사람들끼리 모인 네트워크에 들어가는 방법은 그다지 추천하지 않는다. 그는 이렇게 말한다. "이런 네트워크는 일종의 반향실입니다. 그 속에서는 새로운 정보나 기회를 좀처럼 발견하기 어렵습니다."

작가이자 비즈니스 컨설턴트, 그리고 시카고대학교 부스경영대학원 교수인 로널드 버트 Ronald S. Burt는 수년에 걸쳐 네트워크를 주제로 연구를 진행하고 있다. 버트는 이렇게 설명한다. "사람들은 경력이나 연구 분야, 정치 성향, 성별 등 다양한 기준을 중심으로 모이는 경향이 있습니다."³ 이러한 모임들 사이에는 버트가 '구조적 공백 structural hole'이라고 언급하는 공간이 존재한다. 각각의 모임 속에서 사람들은 비슷한 관점을 공유하며, 다른 모임이 제시하는 정보에는 관심을 기울이지 않는다. 여기서 각각의 모임 구성원들을 서로 소개함으로써 구조적 공백을 메워줄 인물을 발견하는 것이 바로 우리가 주목하는 과제다. 이러한 접근 방식으로 설득력을 크게 끌어올릴 수 있음에도 많은 사람이 이러한 방식을 충분히 활용하지 못하고 있다. 다양한 인물과 산업 분야를 우리의 네트워크로 편입시키면 새로운 정보를 발견하고 예상치 못한 기회를 찾아내며 완전히 새로운 관점을 발견할 수 있다.

아델의 경우, 그러한 인물은 바로 어머니였다. 아델이 아는 한 어머니는 카리스마 넘치고 설득력이 강한 인물 중 하나다. 아델의 고객들 모두 어머니를 만나고 싶어 한다. 어머니는 마치 영화에서 현실 세상으로 나온 인물 같다. 언젠가 한번은 사무실에서 행사를 연 적이 있다. 그때 어머니는 자신만의 비법인 빨간 소스로 스파게티와 미트볼 요리를 만들었다. "마마 G와 미트볼, 그리고 성공의 비결"이라고 이름을 붙인 그 행사에는 100명이 넘는 사람들이 참석했다. 아델은 그러한 행사를 이후로도 몇 차례 더 열었다. 그리고 그때마다 항상 참석자 대기 명단이 있을 정도로 인기가 좋았다. 그 행사는 아델과 아델의 고객들에게 그야말로 완벽한 공유 활동이었다. 그곳에 온 사람들은 아델과 매력 넘치는 어머니를 만나고 아델이 성공을 돕는 방식에 대해 이해하게 되었다.

특별한 공통점을 찾자

경험과 기억, 감정이 자신과 비슷한 사람에게 끌리는 것은 우리의 본능이다. 이러한 점에서 의미 있는 관계를 추구한다면 특별한 공통점을 찾는 것이 좋다. 즉 대화를 나누면서 서로에게 발견하게 되는 고유한 유사성에 주목하는 것이다.

버커스는 이렇게 설명한다. "사람들은 성별과 직종, 민족 등 공통적인 특성을 중심으로 모이는 경향이 있습니다. 사람들을 만나고 관계를 유지해야 할 많은 이유를 들려주는 것은 뜻밖의 공통점입니다."

사람들을 자신의 성공 이야기로 초대하자

아델은 홍보 전문가로 일하면서 인지도가 없는 여러 브랜드와 기업가가 누구나 아는 이름이 되도록 많은 도움을 주었다. 개인적인 브랜드 구축에 성공한 고객들 모두 사람들이 꾸준히 자신에게 돌아오게 만드는 방법을 이해한다. 그들은 곧바로 성공을 거두고 유명해지지 않았다. 그들은 자신이 어떻게 지금의 자리에 올랐는지, 그리고 자신의 갑작스러운 성공에 얼마나 많은 이들이 도움을 주었는지에 관한 이야기를 사람들에게 들려주었다.

고인이 된 동기부여 연설가 지그 지글러 Zig Ziglar는 이런 말을 남겼다. "사람들이 원하는 것을 얻도록 도움을 줄 수 있다면, 우리는 삶에서 자신이 원하는 모든 것을 얻을 수 있다."[4] 우리는 그의 훌륭한 조언에서 한 단계 더 나아가야 한다. 즉 <u>사람들이 원하는 것을 얻도록 도움을 줄 뿐만 아니라, 그들이 우리의 성공에 기여하고 있다고 믿도록 만들어야 한다</u>. 그리고 비즈니스 상황이라면 적절한 시점에 그렇게 해야 한다. 너무 오래 기다리면 설득력이 가장 높은 절호의 기회를 놓치고 만다.

비즈니스는 주고받는 것이다. 그러나 거기에는 유통기한이 있다. 비즈니스 상황에서 서로 주고받는 관계를 원한다면, 빨리 움직여야 한다. 연구 결과는 비즈니스 상황에서 상대에게 호의를 베풀 때 그에 대한 대가로 무언가를 부탁할 수 있는 기간은 불과 몇 시간밖에 되지 않는다는 사실을 말해준다.[5] 그 시간을 놓칠 때 상대에게서 도움을 받을 가능성은 절반 가까이 줄어든다.

성공과 실패의 경험을 공유하자

비즈니스에서 성공하거나 실패한 경험을 자신의 네트워크 안에 있는 이들에게 들려주면 자연스럽게 이야기의 흐름을 만들어 낼 수 있다. 그리고 그 과정에서 쉽게 설득력을 높일 수 있다. 여기서 우리는 기업을 설립했거나 신제품을 출시한 것부터 지금 직장에서 새 프로젝트를 찾는 일에 이르기까지 다양한 내용을 소재로 삼을 수 있다. 그리고 개인적인 일화를 통해 긴장감과 관심을 자극하고 진정성을 드러낼 수 있다. 만약 실패나 포기에 관한 이야기를 한다면, 그러한 경험에서 무엇을 배웠는지, 그리고 이를 통해 자신이 얼마나 더 현명하고 유능해졌는지로 마무리하자.

사람들이 우리와 우리의 성공을 응원하도록 만들기 위해서는 우리가 현재 경력의 여정에서 어디쯤 와 있는지 살펴야 한다. 이제 다양한 경력 단계에서 사람들이 우리의 성공을 열정적으로 지지하도록 만드는 방법에 대해 알아보자.

새로운 시작: 회사를 설립하거나 직장 생활을 시작할 때 일반적으로 사람들은 우리의 성공을 응원한다. 그들은 우리의 새로운 도전에 지지를 보낸다. 그리고 바로 그때 우리의 네트워크 속 사람들은 우리에게 지인을 소개하고, 아이디어를 제시하고, 성장을 위한 비결을 알려준다. 특히 설득력이 높은 사람들은 자

신의 비즈니스 네트워크 안에 있는 사람들에게 성공과 실패의 경험과 더불어 지금 자신이 어떻게 해나가고 있는지를 말해준다. 그래서 사람들이 네트워크 안에서 그와 함께한다는 느낌을 받도록 만든다.

성장과 배움: 설득력이 높은 사람들은 성공이 모두 자기 능력 때문이라고 생각하지 않는다. 그리고 그동안 무엇을 배웠으며 이러한 깨달음을 바탕으로 어떻게 더 나은 방향으로 나아갈 수 있었는지 보여준다. 가령 자신이 들은 강의, 취득한 자격증, 자신이 개발한 전문 기술에 관한 이야기를 들려준다. 우리는 소소한 성취와 새로운 아이디어, 사회적 인정에 관한 이야기를 들려줄 수 있다. 혹은 자신을 비하하는 일화나 농담, 실수에 관한 이야기를 들려줘도 좋다. 다만 사람들이 우리의 능력을 의심하는 단계로까지 나아가지는 말자.

성공의 경험: 성공이 무엇인지 어느 정도 느껴봤다면 이제 사람들에게 자랑할 수 있다. 다양한 사례 연구나 자신이 직접 깨달은 것 혹은 자신이 받은 지원에 관한 이야기를 들려주자. 자신의 성취를 드러내고 전문성에 대한 확신을 보여주자. 이 단계에서 우리는 활동이나 산업 분야에서 리더로 명성을 쌓아 나가기 시작한다.

잠재력의 실현: 이 단계에서 네트워크 속 사람들은 우리의 성

공이 곧 그들의 성공이라고 생각한다. 비즈니스 여정에서 그들이 도움을 준 구체적인 사례를 공유함으로써 이러한 생각을 강화하자. 자신의 꿈과 희망, 미래의 목표를 솔직하게 드러내고 네트워크 속 사람들에게 목표 달성을 위해 도움을 요청하는 일을 주저하지 말자.

엘리베이터 내려보내기: 장래성 있는 이들의 스승이 되자. 비즈니스에 도움을 준 사람들은 우리를 인정하고, 또한 그들이 성취한 공을 우리에게 돌릴 것이다. 오프라 윈프리^{Oprah Winfrey}는 이 방면의 대가다. 오프라의 네트워크에는 그녀가 적극적으로 전문성을 알린 덕분에 성공한 인물들로 가득하다. 게일 킹^{Gayle King}에서 닥터 필(필 맥그로^{Phil McGraw})에 이르기까지 그녀는 수많은 사람과 함께 스포트라이트를 공유했고 이를 통해 미디어 왕국을 건설했다.

그러나 비즈니스 전문가들도 이러한 네트워크를 구축하는 과제를 대단히 어려워한다. 그들은 짧은 시간에 최대한 많은 리더를 만나서 이야기를 나누려 하고, 자신이 수집한 명함의 수를 기준으로 성공을 판단한다. 하지만 비즈니스 여정에 관한 이야기를 만들어낸다면, 사람들은 기꺼이 도움을 주려고 할 것이다.

다수의 환각을 활용하자

어떤 사람이 실제보다 더 유명하게 보이도록 만드는 기술을 사회과학에서는 '다수의 환각 majority illusion'이라고 부른다. 다수의 환각은 "성공할 때까지 성공한 척하라"고 말하는 다소 의심스러운 조언이 실질적인 힘을 갖고 있다는 사실을 보여주는 한 가지 사례다.

새로운 분야에서 사람들을 만나려고 하든, 특정 기업에서 일하는 사람과 관계를 맺으려고 하든, 우리는 먼저 자신의 네트워크 안에서 해당 분야나 조직과 관련 있는 사람을 찾아야 한다. 그는 아마도 추천인이나 '중개인'으로 역할을 해줄 사람을 우리에게 소개해줄 것이다. 우리가 잘 알고 신뢰하고 존경하는 이들에게 도움을 요청하자. 그리고 그들의 호의에 보답할 준비를 하자.

네트워크 속 사람들이 추천한 인물 중 중복되는 사례가 있는지 확인함으로써 산업 내부의 핵심 인플루언서를 발견할 수 있다. 그리고 지인들이 이러한 인플루언서에게 우리를 소개할 때 다수의 환각 효과를 누릴 수 있다.

긴장이 고조되는 것을 두려워하지 말자

미국 대통령에서부터 최고 연봉을 받는 여성 CEO인 마릴린 휴슨 Marillyn Hewson 그리고 억만장자 스포츠팀 구단주 테드 레온시스Ted Leonsis에 이르기까지 아델이 함께 일했던 유명한 리더들 모두 중요한 그룹 의사결정 과정에서 긴장감을 높이는 기술의 대가들이다. 그들은 팀원들이 최고 성과를 올리도록 계속해서 자극한다. 유능한 리더들은 자신의 가치관을 전하고 의사결정 방식을 제시한 뒤 한발 물러난다. 그리고 압박이 높아지거나 자신의 가치관과 어긋나는 일이 발생할 때 적극적으로 개입해서 지침을 내린다.

아델은 유명 홍보 기업의 대표로서 록히드마틴Lockheed Martin의 새로운 CEO로 부임한 매릴린 휴슨의 연락을 받았다. 그녀는 자신이 맡은 새로운 역할을 위해 준비하고 자연스럽게 적응할 수 있도록 도움을 요청했다. 당시 휴슨은 세계 최대 방위산업체를 이끌어 갈 적임자로서 자신의 모습을 언론에 알리기 위한 메시지를 만들고 전략을 수립하려 하고 있었다.

아델은 짙은 마호가니 색상의 탁자가 인상적인 이사회 회의실에서 휴슨을 만났다. 그녀는 키가 크고 우아한 스타일의 여성이었다. 점잖은 세인트존 정장 차림과 함께 그녀의 헤어스타일과 화장은 흠잡을 데 없었다. 휴슨이 회의실로 들어섰을 때 아델은 그녀가 이곳의 책임자라는 사실을 쉽게 알아볼 수 있었다. 그녀의 행동은 모두 의도된 것이었다. 휴슨은 아델을 정면으로 보고 앉았다. 회의실 안에는 긴장감이 감돌았지만 당황스러울 정도는 아니었다.

아델은 휴슨이 방송국 카메라 앞에 서는 것을 불편해한다는 사실을 바로 눈치챘다. 퓰리처상을 받은 적이 있는 기자가 주축이 된 휴슨의 홍보팀은 그녀에게 도움을 줄 충분한 능력을 갖추고 있었지만, 그래도 그녀는 거기에 만족하지 않았다. 휴슨은 팀의 역량을 더 확충하길 원했고, 그 대안이 바로 아델이었다. 실수는 용납되지 않았다. 휴슨은 빈틈 없는 모습으로 시장에 첫선을 보이기를 원했다.

휴슨의 홍보팀은 기자들과의 협력을 위해 30쪽이 넘는 자세한 설명과 지침을 담은 방대한 언론 브리핑 책자를 만들었다. 그런데 아무 말 없이 책자를 뒤적이는 휴슨의 표정이 분노와 짜증으로 일그러졌다. 그녀는 큰 부담감을 느끼는 것 같았다. 그리고 아직 준비되지 않은 모습이었다. 상당한 분량의 언론 자료를 몽땅 외워야 한다고 생각하는 듯했다.

아델은 자기 소개와 전문 분야에 대한 설명을 건너뛰고 곧바로 이렇게 말했다. "책자는 일단 치워두시죠. 대신에 앞으로 진행하게 될 모든 인터뷰를 위해 다섯 문장이 넘지 않은 한 페이지짜리 자료를 드리겠습니다. 그리고 기자들의 질문과 관련해서 중요한 정보와 통계 자료를 담은 3~5페이지 자료를 추가로 드릴 겁니다. 그밖에 모든 정보는 인터뷰가 끝나고 기자들이 요청할 경우에 제공해드릴 겁니다. 괜찮으시죠?"

그러자 휴슨은 비로소 경직된 어깨를 풀었다. 그리고 안도의 표정을 지으며 홍보팀에게 그 이유를 설명했다.

"중요한 걸 배웠군요. 다시는 이런 부담감을 느끼면서 인터뷰를 하고 싶지 않습니다. 앞으로는 제가 원하는 방식대로 준비하세요."

아델 때문에 휴슨이 그렇게 노골적이고 직접적인 피드백을 홍보팀에 준 것은 아닌지 살짝 걱정되었다. 물론 홍보팀 사람들은 불만이 있었겠지만, 아델은 편치 않은 대화의 분위기에서 공손한 미소를 잃지 않았다. 그리고 휴슨이 자신의 의도를 관철하기 위해 긴장감을 높여 자기 생각을 팀원들에게 전하는 상황을 잠자코 바라보고 있었다.

우리는 함께 앉아서 휴슨의 의사소통 스타일에 적합한 단어와 표현을 바탕으로 이야기의 소재를 선정했다. 그리고 기자들이 물어볼 질문에 대해 논의했다. 그동안 휴슨은 경영자로서 자신의 발언 속에 모든 대답을 담을 수 있다는 생각에 안심하는 표정이었다.

'자신'이 아닌 '우리'의 관점으로

연달아 이어지는 회의, 긴급 이메일로 가득한 메일함, 원격 업무의 증가로 팀 관리는 어느 때보다 힘들어졌다. 이제 유능한 리더라면 팀원들이 새로운 프로젝트에 참여하고, 목표를 높이고, 혁신을 추진하도록 설득하는 과정에서 설득 유발점을 확인하고 시험하는 방법을 이해해야 한다.

이 과정은 팀이 해결하길 바라는 문제와 관련 없는 모의실험을 통해 이루어져야 한다. 이러한 접근 방식은 수평적 사고 이론 theory of lateral thinking을 주창한 에두아르 드 보노 Edward de Bono가 강조한 기술이다. 수평적 사고 이론의 핵심은 다른 문제를 해결하려면 다른 관점이 필요하다는 것이다. 이러한 차원에서 우리는 리더들에게 스트레스가 높은 의사결정 시나리오를 제시해서 그들의 사고 역량을 테스트한다. 그리고 경영자를 대상으로 팀을 구축하기 위한 행사와 워크숍 프로그램을 온라인과 오프라인으로 진행한다. 여기서 우리는 인질극을 벌이는 은행강도에서부터 흉악범에게 고백을 듣는 장면에 이르기까지 다양한 상황극 시나리오를 통해서 힘들고 낯선 환경에 직원들이 어떻게 반응하는지를 이해하도록 도움을 준다.

이러한 훈련을 받은 경영자들은 일상적으로 벌어지는 어려운 의사결정 상황에 적극적으로 대처할 수 있다는 확신을 갖게 된다. 그것은 인질범을 진정시키고 흉악범이 심정을 털어놓도록 만드는 법을 배웠기 때문이다. 그들은 이 훈련에서 배운 전략을 비즈니스 상황에서 일상적으로 내리게 될 수많은 의사결정에 적용할 수 있다. 그들은 극단적으로 높은 스트레스 상황에 대처할 수 있다는 확신과 더불어 비즈니스 상황에서 직면하는 모든 도전 과제를 얼마든지 해결할 수 있다는 자신감을 얻는다. 한 가지 덧붙이자면, <u>민감한 협상에서 신뢰를 얻는 법을 배운다는 것은 '자신'이 아닌 '우리'의 관점에서 의사소통하는 법을 배운다는 의미다.</u>

인기 팟캐스터가 주는 팁

성공적인 인터뷰는 성공적인 비즈니스 관계와 마찬가지로 신뢰 관계를 형성하는 것으로 시작한다. 루이스 호위스 Lewis Howes와 존 리 뒤마 John Lee Dumas 같은 팟캐스트 진행자는 사람들을 무장해제 시키고 편안하게 만들어서 청취자들이 궁금해하는 이야기를 하도록 유도하는 데 도가 튼 사람들이다. 그렇다면 그들의 비결은 뭘까? 그리고 그들의 기술에서 무엇을 배울 수 있을까?

소셜 미디어에서 500만 명이 넘는 팔로워를 거느리고 있으며, '더 스쿨 오브 그레이트니스 The School of Greatness'라는 이름의 팟캐스트로 3억 회가 넘는 다운로드 수를 기록한 루이스 호위스는 인터넷 세상에서 돌풍을 일으킨 인물이다. 호위스는 다양한 분야의 전문가와 리더들을 만나 인터뷰를 나눈다. 그는 게스트가 어느 분야에 있든 그들의 성공 여정을 물어보는 효과적인 기술을 활용한다.

비즈니스 전문 잡지인 《엔터프레뉴어Entrepreneur》의 편집장 제이슨 파이퍼Jason Feife는 호위스의 기술이 상대의 신뢰를 끌어내고 관계를 구축하는 과정에 대단히 유용하다고 말한다. "아이디어에 관한 사고 과정을 물어봄으로써 깊은 관심이 있다는 사실을 상대에게 전달할 수 있습니다. 특히 아이디어나 개념을 이해하고 이와 관련해서 상대가 더 자세히 설명하도록 만들 수 있습니다."[6]

이 기술을 잘 활용하면, 설득하려는 상대의 두뇌에서 도파민 수치를 높일 수 있다. 호르몬이자 신경전달물질인 도파민은 일종의 두뇌 보상 시스템이다. 또한 도파민은 '기분이 좋아지는' 호르몬으로도 알려져 있다. 초콜릿 케이크를 맛보거나 사랑을 시작하거나 혹은 수개월 동안 공들인 계약이 성사될 조짐을 보이는 등 다양한 즐거움을 경험할 때 도파민 수치는 높아진다.

우리가 설득하고자 하는 상대가 직면한 도전 과제를 이해하고 그의 성공을 칭찬하자. 이를 통해 관심과 존중의 느낌을 전할 수 있다. 게다가 그는 우리와 함께 있을 때 도파민이 분비된다는 사실을 기억하게 될 것이다!

존 리 뒤마가 '엔터프레뉴어스 온 파이어 Entrepreneurs on Fire'라는 팟캐스트를 시작할 무렵만 해도 팟캐스트는 비교적 낯선 콘텐츠 채널이었다. 뒤마는 이렇게 말했다. "매일 팟캐스트를 듣고 싶다는 생각에 조사를 시작했습니다. 하지만 그런 건 아직 세상에 없다는 걸 깨달았어요. 우리는 아직 누구도 차지하지 않은 공간을 발견해야 합니다."⁷ 뒤마의 생각에 그러한 공간을 차지하는 것만으로는 충분치 않았다. 목표에 대한 열정이 필요했다.

뒤마는 스스로 이렇게 말할 수 있어야 한다고 생각했다. "이건 오늘이나 내일만이 아니라 1년 뒤에도, 그리고 3년 뒤에도 정말로 좋아할 주제다." 이러한 진정성이 있어야 사람들은 우리를 응원한다. 그래서 아직 걸음마 단계였던 팟캐스트 세상에 도전한 무명의 존 리 뒤마는 바버라 코코런 Barbara Corcoran이나 토니 로빈스 Tony Robbins 같은 수많은 유명 인사들이 자신의 채널에 출연하도록 설득할 수 있었다.

자신이 전하는 메시지에 대한 진정성과 열정이 높을수록 설득력은 강해진다.

유명인과 산업 거물들은 자신이 중요하게 여기는 가치를 실현하기 위한 브랜드 플랫폼과 메시지 채널을 갖고 있다. 〈샤크탱크

Shark Tank〉에 투자자로 나온 바버라 코코런 역시 예외가 아니다. 코코런을 자신의 팟캐스트에 출연하도록 설득한 것은 뒤마에게 정말로 놀라운 성취였다. 그는 당시를 이렇게 떠올렸다. "〈샤크탱크〉의 한 에피소드를 보고 있는데 바버라가 나와서 참전 용사들을 위해서라면 무슨 일이든 할 수 있다고 하더군요." 8년 동안 전쟁터를 누빈 뒤마는 자신이 바로 그 대상이라고 생각했다. 코코런은 약속대로 뒤마의 출연 요청을 수락했고, 뒤마는 〈샤크탱크〉 촬영장에서 팟캐스트를 녹화했다. 그리고 덕분에 뒤마 자신과 '엔터프레뉴어스 온 파이어'의 인지도를 크게 높였다.

<u>사람들이 중요하게 여기는 가치에 주목하라.</u> 특히 참전 용사를 돕겠다는 코코런의 열정처럼 공식적인 약속이라면 말이다. 설득력을 높일 유용한 기회다.

언론 분야에서 일하는 이들에게 세계적인 동기부여 전문가인 토니 로빈스와 같은 비즈니스 유명 인사를 섭외하는 것은 대단히 힘든 일이다. '엔터프레뉴어 온 파이어'를 설립했을 무렵, 로빈슨을 게스트로 초대한다는 건 뒤마에게 불가능에 가까운 일이었다. 그래서 뒤마는 로빈슨의 아들로서 아버지의 전철을 좇고 있던 자이렉에게 먼저 연락했다. 뒤마는 그와 인터뷰를 하면서 아버지에

관한 이야기는 전혀 하지 않았고, 자이렉의 경력과 성취에만 주목했다. 인터뷰가 있고 1년이 흘러 토니가 《머니Money》라는 제목으로 책을 펴냈을 때 자이렉은 자신의 아버지에게 그 책을 소개하는 통로에 '엔터프레뉴어 온 파이어'도 포함시킬 것을 권했다. 누군가의 관심을 자극하는 것은 오랜 시간이 걸리는 설득 게임이지만, 그래도 충분한 보상이 따른다.

설득하려는 사람의 주변 인물에게 영향력을 행사하자.

관계와 의식 그리고 저항

비즈니스가 100퍼센트 자동화되어 있지 않은 한, 무언가를 만들어내려면 강력한 관계에 의존해야 한다. 다시 말해 모든 노력의 성과는 고객이나 잠재 협력자, 동료 등과 얼마나 강력한 관계를 맺고 있는지에 달려 있다. 이러한 점에서 관계를 강화하는 노력은 비즈니스의 성과에 엄청난 영향을 미친다.

우리가 인식하든 못하든 조직(그리고 전반적으로 우리의 삶)은 일상적인 의식에 따라 움직인다. 사람들은 이렇게 생각한다. '우리는 이렇게 일한다. 언제나 이러한 방식대로 업무를 처리한다.

그리고 앞으로도 그렇게 일을 처리할 것이다.' 그러나 이러한 사고방식은 조직의 관성으로 이어지며 결국 다양한 아이디어와 시도를 질식시킨다. 우리는 기업의 이러한 의식을 살펴보고 새로운 목표와 조화를 이루도록 전략적으로 수정함으로써 모두가 바라는 변화를 만들어낼 수 있다.

여기서 핵심은 우리가 제시하는 변화를 가로막는 저항을 낮추는 것이다. 저항은 신중한 계획도 무너뜨린다. 관계는 사람들의 저항을 자극하지 않고서 새로운 의식을 만들어내는 효과적인 방법이다. 변화가 거대할수록 관계의 중요성은 높아진다. 거대하고 전면적인 변화를 추진할 때 거대하고 전면적인 저항이 일어나기 때문이다. 다음 질문에 대해 생각해보자.

- 내가 제시하는 변화는 얼마나 거대한가?
- 그에 따라 어떤 형태의 저항이 예상되는가?
- 변화를 완성하기 위해 어떤 가치나 우선순위가 필요한가?

우리는 이러한 고민을 통해서 드러나지 않은(그러나 지극히 실질적인) 심리적 요인을 고려하지 않은 리더보다 한발 앞서 나갈 수 있다.

관계의 중요성을 꾸준히 환기하자

우리와 함께 일한 적이 있는 어느 기업은 새로운 의식을 만들고 관계를 강화하고 기업 문화에서 변화에 대한 저항을 낮추기 위해 흥미로운 전략을 선택했다. 직원 중 한 명을 선정해서 그들이 말하는 '관계 판단relationship conscience'의 역할을 3개월간 수행하도록 하는 것이었다. '관계 판단'의 역할을 맡은 직원은 주어진 기간 동안 관계를 우선시하는 렌즈를 통해 업무 활동과 의사결정을 평가하는 일을 한다. 다시 말해 모든 구성원의 업무 활동에 대해 고객과 주주 및 동료와의 관계 개선이 도움이 되었는지, 그리고 어떻게 도움이 되었는지를 기준으로 평가 작업을 하는 것이다.

관계의 중요성을 계속해서 상기시키는 이러한 시도는 직원 관점에서 성가시게 느껴질 수 있지만, 그래도 모두가 그것이 최종 목표를 위한 노력이라는 점을 이해했기 때문에 긍정적인 효과를 보여주었다. 직원들은 사내 게시판이나 전체 이메일보다 일상적으로 만나는 사람들로부터 변화의 아이디어와 추천 사항을 더 잘 받아들였다.

이처럼 관계 우선 렌즈를 통해 업무 활동을 돌아보도록 함으로써 이 기업은 일련의 새로운 운영 방식 및 절차와 함께 완전히 새로운 조직 문화를 창조해냈다. 그리고 그 문화는 기업이 새롭게 추구하는 방향과 조화를 이루었다.

기업 문화를 완전히 바꿀 수 없다고 해도 구성원들이 관계를 바라보는 방식은 얼마든지 바꿀 수 있다. 이는 조직이 추구하는 새로운 가치를 뒷받침할 사람을 지목함으로써 가능하다. 예를 들어 기업의 최고 우선순위가 고객 기반을 강화하고 관계를 구축하는 것이라고 해보자. 그렇다면 매력적이고 의사소통에 능한 직원에게 고객을 대변하는 역할을 맡겨보자.

여기서 고객 대변인은 충성도가 높은 핵심 고객들의 입장을 대변하는 역할을 맡는다. 그는 기업의 모든 활동을 '충성도 높은 고객과의 관계를 개선해줄 것인가, 아니면 실망과 불만, 오해를 자극할 것인가?'라는 렌즈를 통해 바라봐야 한다.

이러한 방법을 통해 무엇을 얻고자 하든, 성공 가능성을 높여주는 검증된 관계의 힘을 간과해서는 안 된다.

요약

- 우리 자신과 우리가 설득하려는 상대 사이에 적절한 수준의 긴장을 조성하면 열정을 전할 수 있는 최적 지점을 찾을 수 있다. 상대의 긴장 수준을 충분히 끌어올리면 적극적인 참여를 유도할 수 있지만, 자칫 긴장을 지나치게 높이면 상대는 위협과 이용당한다는 느낌 혹은 스트레스를 받게 될 것이다.

- 경험과 기억, 감정이 비슷한 사람에게 이끌리는 것은 자연스러운 현상이다. 장기적인 관계를 추구한다면 특별한 공통점에 주목해야 한다. 이는 대화를 나누는 가운데 자신과 상대방에게서 발견하게 되는 뜻밖의 유사성을 의미한다.

- 설득하려는 상대가 직면한 도전과제를 이해하고 그의 성공을 칭찬하자. 이를 통해 관심과 존중의 느낌을 전달할 수 있다.

- 관계를 형성하고자 할 때는 상대가 중요하게 여기는 가치에 주목하자.

7장

마술사와 사기꾼, 점쟁이에게 배우는 설득 기술

"경찰이 그들보다 미래를 더 잘 예측했다는 이유로 결국 마리 부인을 잡아갔다는 소식을 들었나요?"

이 유명한 말은 가수 브루스 스프링스틴 Bruce Springsteen이 뉴저지의 저지쇼어 지역에 놓인, 자신이 무척 마음에 들어 하는 보드워크 boardwalk(해변에 판자를 깔아 만든 길—옮긴이)에 바치는 멋진 노래인 〈4월 4일, 에스버리 파크(샌디) 4th of July, Asbury Park (Sandy)〉에 나오는 가사다. 사실 아델도 뉴저지 출신이다. 고등학교 시절에 창조적 글쓰기를 가르치던 한 특이한 선생님은 자기 친구이자 브루스 스프링스틴이 오래전의 노래에서 불멸의 존재로 만든, 예지력이 빛나는 마리 여사를 실제로 수업 시간에 초빙해 우리에게 이야기를 들려주도록 했다. 그날 마리 부인은 어떤 이유에선지 아델 감바델라를 목표물로 삼았다. 마리 부인은 아델의 눈을 바라보며 나지막이 읊조렸다. "이름이 J로 시작하는 남자의 모습이 보이는구나. 가슴을 움켜쥐고 있어."

아델은 깜짝 놀랐다. 아델 아버지 이름은 잭Jack이고 얼마 전 삼중혈관우회 수술을 받았다. 마리 부인은 대체 어떻게 알았던 걸까? 그러나 그녀는 아델의 아버지를 알지 못했다. 사실 잭이나 존, 짐은 흔한 남자 이름이다. 그리고 형상으로 떠오른 남자는 아버지 혹은 할아버지나 좋아하는 삼촌, 아니면 선생님일 수도 있다. 게다가 심장 질환 역시 흔한 질병이다. 마리 부인은 속임수를 썼고 아델은 그만 걸려들고 말았다.

그로부터 10년이 흘러 20대 후반이 된 아델은 맨해튼에서 뉴저지로 돌아가는 길에 있었다. 그때 세련되게 잘 차려입은 여성이 다가왔다. 그녀는 오후 6시 17분 열차를 자주 이용한다고 했다. 그리고 예전에 아델을 봤다고 했다. 아마도 이틀 전 입은 화려한 녹색 모직 코트를 입은 모습을 기억하는 듯했다. 그녀는 지갑을 잃어버렸는데 딸을 데리러 가려면 열차 요금이, 그것도 정확하게 17달러 25센트가 필요하다고 했다. 그리고 그 열차를 타지 못하면 일곱 살 딸이 한 시간 넘게 추위에 떨며 기다려야 한다고 했다. 조금 의심이 들었지만, 그녀가 들려주는 이야기는 너무나 설득력이 있었다. 아델은 추위에 떨고 있을 가엾은 겁먹은 어린 소녀를 떠올리지 않을 수 없었다. 그 여성은 아델의 마음을 열었고 아델은 지갑을 열었다.

그날 저녁 아델은 집에 도착해서 룸메이트인 퀘인에게 그 이야기를 들려주었다. 퀘인은 말했다. "뭐라고? 어떻게 생겼어?" 아델이 여성의 인상착의를 설명하자 퀘인은 자신도 이틀 전에 정확하게 같은 금액을 그녀에게 주었다고 했다. 대체 둘은 어쩌다가 그렇게 쉽게 속임수에 넘어간 걸까? 그녀가 사용한 몇 가지 기술을 살펴보자.

- 먼저 자신의 난처한 상황을 자세히 설명해서 신뢰성을 높였다.
- 돈이 필요한 이유를 구체적으로 밝혔다.
- 돈을 주지 않으면 추위에 떨고 있는 딸의 모습을 떠올리게 함으로써 죄책감을 자극했다.
- 아델을 미리 관찰하고 며칠 전 입었던 코트를 언급해서 같은 통근자라고 생각하게 했다.
- 더도 덜도 아닌 정확한 요금만 요구했고, 확인하려고 했다면 그녀는 계속해서 이야기를 이어 나갔을 것이다.
- 착한 사마리아인이 되고 싶은 욕망을 자극했다.
- 기차가 도착하는 10분 안에 결정하도록 재촉했다.

똑똑한 사람이 왜 사기를 당할까?

마술사와 사기꾼, 점쟁이는 서로 목적은 다르지만 똑같은 유형의 속임수로 사람들을 낚는다.

FBI 특수 요원은 심문 과정에서 상대의 마음을 정확하게 읽고 사라진 퍼즐 조각을 찾아내야 한다. 자백을 받아내는 일이든, 정보원을 떠보는 것이든, 당장 체포해야 한다고 검사를 설득하는 것이든, 상대의 마음을 읽는 것은 성공을 위한 중요한 기술이다.

'숏거닝shotgunning'이란 여러 발의 탄환을 동시에 발사해서 그중 하나가 목표물을 맞히길 기대하는 사격 방식을 말한다. 심문자는 이 기술을 활용해서 정확하거나 거의 정확한 정보가 포함된 다양한 정보를 임의로 제시하는 방식으로 상대의 감정적인 반응을 자극한다. 마리 부인은 바로 이 기술을 효과적으로 사용했다. 심령술사들은 이러한 숏거닝 기술을 사용해서 청중의 마음을 움직인다. 청중 안에는 '마이크'나 '존'처럼 흔한 이름을 가진 나이 많은 가족을 잃은 사람이 반드시 있을 것이다. 이처럼 그럴싸한 이야기를 좀 더 살펴보자.

"폐암이나 심장병, 유방암으로 가슴이 검게 그을린 여성이 보이는군요."

"당신의 인생에서 어느 나이 많은 남성이 보입니다. 살아가는 동안 갈등이 있었지만 여전히 당신을 사랑한다는 사실을 부디 알아주길 바란다고 하는군요."

점쟁이들은 자신에게 영험한 능력이 있다는 사실을 보여주기 위해 이런 말을 한다. 그러나 여기서도 살펴보겠지만 우리는 이러한 기술을 데이트나 상견례와 같은 개인적인 상황이나 관계를 형성하고 신뢰를 쌓아야 하는 비즈니스 상황에서도 효과적으로 활용할 수 있다.

인간의 나약함을 설명하는 바넘/포러 효과

포러 효과 forer effect 또는 바넘 효과 barnum effect 는 성격에 대한 보편적인 묘사를 자신에 대한 설명이라고 생각하는 인간의 심리적 성향을 말한다. 심령술, 점성술, 배경 읽기 aura reading 혹은 소셜 미디어에서 좀처럼 외면하기 힘든 성격테스트를 생각해보자. 우리가 이러한 것들을 통해 확인하게 되는 성격 묘사는 사실 다분히 애매모호하며 많은 사람에게 적용할 수 있을 만큼 지극히 보편적이다.

점성술이나 타로카드, 신비주의 및 다양한 '에언'을 포함하는, 20억 달러에 달하는 심령술 시장은 바로 이러한 기술에 기반을 두고 있다. 또한 연합통신Associated Press이 최근 인용한 설문조사 결과에 따르면, 미국인 절반가량이 텔레파시와 예지력을 믿는다고 한다.

유능한 FBI 요원도 용의자를 심문하는 과정에서 바넘/포러 효과를 활용한다. 용의자는 자신이 범죄에 가담하지 않았다는 주장을 수사관이 믿어주길 바란다. 그리고 수사 중인 사안과 관련해서 어떻게든 연관성을 부인한다. 칩이 용의자가 범죄에 가담했다는 사실을 암시하는 질문을 던질 때 그들은 의도적으로 말을 얼버무린다. 가령 범죄 도중이나 범죄를 모의하는 도중에 자신은 "화장실에 있었다"고 둘러댄다. 그러나 자신의 정체와 행동이 이미 들통났다는 사실을 깨달으면 갑자기 순순히 털어놓는다.

칩은 "때로는" "당신은 아마도" "자존감이 높군요" 같은 표현을 자주 사용함으로써 대화에 개인적인 의미를 부여한다. 그리고 대화의 긴장감을 최고조로 끌어올리기 위해 이렇게 말한다. "전 많은 걸 알고 있지만 몇 가지 확인할 게 있습니다. 당신은 아마도 그게 뭔지 알 수 없을 겁니다. 지금부터 몇 가지 질문을 할 텐데, 그 대답을 듣고 당신이 얼마나 솔직한지 판단할 겁니다." 이러한 말을 통해 FBI가 많은 정보를 확보하고 있다는 인상을 전달함으로써 용의자를 불안하게 만든다. 여기서 수사관이 하지 않은 말은 그가 한 말만큼, 혹은 그보다 더 중요하다. 그 공백을 용의자가 메우도록 유도해야 하기 때문이다.

2015년 2월 13일자 《애틀랜틱 먼슬리》에 게재된 〈마법에 걸린 당신의 두뇌Your Brain on Magic〉라는 제목의 기사에 따르면, "마술에 대한 연구는 … 두뇌의 인지와 발화에 관한 연구이면서 동시에 사람과 집단에 관한 연구이기도 하다."[1] 유명 마술사 크리스 앤젤Criss Angel은 잡지 《퍼레이드》와의 2007년 인터뷰에서 이렇게 밝혔다. "제가 보여주는 많은 것은 사람들의 마음속으로 들어가서 그들의 행동과 사고방식을 이해하고 패턴을 해석해내는 겁니다. 그래서 사람들은 제가 인간을 연구하는 학생이라고 말합니다."[2]

마술쇼에서 청중은 자리에 가만히 앉아서 공연을 관람한다. 유명 마술사 데이비드 블레인David Blaine은 거리로 나가 사람들에게 자신이 땅에서 8인치 떠오르는 척할 테니 그동안 자리에 가만히 있으라고 당부한다. 그는 이렇게 지시를 내리고 규칙을 설명하면서 속임수를 위한 준비를 한다. 그는 이렇게 말한다. "에너지가 많이 필요합니다. 조금만 기다리세요. 시간을 좀 주세요." 사람들은 그렇게 고정된 자리에 있다는 사실만으로 마술에 빠져든다. 마술은 실제가 아니다. 마술사는 감각이 우리를 배신하는 방식을 활용한다.

우리는 감각이 우리에게 들려주는 이야기를 신속하게 해석하기 위해 내면의 지름길을 따라 경험을 처리한다. 우리는 속임수와 사기, 거짓말을 즉각 알아차릴 수 있다고 확신하지만, 마술사와 사기꾼, 점쟁이는 바로 이러한 확신을 활용한다. 그들이 우리의 인식과 사고의 불완전한 패턴을 이해하기 때문이다.

주관적 검증subjective validation이란 자신의 자존감을 강화해주는 정보만 받아들이려는 인간의 성향을 말한다. 의사소통 과정에서 인정과 비판, 존중과 비난, 확신 강화와 상호 의존이 균형을 이룰 때 바넘/포러 효과는 가장 큰 힘을 발휘한다. 사람들은 좋든 나쁘든 의사소통 과정에서 자기 자신의 성격을 읽어낸다.

공감력을 높이는 포러식 표현

포러식 표현이란 심리학자 버트럼 포러Bertram R. Forer가 오래전 실험을 통해 개발한 것으로, 성격을 묘사하는 기본적인 문장들을 말한다. 사람들은 이러한 포러식 표현에 개인적인 차원에서 깊은 공감을 느낀다.[3] 포러식 표현들은 지극히 일반적인 설명문이지만, 사람들은 여기에 자신에 관한 새로운 정보가 담겨 있으며 진정한 자아를 반영한다고 믿는다. 포러식 표현은 일반적으로 심령술사와 타로 점술가, 점쟁이, 사기꾼 들이 사용하지만, 다른 사람을 이해하고 설득하려는 우리 모두에게도 유용하다. 포러식 표현이 효과가 있는 이유는 뭘까? 그것은 사람들이 포러식 표현을 읽고 스스로 관심과 이해를 받고 있다고 느끼기 때문이다.

우리는 포러식 표현으로부터 무엇을 배울 수 있을까? 그리고 이 기술을 어떻게 비즈니스 상황에 적용할 수 있을까? 이제 포러식 표현에 관한 모든 것을 살펴보자.

"당신은 사람들로부터 존경받기를 원한다"라는 문장에 대해 생각해보자. 우리 모두 내면 깊숙이 인정과 존경에 대한 욕구가 있다. 가령 아델의 어머니 로레인 감바델라는 요리 솜씨로 인정받는 것을 좋아한다. 만약 당신이 어머니의 요리를 칭찬한다면, 어머니는 아마도 당신이 좋아하는 메뉴를 기억해뒀다가 당신이 찾아올 때마다 차려줄 것이다.

존경에 대한 욕구는 직장에서도 활용할 수 있다. 아델의 회사에는 편집 기술에 자부심이 강한 직원이 있었다. 아델은 그녀가 사람들의 인정을 받고 싶어 한다는 사실을 알고 있었다. 사실 그녀의 편집 기술은 대단히 뛰어났다. 그래서 아델은 모든 직원 앞에서 그녀의 편집 기술을 칭찬했다. 그날 이후로 그녀는 모든 직원의 글을 살펴보면서 따옴표 하나도 놓치지 않고 교정해주었다. 결국 모두가 많은 도움을 받았다.

문장	효과가 있는 이유
당신은 자신에게 지나치게 엄격하다.	우리는 기본적으로 겸손한 모습을 보이고 싶어 하지만, 겸손이 지나치면 자신감이 없어 보일 수 있다.
당신은 아직 잠재력을 온전히 발휘하지 못했다. 이제 그 힘을 자신에게 도움이 되는 방향으로 전환해야 한다.	사람들은 꿈과 성공을 향해 달려가고 있다고 생각하지만, 이를 위한 노력에는 게으르다.
당신은 성격적인 문제가 있지만 충분히 보완할 수 있다.	이 문장에는 역경의 극복과 끈기, 투지가 담겨 있다.
당신은 외면적으로는 엄격하고 통제적이지만, 내면적으로는 불안을 느끼는 경향이 있다.	이 문장은 지적 허영과 감정적 취약성 그리고 소외나 거부의 감정을 드러낸다.
당신은 때로 올바른 결정을 내렸는지 혹은 올바른 행동을 했는지 심각하게 고민한다.	이 문장으로 결단력이나 우유부단함을 판단할 수 있다. 상대가 위험 회피적인 성향인지 확인할 수 있는 유용한 표현이다.
당신은 어느 정도의 변화와 다양성을 선호하며 제한과 제약을 받을 때 불만을 느낀다.	상대가 핑계를 대거나 다른 사람을 비난하거나 책임을 회피하려 드는가? 규칙이나 제한에 짜증을 내는가? 이 문장으로 판단할 수 있다.
당신은 독립적이며 자부심이 강하고 충분한 증거 없이는 다른 이의 주장을 잘 받아들이지 않는다.	이 문장의 긍정적인 측면은 확실함과 지성을 드러낸다는 것이다. 상대의 생각을 인정하기 좋은 표현이다. 부정적인 측면은 상대가 완고하고 독단적인 사람일 수 있다는 점이다.
당신은 자신을 소개할 때 지나치게 솔직한 태도는 좋지 않다고 생각한다.	이 문장은 상대가 자신을 신중하면서 신비로운 존재로 바라보게 만든다. 혹은 폐쇄적인 사람에게 건네는 경고의 말이 될 수 있다.
당신은 때로 외향적이고 상냥하고 사교적이지만, 다른 때에는 내향적이고 낯을 가리며 내성적이다.	내성적인 사람이라면 때로 외향적으로 되려는 자신의 노력을 인정하는 말로 이해할 것이다. 반면 외향적인 사람이라면 자신이 언제나 지나치게 적극적인 모습을 보이는 것은 아니며, 자신을 너무 많이 드러내는 실수에서 깨달음을 얻고 있다고 안도할 것이다. 부정적인 측면은 상대가 자신을 두 가지 유형 중 하나로 바라보지 않게 만든다는 것이다.
당신의 몇몇 꿈은 비현실적인 경향이 있다.	과대망상에 빠져 있다는 의미가 될 수 있다. 또는 불안정한 상태를 드러내는 말일 수도 있다.
안전함은 당신이 추구하는 삶의 목표 중 하나다.	신중하고 예측 가능한 사람이라고 생각하게 함으로써 안도감을 전할 수 있다. 부정적인 측면은 도전하지 않는 사람이라는 의미도 담고 있다는 것이다.

〈표 7-1〉 예측 문장

그러나 우리는 직장과 가정에서 잘한 일로 칭찬받기보다 실수로 질책받는 경우가 더 많다. 만약 우리가 고객과 동료 혹은 자녀에게 긍정적인 확언을 주는 원천이 된다면, 그들로부터 도움과 인정을 받을 수 있다. 그리고 그것만으로도 우리의 설득력은 더 강력해질 것이다. 그렇다고 해서 거짓 칭찬을 하라는 말은 아니다. <u>동료나 부하직원 혹은 고객의 장점을 발견하고 그것을 칭찬하자. 칭찬은 우리에게 도움으로 돌아올 것이다.</u>

우리는 콜드리딩 cold reading(상대에 대한 사전 정보가 없는 상태에서 속마음을 읽어내는 기술—옮긴이)을 통해 모든 사람이 자신만의 고유한 특성으로 관심과 인정을 받고 싶어 한다는 사실을 직관적으로 이해할 수 있다. <u>칭찬 속에 부탁을 숨기면 상대는 거절하기 힘들다.</u> 상대가 '나는 ___에서 최고다'라고 느낄 때 이는 그 사람의 정체성이 되어 열정을 자극할 수 있다.

놀랍게도 포러식 표현은 부정적인 측면에 주목하든 긍정적인 측면에 주목하든 똑같이 효과를 발휘한다. 개인적인 차원이나 직업적인 차원에서 포러식 표현을 사용하면 상대의 반응을 자극할 수 있다. 물론 그 반응은 긍정적이면서 개방적인 형태일 수도 있고, 아니면 부정적이고 방어적인 형태일 수도 있다. 어느 쪽이든 우리는 그 반응을 보고 상대에 관해 더 많은 것을 배울 수 있다. 그리고 상대는 관심과 이해를 받는다고 느끼게 된다.

포러식 표현을 사용하면 상대가 어떤 이미지를 보여주고 싶은지 알 수 있다. 사람들은 개인적·직업적 차원에서 인정받고, 잠재력을 발휘하고, 현명한 결정을 내렸다는 확신을 원한다. 그리고 원칙적이고 자기 통제력이 강한 사람으로 보이고 싶어 한다. 또한 단점을 장점으로 바꾸고 결함을 보완할 수 있는 사람으로 보이길 바란다. 게다가 다른 사람이나 상황을 탓하면서까지 자신의 단점을 해명하려고 한다.

포러식 표현이 강력한 힘을 발휘하는 이유

아직 잠재력을 실현하지 못했다는 말보다 사람들에게 더 강력한 동기를 부여하는 말이 있을까? 아마도 없을 것이다.

상대의 동기를 파악하는 것은 중요한 핵심 기술이다. 거래를 협상할 때나 직원을 채용할 때 혹은 이성을 유혹할 때 무엇이 상대를 움직이게 만드는지 어떻게 알 수 있을까? 사람들이 자신에 대해 가진 인식의 중심에는 무엇이 있을까? 그리고 상대의 동기를 이해함으로써 어떻게 설득력을 높일 수 있을까? 이러한 질문에 대한 답은 사람들이 어떤 모습을 드러내려고 하는지에서 찾을 수 있다.

〈스토리텔링에 두뇌가 반응하는 방식: 현대 의사소통의 화학 This Is Your Brain on Storytelling: The Chemistry of Modern Communication〉이라는

제목의 한《포브스Forbes》기사는 스토리텔링의 신경화학을 설명해준다.[4] 우리가 주의를 기울일 때 두뇌는 코르티솔을 분비해서 집중력을 높인다. 그리고 흥미롭고 즐거운 이야기를 들을 때는 도파민을 분비해서 우리가 계속해서 이야기를 따라가게 만든다. 《포브스》기사는 이렇게 설명한다. "다음으로 스토리텔링의 묘약이라고 하는 옥시토신이 등장한다. 우리 몸에는 사교성을 높여주는 많은 물질이 있다. 그중에서도 옥시토신은 친사회적인 행동과 공감을 자극하는 최고의 화학 물질로 알려져 있다." 옥시토신은 우리가 이야기 속 '주인공'과 교감하면서 자신과 동일시하게 만든다. 우리의 포러식 문장에 상대가 반응할 때 그는 이야기 속 영웅이 되어 우리와 의미 있는 관계를 형성할 채비를 한다.

설득력을 높이는 콜드 리딩

우리는 모두 분야를 떠나 설득 비즈니스 세상을 살아간다. 그래서 사람들의 마음을 정확하게 읽을 줄 알아야 한다. 그러나 안타깝게도 대부분은 생각만큼 다른 사람의 마음을 잘 읽지 못한다.

사회심리학자 윌리엄 아이크스William Ickes는 '일상적 마음 읽기'[5]라고도 알려진 '공감적 정확성empathetic accuracy'에 관한 폭넓은 연구를 한 것으로 유명하다. 공감적 정확성이란 다른 사람의 생각과 감정을 읽어내는 능력을 말한다. 아이크스는 연구를 통해서 낯선 사람들끼리 서로의 마음을 읽는 정확도는 평균 20퍼센트 수준이라는 사실을 확인했다. 가까운 친구와 부부 사이에서도 정확도는 35퍼센트 정도로, 조금 더 높은 수준에 불과했다. 어떻게 하면 사람의 마음을 읽는 능력을 키울 수 있을까? 콜드 리딩 기술을 통해 어떻게 비즈니스와 삶에서 설득력을 높일 수 있을까?

질문 속에 해답이 있다

비즈니스 회의나 협상 과정에서는 적절한 질문을 던짐으로써 상대의 숨겨진 의도를 파악할 수 있다. 질문을 하면 관심과 호기심이 있으며 협력을 원한다는 인상을 전달할 수 있다(이미 알고 있거나 확인된 사항에 관해서 재차 물어보는 게 아니라면).

지금 자신의 기업과 손잡는 것이 올바른 선택임을 설득하고 있다고 해보자. 우리는 잠재 고객의 감정 상태를 예측해서 우리가 제공하는 제품 및 서비스에 그가 확신하도록 만들어야 한다. 그리고 그가 우리의 제품과 서비스에 관한 설명을 듣는 데 얼마의 시간을 할애할 생각인지 알아야 한다. 우리는 숏거닝 기술을 활용해서 잠재 고객의 과거 경험을 파악할 수 있다. 또한 경쟁사에 대한 불만을 추측함으로써 공감을 끌어낼 수 있다. 혹 고객이 기존 업체를 바꿀 의향이 없다면, 수학적 확률과 산업 표준을 기반으로 최고의 가격을 선정하고 포러식 문장을 적극적으로 활용하자. 우리가 마지막으로 살펴본 두 포러 문장의 수정된 형태를 다음에서 확인해보자.

"예전에 당신의 기업과 비슷한 규모에서 이러한 유형의 비즈니스에 3만~6만 달러의 예산이 필요하다는 사실을 확인했습니다. 대략 비슷한가요?"

"함께했던 마지막 협력 업체가 당신의 요구를 완전히 충족시키지는 못한 것 같군요. 프로젝트에 차질이 생기면서 원하시는 모든 것을 얻지는 못하셨겠군요. 그래서 지금 다른 선택지를 알아보고 계시는 거고요. 그렇죠?"

"당신은 독립적이고 자부심이 강하고 충분한 증거 없이는 협력 업체의 약속을 믿지 않으시는 것 같군요. 그래서 저희가 올바른 선택임을 말해주는 증거 자료와 사례 연구를 이렇게 보여드리는 겁니다."

"아직 잠재력을 충분히 발휘하지 못했군요. 그 힘을 자신에게 유리한 방향으로 전환하지 못했어요. 그건 올바른 전략 파트너를 만나지 못했기 때문입니다."

이제 이 접근 방식을 연애를 갓 시작해서 조금씩 상대를 알아가는 것과 같은 사적인 상황에 적용하는 방법을 살펴보자. 여기서는 과거 연애 경험, 연애 기간, 연애에 관한 생각 등 일반적인 질문으로 시작해볼 수 있다. 가장 긴 연애 경험은 언제였는지, 헤어지게 된 이유는 무엇인지 물어볼 수 있다. 그리고 그 대답에 따라 포러식 문장을 만들어볼 수 있다. 이를 통해 상대를 더 많이 알아가고 싶어 한다는 인상을 전할 수 있다. 이런 질문을 던져보자.

"짧은 만남보다 진지한 관계를 선호하는군요?"

그리고 다음 질문으로 넘어가기 전에 포렌식 듣기를 통해 더 많은 정보를 얻자.

"원하는 것이 확실하시군요. 헤어질 때 먼저 관계를 정리하는 쪽이라는 생각이 드네요. 그런가요?"

추측이 틀렸다면, 전략적으로 여유를 두면서 해명의 기회를 주고, 상대의 이야기에 관해 생각하고 있다는 인상을 전하자.

포러식 문장은 특히 첫 번째나 두 번째 만남에서 효과적이다. 다음과 같이 활용함으로써 상대의 감정에 공감한다는 인식을 전하자.

"때로는 외향적이고 상냥하고 사교적이지만, 다른 때에는 내향적이고 조심스럽고 신중한 성격이군요."
"자신을 소개할 때 지나치게 솔직한 태도는 좋지 않다고 생각하는군요."

우리의 목표는 상대의 마음을 읽어서 자기편으로 만들고, 상대가 우리를 앞으로 관계를 이어 나가야 할 대상으로 바라보게끔 만드는 것이다.

요약

- 우리는 대부분 속임수와 사기, 거짓말을 즉각 알아챌 수 있다고 확신하지만, 마술사와 사기꾼, 점쟁이는 바로 그러한 우리의 확신을 이용한다.

- 바넘/포러 효과는 성격에 대한 보편적인 설명을 자신에 대한 구체적인 묘사로 받아들이려는 심리적 현상을 말한다.

- 심리학자 버트럼 포러가 개발한 포러식 문장을 사용하면 모든 유형의 사람이 개인적인 차원에서 자신에 관해 많은 것을 이야기하게 할 수 있다.

- 상대를 설득하려면 그의 마음을 정확하게 읽을 줄 알아야 한다. 우리는 포러식 문장으로 상대의 반응을 유도함으로써 그에 대한 더 많은 정보를 얻을 수 있다.

8장

설득의 신경과학

FBI는 지역 경찰과 함께 용의자를 잡기 위해 이른 새벽부터 현장에서 대기 중이었다. 헬리콥터가 떠 있고 많은 차량이 진을 치고 있었다. 용의자가 도주하면서 도시의 일부 지역은 봉쇄 조치에 들어갔다. 칩의 팀은 용의자를 체포하기 위해 그의 집을 찾았지만 그는 없었다. FBI 팀은 탈주범이 사는 동네를 돌아다니며 여러 집을 방문한 끝에 용의자의 휴대전화 번호를 알아냈다. 칩은 인질 협상가의 최고 무기인 휴대전화로 무장해 있었다. 그날 칩의 임무는 용의자가 자수하도록 만드는 것이었다.

칩은 용의자의 번호로 전화를 걸었다. 받는 소리가 났지만 아무 말도 없었다. 전화를 받은 사람이 용의자인지 확신은 없었지만 기회를 놓칠 수 없었다.

칩은 이렇게 입을 뗐다. "제프 씨죠? 저는 칩이라고 합니다. FBI에서 나왔습니다. 당신을 돕기 위해 왔습니다." 그러고는 잠시 기다렸다. 아무런 대답이 없었다. 칩은 대화를 어떻게든 이어 나가야 했다.

범법자에게 FBI라는 존재는 불안과 불신, 적대감, 공포가 뒤얽힌 다양한 감정을 촉발한다. 칩은 재빨리 용의자와 감정적 연결 고리를 만들어내고자 했다.

그는 물었다. "제프, 지금 당신 인생이 얼마나 꼬여 있는지 아시죠?" 용의자는 15초간 뜸을 들인 뒤 이렇게 말했다. "이름이 뭐라고요?"

용의자가 대답했다는 것은 협상에 응하기로 마음을 먹었다는 것이다. 칩은 의사소통에서 중요한 변화를 만들어냈다. 그건 스트레스로 가득한 인질범과 신경적인 차원에서 연결 통로를 만들어냈다는 뜻이었다.

칩은 말했다. "제프, 지금쯤 우리가 당신의 아파트에 와 있다는 사실을 알고 있겠죠?" 상대는 아무 말이 없었다. "지금 저는 아파트 근처에 있습니다. 길가에 피자 가게가 보이는군요. 거기서 피자를 먹어본 적이 있는지 궁금하네요. 어떤 피자를 좋아하죠?" 여전히 대답은 없었다.

이러한 질문은 폭력적인 용의자와 긴박하게 대치하는 상황에서 적절한 것으로 보이지 않을 수도 있지만, 사실 신경적인 차원에서 전략적인 접근이다. 인질 협상가는 말하기보다 많이 들으라고 훈련받았다. 그런 그가 말을 하는 이유는 인질범이 이야기하도록 유도하기 위함이다. 인질 협상가는 10~12초의 짧은 시간에 신뢰의 통로를 구축해야 한다.

그래서 칩은 용의자에게 동네 피자 가게에 관해 물었다. 혹시 뉴욕 도심에서 살아본 경험이 있다면, 사람들로부터 무슨 피자를 좋아하는지에 관한 이야기를 많이 들어봤을 것이다. 뉴요커들은 피자에 관해서라면 개인적인 애착이 있다. 소스와 치즈의 비율, 그리고 좋아하는 토핑의 종류는 저마다의 개성을 드러낸다. 칩은 이 질문을 통해 용의자의 기억을 자극하고 감정적 연결고리를 만들어내고자 했다. 그러나 용의자는 피자 질문에 반응하지 않았다. 다른 방법이 필요했다.

칩은 아파트 주변을 돌아보면서 용의자의 집 창문에서 뻗어 나온 빨랫줄에 운동화 한 켤레가 매달려 있는 것을 발견했다. "건물 위쪽으로 나이키 운동화가 매달려 있군요. 당신 건가요?" 그래도 답은 없었다.

칩이 던진 두 질문은 신속하지만 지나치게 빠르지 않은 속도로 관계를 형성하려는 시도였다. 이제 그는 용의자가 처한 상황을 이해한다는 사실을 보여주고자 했다.

칩은 말했다. "이번 사건에 대해 모든 걸 알고 있습니다. 도망 다닌다는 게 어떤 건지 잘 알고 있어요. 스트레스가 엄청나겠죠. 정상적인 직장도 잡을 수 없을 거고요. 친구들에게 의지해야 하지만 포상금 때문에 신고할지도 모르죠. 어머니에게도 전화를 걸 수도 없죠. 도청당하고 있을지 모르니까요. 뭘 사려고 해도 현금밖에 쓸 수가 없어요. 지금쯤 현금도 바닥났을 겁니다. 매일 밤 어디서 자야 할지 걱정일 겁니다. 무엇보다 경찰에게 검문당할 때 어떻게 해야 할지 불안할 겁니다. 경찰이 당신의 이름이나 정보를 조회한다면 최악의 상황이 벌어질 겁니다. 그렇죠?"

그 용의자는 8개월 넘게 FBI의 추적을 피해 도망 다니고 있었다. 그는 혐의를 벗을 수 없을 것이었다. 그렇게 오랫동안 도망 다니다 보면 감정적으로 지치기 마련이다. 칩은 '신뢰를 쌓는 이야기_{trust narrative}'를 통해 감정적 연결고리를 만들어 자수를 설득해야 했다.

신뢰와 감정적 연결고리

인질 협상가는 어조와 억양, 속도를 통해 공감과 우려의 마음을 전하고 위험한 상황을 진정시키는 방법을 배운다. 그는 폭력적인 용의자에게 낮은 목소리로 천천히 말함으로써 분위기를 차분하게 만든다. 그리고 스스로 신뢰할 만한 사람으로 보이려 한다. 그러고 나서는 신뢰 이야기를 통해 궁지에 몰린 용의자가 정말로 원하는 게 뭔지 파악한다.

칩은 이렇게 떠올렸다. "용의자와 연결고리를 만들기 위해 도망 다니는 삶의 위험과 어려움을 충분히 이해한다는 사실을 보여줬습니다. 저는 그 고통에 대해 용의자보다 더 구체적으로 설명할 수 있습니다. 이러한 시도는 관계 형성에 중요합니다. 직장이나 가정에서 누군가 감정적으로 어려움을 겪을 때 우리는 그가 겪는 고통을 이해한다는 태도를 보여줌으로써 연결고리를 만들어낼 수 있습니다."

비즈니스 상황에서 활용하기

우리는 비즈니스 상황에서도 신뢰를 쌓는 이야기를 통해 상대가 무엇을 중요하게 여기는지 알 수 있다. 우리 앞에 여러 개의 문이 있다. 각각의 문은 서로 다른 결과로 이어지며, 각각의 결과는 공포와 무관심, 흥분, 기쁨 등 서로 다른 감정을 촉발한다. 여기서 최고의 설득자는 어느 문을 먼저 열어야 하는지, 그리고 앞으로 어떻게 진행해야 하는지 이해한다. 위 사례에서 용의자가 느낀 감정은 절박함이었다. 그는 곤경에 처했고 그 사실을 알았다. 이러한 상황에서 칩은 공감을 바탕으로 그의 상황을 설명함으로써 신뢰를 형성했고 앞으로 저항이 소용없을 것이라는 사실을 보여주었다. 그리고 용의자가 절박하게 원했던 탈출구를 보여주었다.

사람들을 모여들게 만드는 네 단계

우리는 실제 비즈니스 상황에 적용할 수 있도록 칩이 FBI 시절에 용의자 심문에 사용했던 접근 방식을 단계별로 구분해봤다. 연결을 만들어내는 원리는 비즈니스 상황에서도 똑같다. FBI 수사관이 사건의 진상을 파악하거나 자백을 끌어내거나 혹은 자세한 범죄 사실을 알고자 할 때는 먼저 상대가 마음을 열고 심정을 솔직하게 털어놓도록 분위기를 조성해야 한다.

단계 1: 집중하기

상대가 처한 상황에 주의를 기울이면 그가 중요한 사람이라는 인식을 전할 수 있다. 그리고 관계 형성에 시간을 투자하면 상대가 처한 상황을 이해하고 공감한다는 사실을 보여줄 수 있다. 그럴 때 상대는 자신이 진정한 관심을 받고 있다고 느끼게 된다. 상대에게 관심을 기울인다는 사실을 보여주는 한 가지 좋은 방법은 상대의 이야기를 선택적으로 반복하는 것이다. 가령 상대가 교통 체증으로 다리에서 한 시간 동안 갇힌 바람에 약속에 늦었다면 공감적인 차원에서 이렇게 말할 수 있다. "한 시간이나요? 답답했겠군요." 그러나 배우 매슈 매코너헤이 Matthew McConaughey 가 지적하듯이 상대의 말을 "건성으로 반복해서는 안 된다."

경영자들에게 우리는 관심을 집중하는 방법을 가르친다. 그런데 한 IT 기업 경영자가 우리를 찾아와 이렇게 하소연했다. "그렇게 해봤는데 소용이 없었어요!" 우리는 대답했다. "당시 상황을 자세히 설명해주시면 뭐가 잘못되었는지 말씀드릴 수 있습니다."

그는 어느 날 저녁에 자신의 약혼자가 집으로 찾아와 직장에서 겪은 끔찍한 일에 분통을 터뜨렸다고 했다. 그때 그는 우리의 프로그램에서 배운 기술을 시도해볼 좋은 기회라고 생각했다. 두 사람의 대화는 이렇게 이어졌다.

약혼자: "정말 끔찍한 하루였어."
사업가: "끔찍한 하루였군."
약혼자: "사장이 사무실에서 나오더니 다짜고짜 나한테 고함을 질렀어."
사업가: "다짜고짜?"

약혼자: "그렇다니까. 다른 동료들도 보는 앞에서 망신을 줬어."

사업가: "다른 동료들도 보는 앞에서?"

약혼자: "내 말을 듣고 있는 거야? 왜 몇 마디만 앵무새처럼 따라 하는 거야?"

우리는 웃음을 참기 위해 애를 쓰면서 정확한 상황을 파악하기 위해 질문을 했다. "약혼자가 이야기할 때 당신은 뭘 하고 있었습니까?" 그는 침대에 누워 문자를 보내고 있었다고 했다.

그 경영자는 두 가지 실수를 저질렀다. 첫째, 우리의 조언을 그냥 기계적으로 받아들였다. 상대의 말을 반복하는 방법은 적절하게 사용해야 효과가 있다. 그래야만 상대는 우리가 주의를 기울인다고 느낀다. 그러나 그 경영자는 지나치게 사용했다. 그래서 "앵무새처럼" 들린 것이다. 그는 "정말 힘들었겠군" 혹은 "나도 그런 상황이 너무 싫어"처럼 다른 짧은 표현으로 변형했어야 한다. 둘째, 마찬가지로 중요한 실수는 그때 문자를 보내고 있었다는 사실이다. 그는 실제로 주의를 기울이지 않았고 약혼녀는 그 사실을 알았다. 상대가 휴대전화에서 눈을 떼지 못한다면 우리는 관심을 받고 있다고 느낄 수 없다.

<u>우리가 대화에 집중하지 않을 때 상대는 우리가 자기 이야기를 진지하게 받아들이지 않는다고 느낀다.</u> 그러므로 상대에게 주의

를 집중하는 것이 무엇보다 중요하다.

단계 2: 협력하기

칩은 단계 2를 활용하는 법을 설명하기 위해 특수 요원 시절에 용의자의 자백을 받아낸 사례를 들려주었다.

칩은 이렇게 설명했다. "용의자 변론 시간에는 연방 범죄 수사를 받는 용의자와 그의 변호사 그리고 사건을 맡은 검사와 특수 요원이 함께 참석합니다." 당시 사건은 팩토링 factoring 사기였다. 팩토링은 고객이나 비즈니스 거래로부터 받아야 할 돈을 금융기관으로부터 미리 받는 서비스를 말한다. 쉽게 말해서, 기업은 다른 곳에서 받아야 할 돈을 팩토링 서비스를 통해 먼저 받을 수 있다. 그리고 누구나 짐작할 수 있듯이 이러한 팩토링 서비스는 종종 사기의 대상이 된다.

칩은 당시를 이렇게 떠올렸다. "제가 맡은 사건에서 워싱턴 DC 공무원 두 명이 사기로 기소되었습니다. 두 사람은 동업자로 행세하면서 문서를 위조해 서비스를 신청했습니다."

당시 팩토링 서비스를 담당했던 금융 업체는 두 사람의 지급 요청을 처리하는 과정에서 적법성을 확인하기 위한 서류와 증거 자료를 요청했다. 그런데 워싱턴 DC 공무원이었던 두 사기꾼은 기업명이 공란으로 되어 있는 거래명세서 양식을 구할 수 있었고, 또한 양해각서와 동의서 및 서비스 비용 청구서를 쉽게 위조할 수 있었다.

두 사람은 그렇게 만든 허위 문서를 팩토링 업체에 제출했다. 팩토링 업체는 총 32만 5000달러를 네 차례에 걸쳐 지급한 후에야 무언가 이상하다는 의심을 하기 시작했다.

이후 팩토링 업체는 자체 조사를 실시했고, 결국 FBI에 연락했다. 두 사람의 사기 행각이 밝혀지기까지는 오랜 시간이 걸리지 않았다. 연방 검찰은 두 사람을 각각 기소했다. 두 피고는 각자 변호사를 선임했고 두 변호사는 각각 변론 시간을 갖기로 합의했다. 칩의 이야기를 더 들어보자.

각각의 변론 시간에는 피고와 변호사, 워싱턴 DC 감찰관, 그리고 나와 또 다른 수사관까지 총 다섯 명이 참석했다. 첫 번째 피고인(발레리라고 부르자)은 여성이었다. 그녀는 자기 주변에서 사기가 벌어지는지 전혀 알지 못했다고 강하게 항변했다. 우리는 발레리에게 그녀의 서명이 들어간 서류를 보여주었다. 그녀는 그 서류가 적법한 것이라는 다른 피고의 말을 믿었을 뿐이라고 했다. 그리고 두 사람의 상사가 적법한 서류 절차를 건너뛰고 업무를 처리하라며 자신을 압박했다고 했다. 그녀는 그렇게 서류에 서명한 것이라고 했다. 그리고 수사관의 심문을 받기 전까지 그렇게만 알고 있었다고 했다.

우리가 발레리에게 질문했을 때 그녀는 자신은 무죄이며 기소가 부당하다고 주장하면서 고함을 치고 테이블을 마구 내리쳤다. 무죄를 입증하려면 화를 내야 한다고 생각하는 듯했다. 더 많은 자료를 제시할수록 더 적대적인 태도를 보였다. 우리가 무슨 질문을 하든 울고불고하면서 무죄를 주장했다. 반응의 강도는 10점 만점에 10점이었다.

발레리는 사기에 아무런 관여도 하지 않았다고 주장했지만, 증거는 다른 이야기를 들려주고 있었다. 우리는 그녀의 계좌에 거액이 들어 있다는 사실을 확인했다. 자금 출처를 묻는 질문에 그녀는 상속받은 돈이라고 했다. 나는 논리적인 질문을 던졌다. 누가 사망했습니까? 그러자 고래고래 악을 쓰면서 끝내 이름을 대지 못했다. 나는 심문 과정에서 몇 가지를 확인했다.

- 발레리는 과장된 태도로 나를 속이려 했다.
- 그녀의 태도와 말이 서로 어긋났다.
- 누가 재산을 상속했는지와 같이 구체적인 사항에 대해서는 시종 얼버무렸다.
- 똑같은 이야기를 다시 하도록 했을 때 원래 했던 이야기에서 일부 내용이 빠져 있었다.

- 공범에게 원한을 품고 있었다.

두 번째 피고인(존이라고 부르자)에 대한 심문을 시작했을 때 그는 이 모든 일이 어떻게 벌어졌는지 전혀 알지 못한다며 잡아뗐다. 그는 서류를 보기는 했지만, 실제 범인이 누구인지 모른다고 했다. 그리고 자신은 아무런 관련이 없으며 다만 자기 업무를 했을 뿐이라고 말했다. 그러나 존이 몰랐던 것은 발레리가 그를 범인으로 지목했다는 사실이었다. 두 사람은 따로 기소되어 심문을 받았지만, 우리는 두 사람의 계좌에 관한 정보를 모두 갖고 있었다. 두 사람 모두 어떻게 그렇게 많은 돈이 계좌에 들어 있는지 납득할 만한 설명을 내놓지 못했다.

칩이 발레리가 그를 범인으로 지목했다는 이야기를 했을 때 존은 범죄에 대한 어떠한 연관도 인정하지 않았다. 그러나 이야기가 조금씩 허점을 드러내면서 조만간 무너지겠다는 조짐을 보였다. 그는 더 자주 바닥을 내려다보면서 고개를 저었고, 대화를 나누면서 자꾸 다른 길로 샜다. 어서 그곳을 벗어나고 싶어 했다.

범죄자도 공감을 원한다. 그들 역시 관심과 이해를 받고 싶어 한다. 존도 마찬가지다. 그는 이렇게 인정했다. "여기 있으니 너무 긴장됩니다. 하지만 전 죄가 없습니다. 그런 짓은 하지 않았어요."

칩은 이렇게 떠올렸다. "존은 자신이 곤경에 빠졌다는 사실을 알았습니다. 우리는 그에게 수사 과정에서 밝혀낸 사실을 알려줬습니다. 그리고 서류를 보여주면서 왜 그의 서명이 거기 있는지 물었습니다. 또한 계좌에 들어 있는 거액의 정체에 관해 물었습니다. 안타깝게도 그는 자기 행동을 변호할 마땅한 대답이 없다는 사실을 알고 있었습니다."

단계 3: 모든 상황을 이해한다는 생각을 전달하기

그러나 변론 시간에는 아무런 결론을 끌어내지 못했다. 칩은 분위기를 완전히 바꿔보기로 했다. 그는 일어나 존이 앉아 있는 쪽으로 갔다.

그러고는 이렇게 말했다. "보세요. 여기 있는 모두가 당신이 나쁜 사람이 아니라는 것을 알고 있습니다. 하지만 당신은 이번 사건에 휘말렸고, 이제 무슨 말을 하거나 어떤 행동을 해야 할지 모릅니다. 아마도 돈이 필요했겠죠. 하지만 그 돈으로 고급 자동차를 사려고 그러지는 않았을 겁니다."

그러지 존은 고개를 숙인 채 몸을 떨었다. 그는 범죄가 딘로 났다는 사실을 깨달았다. 칩은 계속 이야기를 이어 나갔다. "우리는 당신이 하지 않은 일까지 책임지길 원치 않습니다. 우리는 정황을 다 알고 있지만, 그래도 당신의 자백을 원합니다. 발레리는 당신이 자기를 여기로 끌고 왔다고 주장합니다. 결국 모든 게 당신의 생각이라고 말할 겁니다."

그때 존은 모든 걸 털어놨다. "당신 말이 맞습니다." 그는 변호사를 바라보며 물었다. "다 털어놓을까요?" 변호사는 동의했고 그는 자백을 시작했다.

칩은 존을 기본적으로 정중하게 대했다. 범죄를 저질렀지만 파렴치한 인물은 아니라는 것이었다. 그리고 돈이 필요했을 것이라고 이야기함으로써 존이 자기 자신을 더 긍정적으로 바라보도록 했다. 그리고 마음을 열고 진실을 말하도록 유도했다.

<u>공감은 비즈니스와 삶에서 연결을 만들어내는 강력한 도구다. 우리는 상대의 경험을 이해하거나 자신과 비슷한 상황에 처한 친구의 이야기를 들을 때 감정적 연결고리가 만들어진다.</u> 이러한 공감은 대부분의 비즈니스 상황에서 설득력을 높여준다.

단계 4: 집단 활동 활용하기

동기화 이론과 관련해서 인터뷰를 나누었던 신경과학자인 플래트 박사는 비즈니스 상황에서 동기화를 강화하기 위한 한 가지 방법으로 집단 활동을 언급했다. 협력 게임이나 봉사 활동과 같은 집단 활동을 할 때 사람들은 공동의 목표를 추구하고 결과에 대한 피드백을 받는다. 그리고 이러한 피드백으로 집단 활동의

강점과 약점을 분명하게 확인할 수 있다.

우리는 스토리텔링을 통해서도 사람들의 두뇌를 동기화할 수 있다. 앞서 언급한 집단 활동과 마찬가지로 스토리텔링 역시 청중이 화자에게 집중하도록 만든다. 사람들은 시선을 마주치거나 감정적 연결을 통해 하나로 연결되고 서로의 두뇌를 동기화한다.

동기화의 한 가지 명백한 긍정적인 측면은 집단의 사기를 일시적으로 높여준다는 것이다. 그러나 그보다 더 중요한 측면은 집단 구성원들을 다음번 성공을 위해 준비하도록 만들어준다는 사실이다.

기만적인 상대를 대하는 방법

용의자가 진실을 부정하거나 나쁜 행동을 하거나 자기 행동을 감추려 할 때 수사관은 긴장의 수준을 단계적으로 높인다. 목소리가 크고, 공격적이고, 험한 말을 하고, 기만적인 사람을 상대한다고 해보자. 이럴 때는 일반적인 조언에 따라, 상대와 맞서 싸우거나 똑같이 행동해서는 안 된다.

대신에 목소리의 억양과 어조, 속도를 조절함으로써 긴장 수준을 높여가야 한다. 말하는 속도를 늦추거나 빠르게 함으로써 긴장감을 고조시킬 수 있다. 논리를 바탕으로 사실에 주목하면서 상대가 무엇을 외면하려 드는지 알아내야 한다.

이야기는 어떻게 두뇌를 자극할까?

버진그룹의 회장 리처드 브랜슨Richard Branson은 이렇게 말했다. "이야기를 만들어내지 못하는 사업가는 절대 성공할 수 없다." 이 책에서 우리 두 사람도 설득의 기술을 설명하기 위해 각자의 경력으로부터 이야기를 끌어냈다. 이야기는 아이디어에 생명을 불어넣고 사람들을 참여하게 한다. 그리고 행동을 유도한다. 최근 프린스턴대학교에서 수행한 심리학 및 신경과학 분야의 연구 결과는 화자가 이야기를 시작하면 청자의 뇌파는 화자와 실제로 동기화를 이루게 된다는 사실을 보여준다.

그레그 스티븐스Greg J. Stephens과 로런 실버트Lauren J. Silbert, 우리 하슨Uri Hasson의 연구에 따르면, 경험을 공유하는 느낌은 두뇌의 다양한 영역에서 '신경 결합neural coupling' 혹은 '미러링mirroring'이라는 현상이 나타나면서 일어난다. 이야기를 들을 때 우리 뇌에서는 전두엽 피질과 함께 운동 피질 및 감각 피질이 모두 활성화된다. 이들은 이렇게 설명한다. "이야기의 결말에 대한 기대는 신경망을 활성화하고 일종의 두뇌 사탕이라고 할 수 있는 도파민을 분비하게 만든다."

연구 결과는 우리가 공감할 수 있는 이야기를 들을 때 두뇌가 도파민을 과다 분비해서 더 정확하게 기억하도록 만든다는 사실을 보여준다. 그리고 이러한 사실은 인류가 수렵·채집 활동으로 살았던 시대를 떠올리게 만든다. 그때 거대한 포식자보다 똑똑하다는 것은 삶과 죽음, 그리고 부족 전체를 위한 식량을 의미했다.

신경과학이 알려주는 설득의 타이밍

우리는 매력과 외모, 상냥한 태도가 당연히 설득력을 높여준다고 생각한다. 하지만 연구 결과는 좀 더 복잡한 이야기를 들려준다. 신경적인 관점에서 볼 때, 이야기를 듣는 청자의 상태 역시 설득 과정에서 간과할 수 없는 중요한 부분이다. 최근의 신경과학 연구는 이러한 생각을 뒷받침해준다. 2022년 《커런트 바이올로지Current Biology》에 게재된 한 논문은 이렇게 주장한다. "면역계 내부에 글루탄산염 수치가 지나치게 높으면 의사결정과 계획 수립을 담당하는 전전두 피질에 상당히 부정적인 영향을 미치게 된다."[2] 글루탄산염 수치가 너무 높거나 여러 가지 업무를 처리하기 위해 과로(6.5시간 이상)하면 의사결정 능력이 떨어지게 된다. 실험 참가자들은 피로를 느낄 때 육체적·정신적으로 쉽거나 힘들지 않은 과제를 더 많이 선택했다. 그리고 피로도가 높을수록 결정을 더 빨리 내리고 지름길을 더 많이 선택했다.

이러한 사실은 시점이 설득의 중요한 요인이라는 사실을 말해준다. 우리는 설명하려는 아이디어와 제품 혹은 서비스의 유형은 물론, 상대의 피로도와 스트레스 수준에 따라 설득의 시점을 선택해야 한다.

예를 들어 여러 명의 의사결정자가 참여하는 복잡한 계약을 맺을 경우, 오전이나 점심 식사 직후로 시점을 잡자. 고객을 상대로 프레젠테이션이나 연설을 해야 할 경우라면, 투자자와 잠재 고객의 각성 상태가 가장 높을 오전 시간을 추천한다. 사람들은 대개 오전에 정신이 가장 맑고 심리적으로 준비가 되어 있으며, 더 적극적으로 의사결정을 내리고자 한다. 일반적으로 피로를 느끼는 늦은 오후보다 신경적인 차원에서 여유가 있는 오전 시간대를 전략적으로 선택하자.

하지만 강의처럼 단기적인 이익이나 보상을 제공하는 서비스를 판매할 경우, 방문이나 광고 혹은 이메일 등을 통한 접근은 오후 늦은 시간으로 미루자. 신경과학 분야의 연구 결과는 일반적으로 사람들은 지쳐 있거나 의사결정과 관련된 피로를 느낄 때 충동구매를 하는 경향이 있다는 사실을 말해준다. 이는 이사회가 신속하게 결정을 내리도록 요구하는 경영자의 상황에도 똑같이 적용해볼 수 있다. 이상적으로 경영자는 이사회에 여러 가지 사소한 의사결정 사안을 먼저 제시하고, 반드시 승인을 얻어야 하는 중요한 의사결정 사안은 나중에 제시하는 편이 유리하다.

다음 장에서는 사람을 효과적으로 읽는 방법과 적절한 시기에 적절한 문을 여는 기술을 살펴보자.

요약

- 상대가 감정적으로 흥분한 상태에 있을 때 그들에게 공감을 드러냄으로써 관계를 형성하자.

- 상대에게 관심을 집중하는 방법을 활용하기 위해서는 상대가 처한 상황에 주목하고 그의 생각과 느낌을 이해하고 인정하려는 노력이 필요하다.

- 상대를 설득하는 시점도 함께 고려해야 한다. 여러 명의 의사결정자가 참여하는 복잡한 거래의 경우 오전이나 점심 식사 직후에 방문하자.

- 의사결정이 빨리 이루어지는 비교적 단순한 설득의 경우, 방문 시점을 늦은 오후로 미루자. 신경과학 분야의 연구 결과는 일반적으로 사람들은 지치거나 의사결정에 따른 피로를 느낄 때 충동구매를 하는 경향이 있다는 사실을 보여준다.

9장

FBI 행동 분석으로 비즈니스 경쟁력 확보하기 1.

　이번 장에서는 FBI가 행동 분석을 위해 실제로 사용하는 방법을 살펴보자. 특수 요원이 아니어도 이러한 기술을 얼마든지 배울 수 있다! 사실 이 방법은 이미 모두 알고 있는 것이기도 하다. 다만 의식적인 차원에서 이해하지 못했을 뿐이다. 중요한 고객의 감정 상태를 바로 알 수 있는가? 상사가 사무실로 들어설 때 그의 기분을 곧바로 파악할 수 있는가? 혹은 직원들의 표정만 보고도 어떤 소식인지 판단할 수 있는가?

　아델과 칩은 많은 고객에게 이런 질문을 던져봤다. 그리고 하나같이 그렇다고 답했다. 대부분, 일반적으로, 가끔이 아니라 언제나 그렇다고 장담했다. 어쩌면 당신도 지금 긍정의 의미로 고개를 끄덕이고 있을지 모른다. 그런데 그 이유는 뭘까? 우리가 던진 질문에 모두 똑같이 반응하는 이유는 뭘까? 그것은 우리에게 사람의 마음을 읽을 수 있는 능력이 있기 때문이다. 비록 자신이 어떻게 그렇게 하는지, 그리고 그러한 능력을 어떻게 계발했는지 알지 못하지만, 필요한 상황이 되면 그렇게 한다.

주변에서 행동을 쉽게 예측할 수 있는 사람을 떠올려보자. 상사, 중요한 인물, 자녀들, 가까운 친구, 비즈니스 파트너. 이러한 사람들의 공통점은 우리가 오랫동안 알고 지냈다는 것이다. 그동안 우리는 그들의 행동 패턴을 파악했다. 함께한 세월이 길수록 그들의 행동은 예측하기가 더 쉽다.

비즈니스 상황에서는 감정 상태를 파악하거나 반응을 예측할 수 있을 만큼 상대를 정확히 알 필요는 없다. 이 장에서는 다양한 상황(가령 직장이나 사교 모임, 스트레스가 높은 상황, 상사나 부하직원과 함께 있는 자리)에서 사람을 관찰하는 방법을 다뤄보고자 한다. 이를 위해 성격과 생활 습관, 태도, 꿈, 가치관, 관심사 등 사람들의 심리적 측면을 해석하는 몇 가지 FBI 기술을 소개할 것이다.

<u>생활 방식은 비즈니스와 경력에 지속적인 영향을 미치게 될 인물을 파악하기 위해 우리가 가장 주목해야 할 요인이다.</u> 그리고 마인드맵^{mind map}은 첫 만남을 준비하는 과정에서 유용하게 사용할 수 있는 최고의 기술이다.

생활 방식이 말해주는 것들

FBI가 용의자 프로필을 작성하는 이유는 바로 생활 방식을 확인하기 위해서다. 칩은 용의자를 심문하기 전에 많은 시간을 들여 조사를 한다. 모든 심문에 사전 조사가 꼭 필요한 것은 아니지만, 마약 범죄와 관련된 주요 인물이나 수백만 달러 규모의 사기를 친 인물이라면 절대적으로 필요하다.

칩의 사전 조사는 언제나 소셜 미디어와 다양한 공식 기록 혹은 용의자 지인과의 면담으로부터 얻은 기본적인 정보를 바탕으로 용의자의 심리 프로필을 작성하는 것으로 시작된다. 그러나 이 모든 것이 쉽게 얻을 수 있는 정보는 아니다. 이를 위해 일상적인 차원에서 용의자를 관찰해야 한다. 그리고 이를 통해 용의자의 심리 프로필을 작성한다. 똑같은 방식으로 비즈니스 상황에서도 상대의 마음을 읽을 수 있다. 다만 차이가 있다면 데이터를 해석하는 방식이다.

칩은 용의자 심문을 위한 효과적인 기반을 구축했다. 그는 이렇게 떠올렸다. "우리는 실질적인 정보를 구해야 합니다. 가령 오전에 심문할 계획이라고 해봅시다. 그러면 용의자가 아침에 언제 집을 나서는지 확인합니다. 그리고 커피를 마시려고 카페에 들르는지 살펴봅니다. 만약 용의자가 아침형 인간이 아니라는 사실을 확인했다면, 그 정보를 적극적으로 활용해야 합니다. 전략적 목표를 바탕으로 심문을 예정대로 오전에 할 것인지 결정해야 합니다. 아니라면 용의자의 정신이 온전히 깨어 있고 긴장이 풀릴 오후로 미뤄야 합니다."

물론 <u>생활 방식 관찰은 용의자가 아침형인지 야간형인지를 파악하는 것보다 더 깊이 들어간다. 칩은 상대의 태도와 꿈, 가치관, 믿음, 그리고 사적인 모습까지 살펴야 한다고 말한다.</u> 그 사람은 스트레스를 받거나 당황하거나 부당한 대우를 받을 때 어떻게 반응하는가? 권한을 어떻게 행사하는가? 그 사람에게 영향을 미치는 인물과 어떻게 접촉할 수 있을까? 그는 자신의 어떤 모습을 보여주려고 하는가?

우리는 생활 방식을 관찰하는 과정에서 다음과 같이 상대의 다양한 일상적인 측면을 들여다봐야 한다.

스트레스 수준: 운전 습관은 어떤가? 흡연자인가? 과음을 하는가? 감정적인 모습을 드러내는가?

일반적인 규범 준수: 가족과 시간을 보내는가, 아니면 동료 범죄자들과 어울려 다니는가? 종교 행사에 참석하는가? 팀으로 활동하는가? 시간을 잘 지키는가? 예의 바른가? 팁을 잘 주는가?

신뢰와 충성도: 조직에서 승진하려고 하는가? 아내나 연인을 속이고 있는가? 리더가 될 계획을 품고 있는가? 기업 자금을 횡령하고 있는가? 조직 내 다른 구성원에게 원한을 품고 있는가? 그 대상은 누구이며 이유는 무엇인가? 조직을 떠나겠다는 말을 한 적이 있는가?

긴장 해소 방식: 업무를 마치고 습관적으로 하는 일이 있는가? 취미가 있는가? 헬스장이나 술집에 가는가?

의사소통 방식: 전화나 문자 혹은 대면 소통을 선호하는가? 직원들을 어떻게 대하는가? 말이 많은가, 아니면 과묵하고 신중한 편인가?

그렇다고 FBI 요원처럼 상대를 추적하라는 말은 아니다. 이러한 질문들을 염두에 두고 오랫동안 상대의 심리 프로필을 구체적으로 작성해나가는 과정에서 해답을 찾을 수 있다. 그리고 이러한 심리 프로필을 통해 상대를 자세하게 이해할 수 있다. 이를 위해 상대를 만나고 나서 반드시 기록하자. 칩은 목표 대상이나 사건과 관련해서 어떤 정보가 중요한 역할을 하게 될지 알 수 없다고 말한다. 비즈니스 상황 역시 마찬가지다.

비즈니스 방식 관찰하기

이제 상사를 목표 인물로 정하고 그의 생활 방식을 관찰해서 심리 프로필을 작성하는 방식에 대해 살펴보자. 우리가 이미 아는 정보로 시작할 수 있다.

의사소통 스타일

상사가 팀원들과 교류하는 방식을 관찰해보자. 가령 대면 회의와 화상 회의, 일대일 회의, 협력 업체와의 회의, 그리고 무시무시한 줌 회의를 살펴보자. 그는 어떤 형태의 회의를 가장 편하게 생각하는가? 그리고 팀 전체 회의나 소규모 프로젝트 회의 혹은 사무실 문을 닫고 하는 일대일 회의 중 어떤 회의가 실질적인 행동으로 이어질 가능성이 가장 높은가? 또한 나쁜 소식이나 좋은 소식을 전할 때 상사의 태도와 행동을 살펴보자. 눈여겨봐야 할 경고 신호가 있는가? 부정적인 소식을 회의에서 전하는가, 아니면 이메일로 전하는가?

이메일의 힌트

이메일은 무제한으로 접근할 수 있는 최고의 데이터 원천이다. 상사가 보낸 이메일 속에는 비즈니스와 경쟁사, 고객, 시장, 적절하거나 부적절한 행동, 미래의 야심·타겟·목표, 새로운 사무소 확장, 방향·중점·장기 계획의 변화, 인사 이동, 전략적 사고 등에 관한 그의 생각이 담겨 있다. 물론 비즈니스 이메일에서는 자신을 통제된 방식으로 드러내기 때문에 개인적인 생각이나 느낌까지 파악할 수는 없다. 사람들은 이메일에서 자신이 보이고 싶은 모습만 드러낸다. 이제 이메일과 문자에서 알아낼 수 있는 몇 가지 '이야기'를 살펴보자.

- 이메일 수신자 명단에서 누가 빠졌는가?
- 이메일의 '참조' 칸에 누가 있는지에 따라 글의 내용과 스타일이 어떻게 달라지는지 분석해보자.
- 비꼬는 표현이나 공격 혹은 방어적인 표현을 사용하는지 주의 깊게 살펴보자.
- 이메일에서 직원들을 칭찬하거나 격려하는가?
- 어떤 주제를 중요하게 생각하는가? 이메일을 쓰거나 답변하는 이유는 무엇인가?

이러한 모든 정보가 유용한 것은 아니지만, 의사소통 방식에 대해 생각해봄으로써 많은 도움을 받을 수 있다.

사무실 밖에서

사무실 밖에서 어떻게 행동하는지 관찰해도 많은 정보를 얻을 수 있다. 가령 친한 고객과의 점심 식사나 퇴근 후 즐거운 시간, 외부에서 열린 회의나 회식 자리를 살펴보자. 이제 자신이 마치 FBI 요원이 된 것처럼 구체적인 사항에 주의를 기울여보자. 상대가 종업원을 어떻게 대하는지 살펴보자. 요리를 되돌려 보내는가? 직원을 무례하게 대하는가? 당신을 대할 때와는 사뭇 다른 모습인가? 고객이나 동료 앞에서 당신을 칭찬하거나 당신이 대화에 자연스럽게 끼어들 수 있도록 챙겨주는가?

무엇을 강조하는가?

<u>상사가 사무실에서 하는 행동을 오랫동안 관찰하면 무엇을 중요하게 여기는지 알 수 있다.</u> 관대하고 배려 깊은 상사는 성과를 <u>발표하는 자리에서 직원들을 칭찬한다. 그리고 주말 근무나 야근을 업무의 연장으로 여기지 않고 해당 직원에게 적절한 보상을 제공한다.</u> 그리고 젊은 직원들의 멘토를 자처한다.

상사의 문제 있는 행동도 살펴보자. 예를 들어 상사가 어떤 직원을 훈계하고 있다. 과연 그럴 가치가 있는 일일까? 혹시 그 직원은 상사의 전쟁 영웅담이나 들어주면서 시간을 때우는 아첨꾼은 아닌가? 사무실에서 가장 쓸모없는 직원이 상사의 자리를 어

슬렁거리기 시작한다면, 그것은 상사가 연약한 에고의 소유자임을 말해주는 것이다.

상사는 비즈니스 사례나 영감의 원천으로 어떤 인물이나 책을 언급하는가? 그런 책을 읽어보고 업무에 실질적인 도움이 되는지 생각해보자. 어쩌면 상사는 언급한 책이나 인물의 조언을 따르기보다 자신이 유명 인플루언서를 팔로잉하고 있다는 사실을 보여주려 한 것일 수 있다. 우리는 이러한 관찰을 통해 큰 그림을 그리고 앞으로의 행동을 예측할 수 있다. 어떤 일이 왜 일어났는지, 누가 승진했는지, 누가 탈락했는지 분명히 이해할 수 있다. 그리고 승진을 위해 계속 노력해야 할지, 아니면 일찌감치 이력서를 새로 써야 할지 판단할 수 있다.

문제 있는 상사를 관리하는 법

우리 고객인 어밀리아는 직속 상사인 재니스 때문에 많은 어려움을 겪고 있었다. 재니스는 변덕이 심하고 예측하기가 쉽지 않은 까다로운 상사였다. 그리고 그녀의 피드백은 대부분 건설적인 것과는 거리가 멀었다. 우리는 문제를 확인하기 위해 어밀리아에게 종일 상사의 행동을 관찰하도록 했다. 우리는 재니스가 관찰한 상사의 생활 방식을 바탕으로 모든 요소를 살펴봤다. 그리고 어밀리아에게 다음과 같은 질문을 던졌다.

- 재니스는 오전에 직원들을 직접 만나는가, 아니면 전화 통화를 하는가? 그때 어떤 표현을 사용하는가? 아침을 먹는가, 아니면 커피로 때우는가?

- 매일 오전에 회의를 몇 번 하는가? 자기 사무실에서 회의하는 것을 좋아하는가, 아니면 다른 장소를 선호하는가? 자기 사무실 문을 열어 놓는가, 아니면 닫아 두는가?

- 몇 시에 점심을 먹는가? 얼마나 오래 점심을 먹는가? 혹시 책상에서 혼자 밥을 먹는가?

- 회의에서 직원들과 어떻게 대화를 나누는가? 아끼는 직원이 있는가?

- 재니스의 상사는 그녀를 어떻게 대하는가? 그녀는 상사로부터 인정을 받는가, 무시를 당하는가?

- 어밀리아와 그녀가 업무를 챙기는가?

- 언제 출근하는가? 시간을 지키는가? 직원들이 지각하면 짜증을 내는가? 습관적으로 지각을 하는가? 언제 퇴근하는가?

- 직원들의 말이나 행동 때문에 화를 내는가?

- 재니스의 개인적인 상황 중에서 업무에 영향을 미치는 것이 있는가?

가장 먼저 우리는 어밀리아의 업무와 관련해서 오해가 있는지 확인했다. 우리는 재니스가 언제 자신에게 화를 내는지 떠올려보라고 했다. 그녀는 직원들의 급여를 지급해야 할 시기를 놓쳤을 때 특히 불안한 모습을 보인다고 했다. 이에 대해 우리는 마감 시한을 수시로 상기시켜 줌으로써 상사의 업무를 돕는 방법을 권했다. 이 방법은 조금 도움이 되었지만 그래도 재니스는 아직 어밀리아를 자기 편으로 생각하지 않았다.

그런데 어밀리아가 몰랐던 사실은 상사의 업무를 지원하고 그를 인정하는 일이 자신의 역할이라고 생각하지 않는다는 것이었다. 어밀리아가 이러한 역할을 적극적으로 맡기 전까지 재니스는 그녀를 신뢰하지 않았다. 최근 4주 동안 재니스는 일찍 출근해서 늦게까지 일했다. 외근에서 돌아올 경우, 재니스는 쌓여 있는 이메일을 확인하고 일정을 새로 잡는 데 많은 시간을 허비했다. 그럴 때마다 재니스는 당황한 표정으로 짜증을 냈고 어밀리아에게는 도움이 될 만한 피드백을 주지 않았다.

어밀리아는 우리가 추천한 방법을 실행에 옮겼다. 그녀는 재니스가 저녁형 인간에 가까우며 힘든 업무는 오후 3시 이후로 미루는 습관이 있다는 사실을 발견했다. 우리는 재니스가 보낸 이메일에서 철자 실수가 잦다는 사실을 발견했는데, 이는 바쁠 때면 정신이 없고 세부 사항에 주의를 기울이지 않는다는 것을 의미했다. 어밀리아는 또한 재니스가 회의 시간이나 마감 시한을 놓칠 때 쉽게 화를 낸다는 사실을 알아챘다. 어밀리아가 보기에, 재니스는 자신에게 도움이 될 만한 이야기를 들려줄 여유나 의지가 없는 듯했다. 그러나 재니스의 실수는 어쨌든 어밀리아의 업무에도 상당한 영향을 미쳤다.

그런데 재니스에게는 특별히 아끼는 직원이 한 명 있었다. 그는 크리스라는 직원으로, 재니스는 이메일이나 회의 시간에 그를 종종 칭찬하곤 했다. 어밀리아는 크리스를 별로 마음에 들어 하지는 않았지만, 재니스가 보낸 이메일을 통해 패턴을 살펴봤다. 크리스는 재니스가 원하는 일을 물어보지 않고 먼저 시작했다. 그는 상사를 다루는 법을 '아는 듯 보였다.'

어밀리아는 크리스에게 재니스를 어떻게 대해야 하는지 물어봤다. 그의 대답은 이랬다. "부모님 두 분 모두 아프시더군요. 그리고 자신이 주 간병인으로 두 분을 모두 보살펴야 하는 상황이었어요. 요양원에 들렀다가 출근한 날이면 지치고 피곤해 보였어요. 그동안 밀렸던 업무를 처리하는 데도 긴 시간이 걸렸죠. 그런데 제가 그동안 있었던 일을 요약해서 보고하면 정말로 고마워하더군요. 그만큼 부담이 줄어들었기 때문이겠죠. 제게 따로 부탁하지는 않으셨지만, 저는 그런 노력이 중요한 차이를 만들어냈다고 생각합니다."

상사는 언제 태도를 바꾸는가?

어밀리아는 재니스의 생활 방식을 검토한 뒤 사전 보고를 통해 그녀가 회의를 좀 더 수월하게 준비할 수 있도록 도왔다. 특히 재니스가 일찍 혹은 늦게 출근한 날에는 신경을 더 썼다. 어밀리아는 재니스가 부모님을 돌보느라 정신이 없다는 사실을 이해했다. 그래서 마감 시한을 계속해서 알려줌으로써 상사의 마음을 안정시켰다. 그리고 이메일에서 상사의 역할을 인정하는 글을 쓰기 시작했다. 또한 크리스처럼 재니스가 자기 생각을 물을 때 적극적으로 의견을 제시했다. 그러자 재니스는 언젠가부터 어밀리아를 친절하게 대하기 시작했다.

어밀리아는 결국 재니스가 원하는 방식대로 업무를 처리했다. 업무 관계에서 동기화가 중단될 때 대부분의 이유는 한쪽이 오해하기 때문이다. 예전에 어밀리아는 자신의 업무가 상사에게 어떤 영향을 미칠지 생각하지 않고서 그저 자기 일만 했다. 그러나 그러한 태도를 바꾸자 관계가 개선되었다.

상사가 아끼는 직원을 관찰하기

지금까지 고객이나 상사처럼 우리가 영향을 미치고 설득하고자 하는 상대를 관찰하는 방법에 대해 살펴봤다. 그러나 상대가 좋아하고 신뢰하는 사람을 어떻게 대하는지 살펴보는 방식으로도 많은 정보를 얻을 수 있다. 상대가 좋아하는 사람을 어떻게 대하는지 관찰해보자. 그 사람의 행동에서 많은 것을 배울 수 있다.

- 그 직원은 상사의 사무실에서 다르게 행동하는가?
- 유머로 대화 분위기를 부드럽게 이끌어가는가?
- 말하는 억양과 어조, 속도는 어떤가?
- 아첨꾼인가, 아니면 반대 의견도 제시하는가?
- 언어나 옷 선택에서 미러링을 드러내는가? (미러링은 관계를 형성한 상대와 비슷하게 말하고 행동하는 현상을 말한다.)
- 상사를 존경하는가, 아니면 평등한 관계를 추구하는가?
- 사람들의 이야기에 귀를 기울이고 신중하게 질문하는가, 아니면 말하기를 더 좋아하는가?
- 상사가 없으면 태도가 바뀌는가?

고객이나 상사를 다루는 법을 잘 알고 있는 사람을 관찰하면 성공적인 관계의 지름길을 발견할 수 있다. 수 주나 수 개월이 걸릴 관계 형성을 며칠의 신중한 관찰로 완성할 수 있다.

마인드 매핑과 인물 분석

생활 방식을 확인하려면 시간과 노력이 필요하다. 그런데 처음 만난 사람을 재빨리 파악해야 한다면? 이를 위해 마인드 매핑 mind mapping이라고 하는 또 다른 기술을 소개하고자 한다. 이는 일종의 자신만의 검거 상황판이라 할 수 있다. 칩은 마인드 매핑의 개념을 설명하기 위해 뉴욕에 거주하는 31세 백인 남성 재스퍼 햄턴의 이야기를 들려준다.

> 나는 금융 분야의 고소득층을 대상으로 코카인 사업을 벌이는 한 인물을 조사하고 있다. 먼저 종이 한가운데 그의 이름을 적고 동그라미를 친다. 그리고 거기서 짧은 선을 그어서 그에 관해 알고 있는 사실을 적는다. 그는 독신이다. 이성애자로 보인다. 어퍼웨스트사이드의 어느 부유한 아파트 단지에서 혼자 산다. 최신형 포르쉐 911을 몬다. 소셜 미디어에서 확인하기로, 유명 클럽에 자주 들러 VIP 룸에서 시간을 보낸다. 패션 감각이 뛰어나다. 이 모든 정보를 지도에 추가한다.
> 이제 이 정보를 바탕으로 몇 가지 추측이 가능하다. 그는 아마도 끊임없이 여성들을 만날 것이며, 그렇다면 틴더 같은 데이팅 앱에 가입했을 것이다. 도시에 사는 독신 남성에다가 돈이 많

으므로 외식도 자주 할 것이다. 옷은 어디서 살까? 어디에 돈을 쓸까? 그는 피트니스 클럽에 건강한 근육질 몸매로 멋진 자세를 뽐내는 자기 사진을 몇 장 붙여놨다. 아마도 거기서 고객들을 만나는 듯하다. 그리고 다른 이들과 함께 찍은 몇몇 사진에는 "전직 중개인 클럽"이라고 제목을 달아놨다. 중개인 자격증을 땄을까? 대형 월스트리트 기업과 관련이 있을까? 사진 속 인물들도 함께 알아봐야겠다.

이 간단한 마인드 매핑 기술로 무엇을 알아낼 수 있을까? 클럽은 재스퍼의 주요 활동 무대이며 마약 거래도 거기서 이루어질 것이다. 비밀 요원을 클럽에 투입해서 재스퍼나 그의 지인들로부터 조심스럽게 마약을 구매하는 작전도 고려해봐야겠다. 클럽 매니저 몰래 마약을 계속해서 판매하기는 힘들 것이다. 그러므로 클럽 소유주와 매니저와의 관계도 조사해야 한다. 이를 위해 재스퍼가 즐겨 찾는 클럽에 위장 취업하는 방식으로 비밀 요원들을 침투시켜야 한다. 성공한다면 재스퍼 조직의 규모를 파악하고 누가 두목인지, 누가 중간 간부인지, 그리고 누가 말단 직원이고 관련자인지 파악할 수 있을 것이다. 그리고 현재 조직 체재에 불만이 있거나 조직과 관련해서 정보를 건네려는 인물을 만날 수 있을 것이다.

칩은 마인드 매핑으로 재스퍼의 심리 프로필을 작성했다.

비즈니스 세계에서는 활동과 관심사, 태도를 기준으로 소비자를 이해하기 위해 주로 사이코그래픽스psychographics를 활용한다. 조사 기업인 CB인사이트CB Insights의 설명에 따르면, "사이코그래픽스는 나이와 성별, 인종 등 기본적인 인구 통계적 데이터를 기반으로 사람들을 분류하는 작업에서 한 걸음 더 나아간다."

우리는 사이코그래픽스로 소비자를 움직이게 만드는 인지 요인을 파악한다. 이러한 요인으로는 감정적 반응과 동기, 도덕적·윤리적·정치적 가치관, 내적 태도와 편향 및 편견 등이 있다. 가령 두 사람이 나이와 연 소득이 비슷하다고 해서 정치적·개인적 가치관까지 비슷하다고 말할 수는 없다.[1]

재스퍼에 대한 칩의 분석은 계속된다.

일반적으로 젊은 성인 남성은 힘을 과시하는 이야기와 소유물에 집착한다. 가령 고급 자동차나 근육 운동, 마약 동료에 많은 관심을 보인다. 총기는 이들 문화의 일부다. 그의 가치관은 어떨까? 그는 '규칙'을 지키고 동료들을 챙기면서 존경을 얻고, '강한 모습'을 과시한다. 조직에서 성공하려는 야심을 품고 있을까? 이 모든 질문에 대한 답은 그에 대한 심문을 준비하고 그의 마음을 돌리기 위해 반드시 알아내야 할 중요한 사항이다.

잠재 고객에 마인드 매핑 적용하기

지금 직원이 1000명 이상인 기업의 인사팀을 대상으로 서비스형 소프트웨어를 판매하는 회사에서 일한다고 해보자. 당신은 미국 남동부 해안 지역을 새롭게 맡게 되었다. 그 지역의 영업 책임자에게서 지난 2년간 계약을 갱신하지 않은 고객사들의 명단을 받았다. 그리고 이들 기업의 의사결정자를 만나 계약을 갱신하지 않은 이유를 알아보라는 업무 지시를 받았다. 또한 계약을 갱신하지 않은 기업을 대상으로 75만 달러의 매출을 올리라는 목표가 주어졌다. 그것도 30일 안에 말이다.

여기서 당신이 가장 먼저 해야 할 일은 영업사원들을 모아 회의를 하고, 이전 기업 고객들의 상황을 파악해서 투자 가능한 예상 규모를 기준으로 순위를 매겨보는 것이다. 당신은 영업사원들에게 그 지역의 상위 10퍼센트 고객 기업을 중심으로 담당자 연락처를 업데이트하도록 지시했다. 다음으로 이들 기업의 마인드맵을 함께 작성해보자고 제안했다. 먼저 다음 항목의 정보를 담은 스프레드시트 자료를 팀원들에게 나눠준다.

- 기존 담당자

- 새로 바뀐 담당자

- 직급과 근무 연수

- 조직 내 승진 상황

- 외부 채용

- 신규 전입

- 이전 거주 지역

- 이전 기업

- 퇴사 이유

- 가족 규모

- 새로운 임무

- 기존과 비슷한 임무

- 이전 직함

- 성적 지향

- 경쟁사로 넘어온 이유

모든 영업사원에게 기존 고객 중 지출 규모를 기준으로 상위 열 곳을 선정해 마인드맵을 작성하도록 한다. 그런데 플로리다 지역 최대 업체의 담당자가 바뀌었다고 해보자. 새로운 담당자는 도나 켄싱턴이라는 직원이다. 이 업체를 맡은 영업사원은 종이 한가운데 '도나 K'라는 이름을 쓰고 그 주위로 동그라미를 그린다. 그리고 스프레드시트를 보고 도나가 플로리다 지역의 최대 가정용 및 사업용 맞춤형 차양막 제조 및 설치 기업에 최근에 입사했다는 사실을 확인한다. 또한 예전에 네브래스카 지역의 기업들을 대상으로 인사 및 급여 서비스를 제공하는 업체를 운영했다는 사실도 파악했다. 도나는 작년에 가족과 함께 플로리다로 이사를 왔다.

그러나 도나가 자기 사업을 접고 남부 지역의 중소기업에 취직한 정확한 이유는 알지 못한다. 어쩌면 네브래스카의 겨울이 지긋지긋했는지 모른다. 그 이유에 관심을 기울일 필요가 있다. 대화의 분위기를 부드럽게 만들어줄 잡담의 좋은 소재이기 때문이다. 소셜 미디어에서 확인한 바에 따르면, 도나에게는 중학교에 다니는 두 딸과 냉난방 장비 설치 분야에서 일하는 남편이 있다. 여기서 우리는 다음 〈표 9-1〉 모형을 바탕으로 추가적인 정보를 얻을 수 있다.

이제 우리의 영업사원은 도나에 대해 알고 있는 모든 정보를 살펴보고 객관적인 정보를 기반으로 추측해볼 수 있다. 우리가 바라는 것은 영업사원이 대화를 위한 공통 주제와 도나에게 도움을 줄 방법을 알아내는 것이다. 가령 도나는 두 아이의 엄마로서 보육에 관한 도움이 필요할 것이다. 그렇다면 그 동네에서 가장

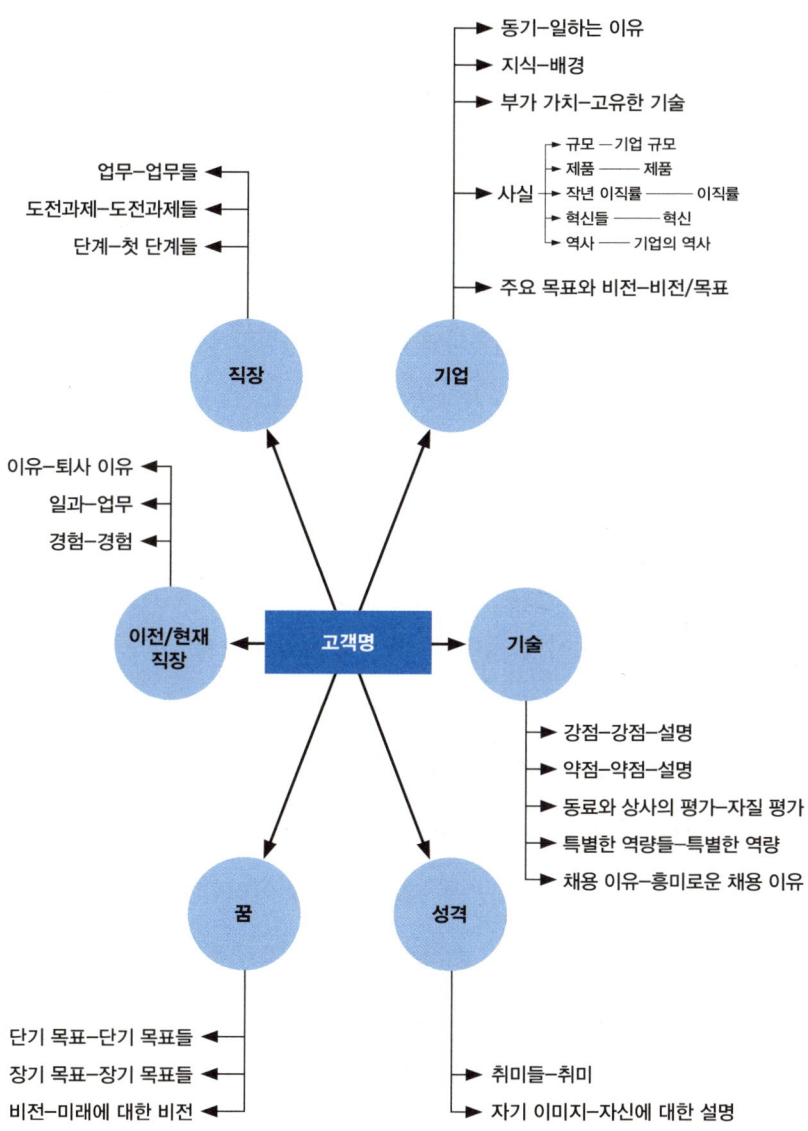

〈도표 9-1〉 고객 마인드맵 모형

평이 좋은 학교와 소아과 병원, 치과 병원, 개인 교습고, 여름 캠프, 체계적인 스포츠 프로그램에 관한 정보를 구해서 도움을 줄 수 있다. 도나는 새로 이사 온 지역과 회사에 대해 아직 잘 알지 못하므로 당연히 자신의 전문성을 알리고 인맥을 넓히길 원할 것이다. 그렇다면 플로리다 지역의 사교 모임이나 여성 단체의 목록을 작성해서 건네준다면 분명히 고마워할 것이다.

낯선 사람과 관계 맺기

위 사례에서 영업사원은 경험 많은 직원에게도 힘든 과제를 처리할 수 있는 도구를 확보했다. 그 과제란 처음 만나는 사람과 관계를 형성하는 것을 말한다. 최고의 인질 협상가와 영업사원, 관리자, 사업가도 첫 대면에서는 때로 당황한다. 특히 만남이 온라인으로 이루어진다면 더 그렇다. 이제 이러한 첫 만남을 부드럽게 이끌어갈 수 있는 몇 가지 비결을 소개하고자 한다.

중심을 잡고 차분함을 유지하기

목소리와 표정은 상대의 감정 상태에 뚜렷한 영향을 미친다. 중요한 만남에 앞서 심호흡을 통해 마음을 차분히 가라앉히자.

그리고 이 만남의 목적을 다시 떠올리자. 스트레스가 높다면 마음을 차분히 유지해주는 기술을 활용해서 긍정적인 모습을 보여주자. 최종 목표가 관계 개선이나 아이디어에 대한 설명 혹은 계약 체결이든 간에 이러한 점을 끝까지 염두에 두자.

계약 내용을 조율하거나 직원에게 책임을 묻는 것처럼 민감한 사안에 관해 이야기를 나눠야 할 경우, 여유를 갖고 차분함을 유지하면서 이후 재논의를 제안하자. 그러나 논의를 미룰 수 없다면, 논쟁이 되는 사안으로 돌아가기 전에 대화의 방향을 다른 주제로 전환하자. <u>충돌을 피할 수 없는 당면 과제를 해결해야 한다면, 상대의 입장을 포용하는 자세를 취하자. 이렇게 말하자. "적절한 지적을 하셨습니다." 상대의 말에 주의를 기울이고 있다는 인식을 전할 뿐 아니라 상대에게 숨을 쉬고 생각할 여유를 허용해야 한다.</u> 차분함을 유지할 때 이러한 방법들은 많은 도움이 될 것이다.

잡담을 멈춰야 할 때

정답이 없는 자유로운 질문을 중간에 틈틈이 하자. 가령 취미나 유명인, 여행, 옛날 텔레비전 프로그램, 영화 등 종교나 정치 이야기만 아니면 뭐든 좋다. 이러한 질문으로 상대가 무엇을 좋아하고 누구를 존경하는지 알 수 있다. 그리고 상대의 믿음과 가치관에 관한 실마리를 얻을 수 있다. 사회 정의를 중요하게 여기는가? 권력이 전부인 사람인가? 전통을 중요하게 여기는가, 아니면 개성을 중요시하는가? 만약 공통된 가치관을 발견한다면 친밀한 관계로 신속하게 넘어갈 수 있다. 짧은 격려의 말도 도움이 된다. "맞습니다" 혹은 "무슨 말씀인지 알겠습니다"처럼 추임새를 적절히 넣어서 대화를 자연스럽게 이어 나가자.

하지만 상대가 '전적으로 비즈니스 중심적인' 사람이거나 이후 일정에 많은 회의가 남아 있을 수도 있다. 이러한 이유로 상대가 잡담에 별 흥미가 없다면 본론으로 곧장 들어가자.

요약

- 생활 방식을 분석함으로써 자신의 비즈니스와 경력에 지속적인 영향을 미칠 상대를 잘 이해할 수 있다. 이를 위해 상대의 행동을 분류하고 분석하는 방식으로 그의 태도와 가치관, 자기 인식, 꿈을 파악해야 한다.

- 비즈니스 상황에서 생활 방식을 확인하기 위해 의사소통 스타일과 이메일, 사무실 외부 활동, 반복해서 강조하는 주제에 주목하자.

- 마인드맵은 첫 대면에 앞서 상대의 기본적인 성격을 파악하는 도구다. 상대의 관심사와 가정생활, 경력을 조사하자. 그리고 첫 만남에서 자유로운 형태의 일상적인 질문을 던지자. 단, 상대가 비즈니스 이야기만 하고 싶다는 신호를 보낸다면 즉각 멈추자

10장

경쟁력 확보 2: 두 유형의 설득자 이해하기

IQ 288로 최고 기록 보유자이자 잡지 《퍼레이드》의 칼럼니스트인 메릴린 보스 사반트는 물론 똑똑한 사람이다. 그녀는 말한다. "머리와 가슴이 서로 다른 이야기를 한다면, 행동하기에 앞서 머리가 더 나은지 가슴이 더 나은지 판단해야 합니다." 이러한 머리/가슴 이분법은 진부한 논쟁처럼 들리기도 하지만, 사반트의 말은 설득 기술과 관련해서 중요한 의미가 있다.

우리는 두 가지 유형의 설득자가 있다고 생각한다. 감정에 주목하는 사람, 그리고 사실에 주목하는 사람이다. 우리는 자신의 설득 방식이 감정적인지, 사실 중심적인지 이해할 필요가 있다. 그래야 지나치게 감정적으로 흐르거나, 반대로 과도하게 무미건

조해지지 않게 조율할 수 있다. 또한 이러한 설득 유형은 듣는 이에게도 적용된다. 머리 유형인 설득자가 가슴 유형인 상대에게 연구와 통계 자료를 마구 퍼붓는다면, 공감을 끌어내기 힘들 것이다. 반대로 가슴 유형인 사람이 뜨거운 열정으로 머리 유형의 상대를 압박한다면, 상대는 진지하게 받아들이지 않을 것이다.

자신과 상대 모두 머리 유형이라고 해보자. 그렇다면 숫자와 데이터에 주목함으로써 경쟁력을 확보할 수 있다. 반대로 둘 다 가슴 유형이라면? 감정적인 주장으로 상대의 공감을 자극함으로써 그럴 수 있다. 상대는 우리가 미끼를 던진다는 걸 알면서도 유혹을 뿌리치지 못할 것이다. 너무 달콤해 보여서 썩은 생선 조각이라고 생각하지 못할 것이다.

50퍼센트 머리와 50퍼센트 가슴 유형인 사람들끼리 만나는 경우는 드물다. 우리의 경험에 따르면, 대부분 70/30 유형이다. 자신의 고유한 설득 유형을 이해한다면, 약점을 보완함으로써 자신의 주장을 다른 방식으로 제시할 수 있다. 상대의 유형도 파악한다면 효과는 배가될 것이다.

아마도 머리와 가슴 유형에 해당하는 주변 사람을 알고 있을 것이다. 감정적 설득자는 개인적인 일화나 사례를 바탕으로 특정한 감정을 전달하려 한다. 반면 이성적 설득자는 사실과 수치를 기억해서 데이터 스스로 이야기하도록 만든다. 지금부터는 두 가지 유형의 설득자와 그들이 사용하는 기본적인 기술을 자세히 살펴보자.

감정에 호소하는 감정적 설득자

감정적 설득자는 강한 감정을 활용한다. 그의 이야기는 강력하다. 그러나 거기에는 과장과 오류가 섞여 있을 수 있다. 일반적으로 감정적 설득자는 쉽게 반박하기 어려운 개인적인 경험을 제시한다. 이들은 다양한 이야기로 사람들을 설득한다.

이러한 유형의 설득자를 이해하려면 그의 이야기 속에서 가장 과장이 심한 부분에 주목해야 한다. 이를 통해 그가 보완하거나 숨기려는 것을 알 수 있다.

예를 들어 부동산 중개인은 구매자가 무엇을 원하고 필요로 하는지 확인하고 감정적 연결고리를 통해 설득한다. 중개사 보니는 줄리에게 매물로 나온 집을 보여주면서 집주인이 부엌을 얼마나 잘 꾸며 놓았는지 강조했다. 그러나 1980년대에 유행했을 법한 벽지나 하늘색과 분홍색 타일 조합의 낡아빠진 두 욕실은 대충 얼버무리고 지나갔다. 두 욕실 모두 새로 공사를 해야 할 상태였지만, 중개인은 그러한 사실을 언급조차 하지 않았다. 대신에 집주인 가족들이 탁 트인 부엌에서 누렸던 즐거움과 그 기억에 집중했다. 중개인은 줄리 부부에게 열정적으로 부엌을 소개했고, 햇살 가득한 부엌 조리대 위에 놓여 있던 애플파이와 함께 감사의 편지까지 전했다. 이는 욕실에는 신경 쓸 필요 없다는 중개인의 신호였다. 욕실에 집중할 경우 금액을 깎아달라는 요청을 하게 될 것이기 때문이었다.

감정적 설득자의 부작용

얼마 전 만난 잠재 고객은 우리의 직감을 건드리는 행동을 했다. 그는 자신의 요구와 의도, 비즈니스 사안에 관해 설명하기 전에 사적인 이야기들을 늘어놨다. 대부분 오랫동안 알고 지낸 후에야 할 법한 이야기였다. 가령 자신이 당했던 끔찍한 자동차 사고에 관해 이야기하면서 사방에 피가 튄 장면을 지나치게 자세하게 설명했다. 딱히 반박할 구석은 없었다.

그는 사고에 심한 죄책감을 느낀다고 했다. 그리고 그 뒤로 삶을 대하는 태도가 완전히 달라졌다고 했다. 자신은 다치지 않았지만, 친구는 사고로 몸이 마비되고 말았다. 그리고 아마도 백번은 족히 했을 이야기를 하면서 분노와 격한 감정을 드러냈다. 그의 이야기는 우리에게 의뢰하려는 프로젝트와는 아무런 상관이 없었지만, 그는 계속해서 우리를 자신의 이야기 속으로 끌어들이려고 했다. 결국 우리가 그의 말을 끊으려고 했을 때, 그는 갑자기 분위기를 전환해서 거래 조건을 수정해 새로 계약을 하자고 했다.

우리는 대화를 중단하고 시간을 달라고 요청했다. 이후 칩은 상황을 파악하기 위해 그 잠재 고객과 함께 일한 적이 있는 사람을 만났다. 그 고객이 했던 이야기와 우리가 느낀 직감에 관해 이야기하자 그는 대뜸 이렇게 말했다. "그 사람과 가까이하지 마세요." 그러고는 자신에게도 똑같은 수법으로 자기 이야기에 억지로 공감을 끌어내고자 했다고 말했다.

개인적인 비극을 이용한 그의 기술이 그 사람에게는 먹혔을지 몰라도, 우리는 별로 기분이 좋지 않았다. 사실 우리도 그의 이야기에 감정적으로 몰입한 나머지 당시 그가 제시한 계약 조건이 그리 부당하게 보이지 않았다. 그러나 다행스럽게도 홍보와 FBI 수사 분야에서 오랜 경력을 쌓은 덕분에 우리 두 사람은 그의 속셈을 알아차릴 수 있었다.

우리는 이 사례를 통해서 상대가 비도덕적인 방식으로 우리의 감정을 흔들려고 할 때 유의해야 할 점에 관해 설명하고자 한다. 다행스럽게도 감정적 설득자가 대부분 이처럼 기만적이지는 않다. 가령 아델의 어머니도 아주 노련한 감정적 설득자였다. 이탈리아계 미국인 가족에게 음식은 정말로 중요하다. 덕분에 소녀 시절의 아델은 무척 운이 좋았다. 친구들이 학교에서 샌드위치로 점심을 때울 때 아델은 마늘 향이 나는 가지에 파르메산 치즈를 얹은 요리를 먹었다. 형제·자매와 아델까지 모두 집을 떠난 뒤, 어머니는 코스트코에 상품 홍보 직원으로 취직했다. 거기서 어머니는 헤어네트를 비롯하여 다양한 제품을 팔았다.

어느 날 어머니는 닭고기를 홍보하게 되었다. 그런데 닭고기로 만든 심심한 시식 요리가 별로 마음에 들지 않았던 어머니는 마늘 가루가 첨가된 소금을 업소용 패키지로 가져와 요리했다. 그날 어머니의 상사는 왜 그렇게 많은 사람이 닭고기와 함께 마늘 가루가 들어간 소금을 사는지 알지 못했다. 결국 닭고기 품절 사태가 벌어졌다. 어머니는 모든 손님에게 이탈리아 할머니의 요리법을 자세히 설명해주었다. 사람들은 어머니의 이야기를 좋아했고, 어머니는 모든 요리(디저트만 빼고)에 마늘 가루가 들어간 소금을 사용한다고 했다. 그 이야기를 들은 사람들은 닭고기와 마늘 가루가 든 소금을 사기 위해 줄을 섰다. 어머니는 고객들과 감정적 연결고리를 만들었고, 이는 실제 구매로 이어졌다.

자료에 기반을 두는 사실 중심적 설득자

사실 중심적 설득자는 자신의 주장을 정당화하기 위해 통계 수

치나 연구 자료를 먼저 제시한다. 그는 진실의 공정한 중재자임을 자처한다. 그러나 그가 거짓말을 하지 않는다는 보장은 없다. 그는 때로 양쪽 입장을 동시에 보여준다. 먼저 자신의 견해와 반대되는 주장을 제시하고, 다음으로 그 주장을 공격해서 허물어뜨린다. 그리고 이러한 기술로 상대가 충분히 생각하기도 전에 반박을 차단한다. 우리는 이러한 데이터 중심적 설득자가 제시하는 정보 중에서 잘못된 것은 없는지 꼼꼼히 살펴야 한다. 이를 통해 그가 무엇을 숨기고 보완하려 하는지 알 수 있다.

이러한 유형의 설득자를 알아차리기는 어렵지 않다. 그들은 언제나 새로운 연구 결과와 조사 자료 혹은 데이터를 내세워서 자기 입장을 옹호하고 제품을 판매한다. 그리고 분석적인 접근 방식으로 모든 의사결정에서 잠재적인 결함을 발견한다. 이는 주장의 허점으로부터 자신을 지키기에 유용한 방식이다.

이와 관련해서 딱 맞는 사례 하나를 살펴보자. 아델은 칩과 함께 《우연한 천재 Accidental Genius》의 저자인 마크 레비 Mark Levy를 만나 이야기를 나누었다.¹ 그날 마크는 콘텐츠 마케팅 월드 Content Marketing World라는 행사에 참석한 이야기를 들려주었다. 거기서 그는 청중의 이목을 완전히 사로잡은 한 강연자의 이야기를 듣는 와중에 치명적인 실수 하나를 발견했다고 했다.

강연자는 다양성에 관한 주장을 펼치기 위해 이렇게 말했다.

"미국 사회에서 성공한 이들은 모두 키 큰 백인 남성입니다. 실제로 역사상 미국 대통령들 모두 182센티미터가 넘었습니다." 하지만 역사광인 마크는 그 말을 인정할 수 없었다. 그의 기억에 제임스 매디슨과 존 애덤스는 그렇게 키가 크지 않았다. 즉각 호기심이 일었다. 그리고 강연이 이어지는 동안에 스마트폰으로 재빨리 검색했다. 제임스 매디슨 대통령의 키는? 마크의 직감이 옳았다. 매디슨 대통령의 키는 163센티미터 정도였다. 강연자의 실수였다. 게다가 미국 대통령 중에서 182센티미터가 안 되는 사람은 스물여섯 명이나 되었다. 그 사실을 확인하자 강연자의 이야기는 더 이상 귀에 들어오지 않았다. 신뢰를 완전히 잃었기 때문이다.

감정과 사실의 조화를 유지하자

워싱턴 DC에서 활동하는 리더십 컨설턴트인 우리 두 사람은 정치와 관련된 위기 의사소통 작업도 많이 진행했다. 어느 날 어느 정신 건강 분야 협회의 대표가 특이한 문제를 들고 우리를 찾아왔다. 당시 그 협회는 연례 콘퍼런스 행사를 준비하고 있었다. 행사를 주최할 도시를 정하고 호텔과 음식 공급 업체를 선정하고 있을 무렵, 상담사들이 인정하지 않는 생활 습관을 가진 환자에 대한 진료 거부를 허용하는 법안을 지역 정치인이 통과시켰다. 이는 그 협회가 추구하는 가치와 정면으로 충돌하는 것이었다.

협회 대표는 다양한 종합병원 및 개인 병원에서 일하는 상담사들로 구성된 협회의 이사회를 설득해서 항의 차원에서 행사 장소를 옮길 수 있게 도와달라고 우리에게 요청했다. 대표는 이사회 사람들에게 일일이 전화를 걸어 장소 이전에 필요한 비용에 관해 설명했다. 거기에는 호텔 및 콘퍼런스 센터의 예약을 취소하고, 또한 다른 지역에서 행사를 계획하는 과정에 들어가는 예산이 모두 포함되었다. 행사 장소를 옮길 경우 협회는 당장 129만 달러의 비용을 부담해야 했고, 이후에 수십만 달러를 추가로 지출해야 했다. 이로 인해 이사회가 쉽게 결정을 내리지 못하는 상태에서 시간만 흐르고 있었다. 바로 그 시점에 대표는 우리를 찾았다.

이처럼 이사회와 같은 <u>하나의 집단을 설득하고자 할 때 우리는 집단 내부에 감정적 설득자와 사실 중심적 설득자가 모두 존재한다는 사실을 이해해야 한다</u>. 당시 대표는 이사회 구성원 모두 콘퍼런스 장소를 옮기는 것이 '올바른 선택'이라고 생각한다고 확신하면서 비용에 관해 설명했다. 그러나 행사 장소를 옮겨야 한다는 그의 사실 중심적 주장은 이사회 승인을 얻기에 충분치 못했다.

우리는 이사회 사람들이 새로운 법안과 행사 장소를 옮기는 결정에 대해 어떻게 생각하는지 알아보기 위해 협회 차원에서 설문조사를 실시했다. 그리고 대표가 설문조사 결과를 이사회에 전달하자 그들은 입장을 내놓기로 결정했다. 감정적 설득자들은 이사회가 차별을 허용하는 법안에 대해 어떻게 생각하는지를 강조했고, 사실 중심적 설득자들은 설문조사 결과를 지적했다. 협회의 이러한 행보는 여러 곳에서 좋은 반응을 얻었고, 업계의 전문지는 그 내용을 표지 기사로 다루었다. 게다가 우리 고객인 협회 대표는 이사회 결정을 강하게 밀어붙인 영웅으로 이름을 알렸다.

원하는 것을 얻기 위한 3단계 공식

설득력이 강한 사람은 아이디어와 서비스, 개념을 설명할 때 감정적 설득 기술과 사실 중심적 설득 기술을 모두 활용한다. 그가 사람들을 설득하는 과정을 살펴보자.

- 상대의 기본적인 설득 유형을 파악한다.
- 상대가 제기할 반박을 예측한다(상대의 걸림돌은 무엇인가?).
- 상대의 주장을 그의 기본적인 스타일로 인정한다. (예를 들어, 감정적 유형: "이 점에 대해 흥분하시는 건 당연합니다." 사실 기반 스타일: "74퍼센트가 올바른 선택이라는 데 동의합니다.")

어떠한 주장도 상대가 손을 번쩍 들고 이렇게 말하도록 만들 수 없다. "당신 말이 맞습니다. 100퍼센트 제가 틀렸습니다." 아무리 원해도 이런 일은 일어나지 않는다. 그러므로 설득력을 높이려면 상대가 중요하게 생각하는 가치를 존중해야 한다.

상대의 스타일을 이용하자

3단계 공식을 영리하게 활용한 사례를 한 가지 소개한다. 경영자로 성공을 거둔 다라는 40세를 맞이해서 자축하는 의미로 메르세데스 컨버터블을 사려고 했다. 다라는 그 브랜드에 대한 감정적 애착이 강했고, 그 모델을 '성공'의 증거로 생각했다. 그런데 금융사기 사건을 전문으로 하는 변호사인 다라의 남편 드루는 목돈이 들어가는 소비는 웬만해서 하려고 하지 않았다. 특히 사치스럽다고 생각하는 구매는 더 그랬다. 소비에 대한 남편의 태도를 많이 겪어본 다라는 자신의 설득 전략을 사실 중심적 유형으로 전환해서 다음과 같이 긴 목록을 제시했다.

- 메르세데스는 시장에서 가장 신뢰할 만한 최고 등급의 럭셔리 자동차다.
- 모든 컨버터블 자동차 중에서 메르세데스 컨버터블이 가장 안전하다. 지금까지 최고 안전성을 기록하고 있다.
- 이 자동차의 가치는 럭셔리 클래스 자동차 중 어느 브랜드보다 더 오래간다.

다음으로 다라는 결정적인 한 방을 날렸다. 드루가 반대하는 핵심에 정면으로 부딪쳤다. 다라는 자신의 모든 매력을 총동원하여 부드럽게 말했다. "메르세데스를 좋아하는 내게도 좀 사치스러운 소비란 걸 알아. 그래도 조사 결과는 이 자동차가 대단히 합리적인 선택이라는 사실을 보여주고 있어."

우리는 3단계 공식이 어떻게 작용했는지 확인할 수 있다. 그런데 다라는 여기에 우리가 콜백call back이라고 부르는 기술을 추가했다. 즉 드루의 설득 스타일을 기반으로 자신의 감정적 스타일을 그의 관점에서 활용해 이렇게 말했다. "좀 사치스러운 소비란 걸 알아." 자기 생각을 중요하게 여긴다고 느낀 드루는 무장해제를 당하고 말았다. 결국 부부는 그 차를 샀다.

상대의 성격 기반 파악하기

이 장을 시작하면서 언급했듯이 사람들 대부분 두 가지 스타일 중 하나를 선호한다. 둘을 공평하게 선호하는 경우 혹은 한 가지를 극단적으로 선호하는 경우는 드물다. 물론 인간의 행동은 일관되게 비일관적이다. 우리는 어떤 일을 하겠다고 말해놓고는 완전히 다른 일을 하는 사람을 보고 깜짝 놀라곤 한다. 또한 대화도 예측할 수 없는 막다른 골목으로 종종 들어선다. 우리는 당신이 효과적인 설득 도구함을 갖추도록 도와줄 수 있다. 그러나 사실 우리도 완벽한 설득 기계는 아니다.

상대의 성격 기반을 그려보면 설득력을 높이고 이용당할 위험을 낮출 수 있다. 성격 기반이란 한 사람이 행동하고 반응하는 일반적인 방식을 말한다. 우리는 상대가 강하게 반발하는 지점을 포착함으로써 그의 성격 기반을 짐작해볼 수 있다. 상대의 행동 패턴을 관찰하면 그의 사고방식을 이해할 수 있다. 그리고 상대의 성격 기반을 통해 주장을 어떻게 펼쳐나가야 할지 가늠할 수 있다. 감정적인 주장에 반감이 있는 상대를 설득하려면 더 많은 정보가 필요할 것이다. 반대로 상대가 감정적인 유형이라면 설득 과정에 인간적인 요소를 더 많이 집어넣어야 한다.

칩은 FBI 시절에 거짓말 탐지기를 사용하는 경우를 많이 지켜봤다. 심지어 몇 번 기계 안에 직접 들어가보기도 했다. 거짓말 탐지기를 조작하는 사람은 심문 중에 일부러 잡담을 해 용의자의 긴장을 풀고 주의를 흩뜨린다. 그리고 대답을 알고 있는 질문을 던졌을 때 어떻게 반응하는지 살핀다.

칩은 이러한 질문을 던진다.

- 당신의 이름은 _____ 입니다. 진실입니까, 거짓입니까?

- 당신은 _____에 태어났습니다. 진실입니까, 거짓입니까?
- 당신은 델라웨어 출신입니다. 진실입니까, 거짓입니까?
- 다음 질문에는 거짓으로 대답하세요. 당신은 델라웨어가 아니라 뉴욕에서 태어났습니다. 진실입니까, 거짓입니까?

마지막 질문은 용의자가 거짓말에 어떻게 반응하는지 확인하기 위한 거짓 질문이다. 이를 참조해서 용의자의 대답 중 거짓말을 골라낼 수 있다. 거짓말 탐지기를 조작하는 사람도 성격 기반을 알아내기 위해 잡담을 활용한다. 우리도 비즈니스 상황에서 잡담의 중요성을 간과해서는 안 된다. 실제로 잡담을 나누다 보면 상대에 관해 많은 것을 알 수 있다.

물론 잠재 고객이나 직원 혹은 비즈니스 파트너에게 거짓말 탐지기를 해보라고 권하지는 않는다. 그러나 우리는 관찰의 힘을 활용해서 상대의 성격 기반 프로필을 작성해볼 수 있다. 이를 위해 첫 만남 후 포렌식 듣기를 하자. 그리고 상대에 관한, 그리고 상대가 받고자 하는 대우에 관한 중요한 사실을 기록하자. 최근에 터진 정치 및 법률 스캔들에서 볼 수 있듯이, FBI 요원과 법률가들은 만나서 이야기를 나눈 뒤 구체적인 설명과 표현이 아직 마음속에 생생하게 남아 있을 때 상당히 많은 양의 기록을 하도록 훈련받는다. 이러한 습관을 들일 때 우리는 구체적인 정보를 쉽게 흘려버리는 이들보다 한 걸음 더 앞서 나갈 수 있다.

그렇다면 어느 정도의 성격 기반을 파악해야 할까? 그것은 우리가 형성하고자 하는 관계에 달렸다. 다양한 상황 속에서 상대를 바라보자. 그리고 상대가 스트레스 상황에서 어떻게 반응하는지 살펴보자.

- 까다로운 질문에 감정적으로 대답하는가, 아니면 사실과 수치 혹은 다양한 '증거'를 바탕으로 대답하는가?
- 자신의 성공과 실패에 관한 이야기를 하도록 유도했을 때 어떤 방식으로 설명하는가? 난관에 어떻게 대처했는가? 곧장 다른 사람을 비난하는가?
- 당신에게 아첨하는가? 만약 그렇다면, 아첨에 익숙한 사람인가? (물론 당신이 그가 아첨을 한다는 사실을 눈치챘다면, 아마도 아첨에 익숙한 사람은 아닐 것이다!)
- 자기 자신에 대해 어떻게 이야기하는가? 은근히 자랑하는 편인가? 노골적으로 뽐내는가? 아니면 조심스러운 태도로 대화의 주도권을 당신에게 넘기는가? 자기 자신에 관한 이야기에서 특히 무엇을 중요하게 여기는지 파악하자.
- 안내원에서 CEO에 이르기까지 다양한 사람들을 어떻게 대하는지 관찰하자.

상대의 성격 기반을 항상 파악할 수 있는 것은 아니지만, 다양한 상황에서 어떻게 반응하는지 살펴본다면 더 많은 것을 이해할 수 있다.

물론 첫인상만으로 성격 기반을 파악할 수는 없다. 사람들 대부분 누군가를 처음 만날 때 생각을 솔직하게 표현하거나 긴장을 완전히 풀지는 못한다. 상대의 성격 기반을 어느 정도 파악하려면 적어도 서너 번 만나서 관찰해야 한다. 그래도 첫 만남에서 상대의 행동 방식을 유심히 살펴본다면 그가 스트레스 상황에서 어떻게 행동하는지 어느 정도 짐작할 수 있다.

미국인 2000명을 대상으로 실시한 연구에 따르면 10명 중 7명(정확하게 69퍼센트)은 상대가 말을 시작하기도 전에 첫인상을 형성한다고 한다. 첫 만남에서 상대를 관찰하고 그 내용을 기록하는 것은 꼭 필요한 일이다. 중요한 비즈니스 관계를 구축하려면 끊임없이 기록하자. 특히 성격의 차원에서 주요한 일관성과 비일관성을 기록하자.

성격적 일관성과 비일관성

프린스턴대학교의 한 연구 결과는 페이스북 '좋아요'로 성격적 특성을 확인할 수 있다는 사실을 보여준다.[2] 실제로 소셜 미디어 기업들은 사용자가 특정 앱에서 어떻게 행동할지를 예측하고 모형화하는 기술을 갖추고 있다. 사람의 행동을 들여다보는 스마트폰 기업들의 첨단 기술에 때로 섬뜩한 느낌이 들기는 하지만, 우리는 바로 이러한 형태의 행동 모델링을 통해서 중요한 정보를 알아낼 수 있다. 우리가 활동하는 분야에서 이러한 모델링 기술을 직접 활용하는 방법을 익히는 노력은 대단히 중요하다.

우리가 말하는 '대표적 성격 일관성signature personality consistency'이란 세 가지 이상의 상황에서 개인이 드러내는 행동 패턴을 말한다. 우리는 이 패턴을 통해 한 사람이 앞으로 어떤 방식으로 행동할지 예측할 수 있다. 관계를 형성하고자 하는 상대의 행동을 분석함으로써 고객 서비스와 세일즈, 협상, 그리고 개인적인 삶에서 큰 차이를 만들어낼 수 있다.

분석 과정이 그리 어려워 보이지 않는다고 해도, 사람들은 상황에 따라 일관적이지 않은 모습을 종종 드러낸다는 사실을 명심하자. 즉 우리는 대표적 성격 비일관성에 주목해야 한다. 인간은 일관적으로 비일관적이다. 이 말은 사람들이 한결같이 비일관적인 모습을 반복적으로 드러낸다는 뜻이다.

예를 들어 대부분 차분하고 느긋하게 행동하지만, 때로 사소한 문제로 이성의 끈을 놓아버리는 사람이 있다면, 그는 대표적 성격 비일관성을 드러내고 있는 것이다. 우리는 그 사람의 정상적인 상태와 극단적인 상태의 차이에 주목하고, 그가 극단적인 상태를 드러낼 때 접근 방식을 바꿔야 한다.

물론 상대의 성격을 파악하려면 적잖은 시간이 필요하다. 그건 FBI 특수 요원도 어쩔 수 없는 일이다.

FBI의 두 가지 핵심 질문: 무엇이 그대로이고 무엇이 달라졌나?

FBI의 수사 일정은 사건마다 다르다. 어떤 수사는 2주 만에 끝나지만, 다른 수사는 2년 내내 이어진다. 수사 요원 시절 칩은 정치인의 선거 캠프에서 일하는 한 직원이 자신에게 의도적으로 접근해왔다고 주장하는 건축업자에 관한 수사를 맡은 적이 있었다. 건축업자는 그 직원이 선거 후원을 요구했다고 주장했다. 그리고 후원하지 않으면 자신의 상사가 지역 내 모든 건축 허가를 취소해버릴 것이라고 협박했다. 칩의 수사팀은 건축업자를 다시 만나 무엇이 그대로이고 무엇이 바뀌었는지 알아보기로 했다. FBI는 이러한 접근 방식을 통해서 사건을 광범위한 관점에서 바라보는 통찰력을 얻는다. 칩과 그의 수사팀은 건축업자의 성격 기반을 파악하기 위해 다음 항목들을 검토했다.

스트레스: 스트레스 상황에서 어떻게 행동하는가? 대규모 프로젝트나 새로운 임무를 맡거나, 스포트라이트를 받을 때 그의 행동을 살펴보자.

행복: 긍정적인 자극에 어떻게 반응하는가? 프로젝트를 완성하거나 예상치 못한 상을 받거나 칭찬을 받거나 새 고객과 계약을 할 때 어떻게 반응하는가?

분노: 화가 났을 때 어떻게 행동하는가? 실망스러운 결과에 대해 책임을 떠안으려고 하는가, 아니면 남에게 전가하려고 하는가?

짜증: 짜증이 날 때 혼자서 삭이는가, 아니면 감정을 폭발시키는가? 불만을 털어놓을 때 자신이 믿는 사람에게만 하는가, 아니면 푸념을 들어줄 누구에게나 그렇게 하는가?

두려움: 두려움을 쉽게 느끼는가? "내 말대로 하든가 아니면 떠나"라는 태도를 자주 드러내는가? 정보 과잉으로 분석이 불가능한 상태인가? 지나친 부담감으로 쉽게 결정을 내리지 못하거나 행동에 옮기지 못하는가?

좌절: 앙심을 품고 있는가? 화를 내거나 억울함을 호소하는가? 실패의 책임을 다른 이에게 돌리는가?

두 가지 질문과 한 가지 대답

우리가 개인적으로 관리하는 고객인 조시는 자기 회사의 주 매출원이 사라지지 않을까 걱정하고 있었다. 그는 그 고객이 계약을 갱신하지 않을 것 같다고 우려하면서 무슨 일이 벌어지고 있는지 이해하도록, 그리고 관계를 회복하도록 도와달라고 요청했다. 그는 이미 포렌식 듣기와 포렌식 필기 프로그램을 직원 및 고객들과 함께 들었다. 그래서 본능에 따라 대응하지는 않고 있었다. 다만 무언가 이상한 일이 벌어지고 있다고만 추측했다.

조시의 고객(마리라고 부르자)은 글로벌 은행에서 대규모 사업부를 이끌고 있다. 조시는 언제부턴가 마리와 전화 통화를 할 때 불안과 예민함을 느꼈다. 그러나 그 이유는 알 수 없었다. 그리고 1년에 한 번 있는 계약 갱신을 3주 앞두고서 마리는 조시의 연락을 피하기 시작했다. 어렵게 통화가 성공했을 때에도 마리는 향후 계약 건에 대해서는 얼버무렸다. 조시는 혼란스러웠다. 마리는 여태껏 친절했고 프로젝트에 관해 적극적으로 이야기했다. 조시는 자기 회사가 마리를 위해 최선을 다해 일했다고 확신했다. 결국 그는 계약 건에 관해 확답을 받기 위해 다시 전화를 걸었다. 예전에는 전화를 걸면 곧바로 받았지만, 지금은 음성메일로 그냥 넘어가버렸다.

우리는 조시에게 예전에도 이런 일이 있었는지 물었다. 그는 이렇게 말했다. "3년 전부터 그 은행과 함께 일한 이후로 10월이면 그랬습니다. 하지만 올해는 느낌이 좀 다릅니다. 마리의 목소리가 불안하게 들려요."

그래서 우리는 두 가지 중요한 질문을 던졌다.

- 무엇이 바뀌었는가?
- 무엇이 그대로인가?

그러자 조시는 최근 회사의 핵심 직원인 그레그와 고객들에 관해 자세한 이야기를 나누기가 어려워졌다고 했다. 조시가 전화하면 그는 병가로 출근을 하지 않았거나 '회의 중'이었다. 결국 통화가 되었을 때에도 그레그의 목소리에서는 알지 못할 거리감이 느껴졌다.

이로 인해 조시는 더 예민해졌고, 정말로 무슨 문제가 있는 게 아닐까 하는 두려움에 상황을 있는 그대로 들여다보지 못하고 있었다. 하지만 그건 정상적인 반응이 아니었다. 8장에서 살펴본 것처럼 신경학적인 차원의 반응이었다. 임상 및 포렌식 신경심리학자인 주디 호 Judy Ho 박사는 이렇게 말했다. "자기 파괴는 우리의 생명 활동 안에 있다."[3] 인간에게는 종의 생존을 위한 두 가지 중요한 동기가 있다. 그것은 번식과 자기 보존이다. 자기 보존 본능이 제대로 작동하지 않거나 지나치게 활성화될 때 우리는 아무 관련 없는 장소와 상황에서 두려움을 느낀다. 인간이 사회적 동물이라는 점에서 그러한 두려움은 사회적 비난과 관련된 경우가 많다. 우리는 조시에게서 바로 그런 두려움을 느꼈다. 그래서 그가 무의식적으로 나타나는 자신의 부정적 사고를 인식하고 명료한 정신 상태를 회복해서 그레그와의 문제를 정면으로 바라보도록 했다.

그레그와 마리에게 정말로 무슨 일이 있는 걸까? 둘 사이에 연결고리가 있는 걸까? 성격적 특성에 주의를 기울였다면, 마리의 태도가 예민해진 것은 그저 일상적인 변화가 아니라는 사실을 분명히 알 수 있었다. 마리의 행동이 그대로라고 말할 수는 없었다. 그렇다면 조시는 어디서 시작해야 할까?

우리는 두 가지 질문을 바탕으로 분석을 위한 그림을 그려봤다.

첫째, 무엇이 바뀌었는가? 마리의 전화와 이메일, 문자가 갑자기 중단되었다. 그레그를 통해 연락할 때도 수정 사항이나 추가 요청 사항 혹은 업무에 불만을 보이지 않았다. 이러한 모습은 마리의 성격과 맞지 않았다. 일반적으로 마리는 원하는 게 많았고 구체적인 부분에 집중했다.

조시가 마리 그리고 그레그와의 관계에서 뭐가 달라졌는지 살펴봤을 때 그레그가 언젠가부터 고객 회의에 점점 참석하지 않았다는 사실을 발견했다. 그는 다른 프로젝트가 있다는 핑계로 회의 직전에 빠져나갔다. 우리는 이메일과 통화 내역을 살펴봤다. 그리고 다음과 같은 패턴이 떠오르는 것을 확인할 수 있었다.

- 마리가 수정을 요구한 이메일은 지난 분기에 73건이 있었다. 그런데 이번 분기에는 12건뿐이었다.
- 마리는 지난 분기에 48회 전화를 했지만, 이번 분기에는 2회밖에 하지 않았다.
- 그레그는 점점 자신을 피했고 현재 상황에 관해 거의 이야기를 나눌 수 없었다.

둘째, 무엇이 그대로인가? 조시가 다음 계약 갱신 건에 대해 걱정하고 있었지만, 회사 업무에는 아무런 문제가 없었다. 예상된 일정과 목표, 그리고 예산에 따라 순조롭게 진행되고 있었다. 그레그와 마리를 제외하고 다른 사람이나 직원들의 태도도 변함이 없었다.

성격 비일관성이 드러나는 순간을 포착하자

여기서 마리는 대표적 성격 비일관성을 드러내고 있었다. 그러나 조시와 3년에 걸쳐 이어온 비즈니스 관계를 고려할 때 이는 전적으로 평소답지 않은 모습은 아니었다. 패턴이 조금씩 모습을 드러내고 있었다.

조시는 마리와 처음으로 전화 통화를 하면서 그녀가 이전 업체에 대해 부정적인 이야기를 했던 것이 떠올랐다. 그녀는 이렇게 불만을 토로했다. "너무 손이 많이 가요! 우리 팀에는 경험이 많은 사람이 없어요! 모든 일을 자신이 직접 처리해야 한다니까요!" 조시는 비즈니스 관계를 어떻게든 유지하고 싶어 하면서도 마리가 까다로운 고객이라는 사실은 인정했다. 마리는 조시에게 최대한 많은 업무를 줘서 어떻게든 비용보다 더 많은 것을 뽑아내려고 했다. 그리고 성숙한 태도로 설명하기보다 조시를 닦달해서 자기 생각을 관철하고자 했다. 그녀는 자신이 신경 쓰지 않아도 문제가 해결되길 원했고, 또한 자기 평판을 높이는 일이라면 무슨 일이든 하려고 했다(이처럼 개인의 성공을 위해 극단적으로 접근하는 방식은 비도덕적인 행동도 할 수 있다는 사실을 말해주는 뚜렷한 경고 신호다).

조시는 자신의 노트와 이메일, 문자를 꼼꼼히 살펴보고 난 뒤 그레그와 솔직하게 이야기를 나눌 시간이 왔다고 결심했다. 그렇게 마주했을 때 그레그는 마리가 자신을 직원으로 채용할 계획이라고 털어놨다.

만약 마리가 그레그를 빼낸다면 조시의 회사는 중요한 고객을 잃어버리게 될 것이었다. 어떻게든 막아야 했다. 조시는 상황을 파악하자마자 인사 및 법률팀을 찾아갔다. 다음으로 마리의 직속 상사를 만났다. 결국 마리가 무슨 일을 꾸미는지 파악한 그녀의 상사는 직원을 빼내는 일을 중단하도록 지시했다. 그렇게 조시의 회사는 계약을 갱신했고 고객과의 관계도 한층 강화되었다.

방어가 공격만큼 강력하다면, 이길 수 있다

이 장에서 살펴본 기술은 설득력을 높이는 것 외에도 더 많은 도움을 준다. 즉 강한 상대에게 휘둘리지 않도록 우리를 지켜준다. 그러나 주의하자! 우리가 제시하는 전략은 설득력을 높이도록 도움을 주지만, 그렇다고 해서 매번 성공을 장담할 수는 없다. 오해와 갈등, 그리고 실수는 언제나 있다. 가령 "오후 2시에 같이 점심이나 합시다"라고 문자를 보내려고 했는데 자동 수정 기능이 작동하면서 "킴은 빼고 브런치를 합시다"라고 메시지가 바뀌어 버리는 상황이 벌어질 수 있다. 그래도 문자를 받은 상대가 당신을 신뢰한다면, 메시지에 오류가 있는 것이라고 짐작할 것이다. 이것이 핵심이다. 모든 만남에서 완벽한 모습을 보이지 못한다고 해도, 우리는 출발점에서 더 멀리 나아가 있을 것이다.

요약

- 두 가지 유형의 설득자가 있다. 감정에 주목하는 사람 그리고 사실에 주목하는 사람이다. 감정적인 설득자는 개인의 일화나 사례로 특정한 감정을 전달하려고 한다. 반면 이성적인 설득자는 사실과 수치로 말한다.

- 상대를 설득하기 위해서는 상대의 기본적인 설득 스타일을 이해하고, 반박을 예측하고, 기본적인 설득 스타일을 고려해서 상대의 입장을 인정해야 한다.

- 상대의 성격 기반(개인이 일반적으로 행동하고 반응하는 방식)을 그려보면 설득력을 높이고 이용당할 위험을 낮출 수 있다.

- 대표적 성격 일관성은 한 사람이 세 가지 이상의 상황에서 보여주는 행동 패턴을 말한다. 우리는 그 패턴을 통해 그가 앞으로 어떻게 행동할 것인지 예측할 수 있다.

11장

집단 설득

장점이 단점으로 바뀔 때가 있다. 예전에 아델은 뉴욕시에 위치한 UN 본부에서 강연을 한 적이 있다. 아델의 경력에서 대단히 소중한 기회였다. 그 자리에서 아델은 500명이 넘는 국제 외교관을 대상으로 영향력을 통해 변화를 끌어내는 방법에 관해 이야기했다.

그런데 더 안전하고 더 나은 세상을 만들겠다는 UN의 지속 가능한 개발 목표에 참여하게 되었다는 자부심을 느낀 것도 잠시, 아델은 점심을 먹으면서 크게 실망하고 말았다. UN 본부에 있는 카페테리아는 그야말로 혼돈 그 자체였다. 바나나 하나를 사 먹으려고 해도 한 시간이나 줄을 서야 했다. 그때 이런 생각이 들었

다. '과일 하나 먹기도 이렇게 힘든데, 대체 어떻게 세상의 문제를 해결하겠다는 말이지?'

아델은 카페테리아 운영에 많은 사람이, 그것도 너무 많은 사람이 관여하고 있다는 사실을 발견했다. 그렇다면 UN이야말로 장점이 때로 단점이 되는 대표적인 사례인 셈이었다. 모두가 발언권을 행사할 수 있다는 장점은 모두의 의견을 존중해야 한다는 약점이기도 했다. 그들은 너무 많은 사람이 목소리를 내는 바람에 카페테리아의 운영 방식을 바꾸지 못했고 문제도 신속하게 해결하지 못했다.

위기 의사소통 전문가로 활동한 지난 20년간 아델이 깨달은 것은 집단을 설득하는 일은 대단히 힘든 과제라는 사실이다. 물론 집단의 '공유 신념collective belief'을 파악하면 설득은 더 쉬워진다. 하지만 그러기 위해서는 먼저 집단 구성원들이 공유하는 경험부터 이해해야 한다. 그들은 어떻게 세상을 바라보는가? 무엇이 진실이고 무엇이 거짓이라고 생각하는가? 이러한 질문을 통해 집단의 믿음을 이해해야 효과적으로 설득할 수 있다. 이러한 접근 방식을 집단 설득concert convincing이라고 한다.

아델이 UN 본부에서 연설했을 무렵, 비정부기구NGO에서 일하는 많은 이들은 대단히 힘든 목표를 추구하고 있었다. 이들은 지역이나 국가 혹은 세계 차원에서 공공의 이익을 위한 문제를 해결하기 위해 조직된 시민 단체다. 전쟁으로 폐허가 된 나라에서 남편을 잃은 여성을 지원하는 사업부터 인도의 아동들이 거대한 쓰레기 더미에서 착취당하지 않도록 보호하는 일에 이르기까지 다양한 비정부기구는 그들이 추구하는 사명을 널리 알리기 위해 필사적으로 노력하고 있다. 그들은 아델에게 이렇게 물었다. "어떻게 해야 사람들이 우리 사업에 관심을 가질까요?" 아델은 그들에게 무엇보다 목표로 삼는 사람들이 무엇을 진실이라고 믿는지 이해해야 한다고 말했다.

- 사람들이 중요하게 여기는 문제와 관련해서 누가 권한을 쥐고 있는가?
- 사람들은 비정부기구의 사명에서 어떤 부분을 적극적으로 지지하는가?
- 얼마나 많은 사람에게 영향을 줄 수 있는가? 그들의 사명과 관련해서 많은 이들로부터 증언을 확보하고 있는가?
- 왜 사람들은 지금의 문제가 일어나고 있는 척 혹은 일어나고 있지 않은 척하고 있는가?
- 사람들이 외면하는 불편한 진실은 무엇인가?
- 사람들을 소외시키지 않고서 이러저러한 믿음(옳든 그르든)을 그들의 삶 속으로 집어넣을 수 있는가?

근본적인 지식이 중요한 이유

사람들이 일이 흘러가는 방식을 판단하는 기준은 어릴 적에 세상을 바라본 방식에 좌우된다. 일곱 살이 되기 전에 자신이 신뢰하는 사람에게서 무엇을 믿어야 할지 배울 때 그러한 믿음은 부정하기 힘든 진실이자 핵심적인 신념 시스템의 일부가 된다.

개인의 설득력이 높거나 낮은 것은 대개 그의 근본적인 믿음에 달렸다. 예를 들어 부모에게서 "처음 만난 사람에게는 질문을 하지 말거라. 그건 무례한 행동이야"라고 배우며 자란 사람은 살면서 만나게 될 많은 사람에 관해 충분히 많은 정보를 얻지 못할 것이다. 그렇다면 설득력을 높이기 어려울 것이다.

앞서 설명했듯이 설득력을 높이는 한 가지 좋은 방법은 상대가 무엇을 진실이라고 믿는지 이해하는 것이다. 이 장의 주제와 관련해서 표현한다면, 어떤 집단이 무엇을 진실이라고 믿는지 이해하는 것이다.

어떤 집단이 당신과 이야기를 나누고 난 뒤에 어떻게 행동하고 생각하고 느끼길 바라는지 생각해보자. 그리고 집단의 다양한 특성을 고려해보자. 그들은 감정적인가, 사실 중심적인가? 어떤 집단을 설득하고자 한다면, 생각과 감정 그리고 행동이라는 세 요소를 중심으로 전략을 세워야 한다. 컬럼비아대학교의 교수인 행동과학자 로버트 본템포는 이를 세 가지 질문으로 요약했다.

- 어떻게 생각하도록 만들고 싶은가?
- 어떻게 느끼도록 만들고 싶은가?
- 어떻게 행동하도록 만들고 싶은가?

그들이 어떻게 생각하고 느끼고 행동하게 만들고 싶은가?

미국감염병학회IDSA가 우리에게 연락했을 때 그들은 라임병으로 진단받은 환자들로부터 부정적인 피드백을 받고 있었다. 그들이 발표하고자 했던 새로운 지침은 환자 관리에 중대한 영향을 미칠 것이었다. 예전에도 지침이 바뀔 때마다 진료와 처방 및 치료 방식이 바뀌면서 환자들의 원성이 자자했다. 우리는 환자들이 무엇에 동의할 수 있는지 알아보고자 했다.

먼저 자금 지원 상황을 들여다봤다. 감염병학회와 의사, 환자 모두 라임병의 원인과 치료법을 알아내기 위한 연구에 더 많은 지원이 필요하다는 생각에 동의했다. 그래서 우리는 의료계가 라임병과 그에 따른 문제를 해결하도록 나설 것을 촉구하는 온라인 청원에 동참해줄 것을 환자들에게 요청했다. 다음으로 의사와 환자들을 만나 인터뷰를 진행하고 이들을 대상으로 설문조사도 실시했다. 감염병학회는 학회지를 통해 이 문제와 관련해서 새롭게 알아낸 사실을 보고했다. 그렇다면 우리는 모두를 설득하는 일에 성공한 걸까? 그건 아니었다. 그래도 환자들 대부분 라임병에 대해 어떻게 생각하고 느끼고 행동해야 할지 자각하게 되었다.

우리는 환자 집단을 설득하기 위해 다음의 3단계 접근 방식을 활용했다.

- 그들이 어떻게 생각하도록 만들 것인가?
  - 감염병학회는 환자들의 행복에 많은 관심을 기울이고 있다는 사실을 알아주길 바랐다.
- 어떻게 느끼게 만들고 싶은가?
  - 감염병학회는 환자들의 상태를 호전시키고 연구 사업을 지원하고자 했다.
- 어떻게 행동하길 원하는가?
  - 감염병학회는 환자들이 더 개선된 의학 연구를 요청하도록 만들기를 원했다.

수백만 달러짜리 설득 전략

효율적인 방식으로 업무를 처리하는 배송 기사들을 대상으로 신기술을 받아들이도록 설득한다고 생각해보자. 이는 바로 잭 리바이스 Jack Levis가 직면한 상황이었다.

UPS 직원인 리바이스는 배송 기사들의 업무 처리 방식을 완전히 바꿔놓은 최적화된 경로지정 시스템인 오리온ORION을 개발한 인물이다. 그는 복잡한 수학을 기반으로 모든 배송 기사에게 가장 효율적인 배송 경로를 지정해주는 시스템을 만들어냈다. 그 성과는 UPS와 배송 기사들에게 매년 1억 6000만 킬로미터의 배송 거리를 줄여주었다. 이는 놀라운 성과였지만, 그 일은 하룻밤 사이에 일어나지 않았다.

우리는 이 책을 쓰는 동안 리바이스를 만나 인터뷰를 나누었다. 그는 이렇게 말했다. "혁신은 좋은 아이디어만 있다고 이루어지는 게 아닙니다. 강한 끈기와 뻔뻔함이 필요합니다." 리바이스는 기본적으로 90년 넘게 이어져 내려온 전통에 맞서야 했다. 그는 이렇게 설명했다. "이 시스템은 배송 기사들이 가장 빠른 경로라고 믿었던 것을 완전히 뒤집었습니다."[1]

그는 4년에 걸쳐 모든 예측 데이터를 수집하고 초기 모형을 개발했으며, 또한 프로젝트를 완성하기 위해 기업의 고위 임원들로부터 관심과 지지를 끌어냈다. 그리고 혁신을 통해서 배송 기사들이 다르게 생각하고 느끼고 행동하도록 만들었다.

효과적인 접근 방식의 비결은 단순함에 있다. 집단을 상대로 설득하기 위해서는 아무리 복잡한 아이디어라도 세 가지 핵심적인 진실로 요약할 수 있어야 한다.

자신의 믿음을 점검하자

우리는 자신의 믿음을 다시 한번 살펴봐야 한다. 우리가 생각하거나 소망하는 것, 그리고 다른 사람이 믿으라고 한 것이 아니라, 우리가 정말로 진실이라고 믿는 것을 들여다봐야 한다. 우리는 다른 사람에게 영향력을 행사하고 싶어 한다. 그러나 성인이 된 뒤로는 좀처럼 새로운 시도를 하지 않는다. 대부분 외부의 압력을 받고 나서야 새로운 방식으로 움직인다.

몇 년 전 아델은 한 상사 밑에서 일했다. 그녀는 늘 아델이 아무리 노력해도 자신만큼 성공할 수 없을 것이라며 아델을 무시했다. 그리고 다른 사람들도 아델의 가능성에 대해 그렇게 생각하도록 만들었다. 심지어 고객들에게도 아델에게 '필수 역량'이 부족하다고 말하기까지 했다. 하지만 아델은 혼자 힘으로 35만 달러 규모의 새로운 고객을 유치하는 데 성공했다. 그러자 그녀는 교묘한 전술을 활용하기 시작했다.

그녀는 '동기부여'라는 명목으로 당시 공사 중이던 자신의 집으로 아델을 초대했다. 그녀는 말했다. "보세요. 당신이 우리 회사에 큰 기여를 하지 않았다면 저도 이 집을 짓지 못했을 겁니다. 하지만 이 정도 성공을 이루려면 아직 갈 길이 멀다는 사실을 명심하세요."

그땐 몰랐지만, 그 말은 아델에게 큰 자극이 되었다. 아델은 상사의 말을 들은 뒤 자신이 상사가 되어야겠다고 결심했다. 그러고는 직접 회사를 설립해 17년 동안 사업을 운영하고 있다. 나아가 똑같은 고객을 놓고 옛 상사와 경쟁을 벌일 때마다 승리를 쟁취했다.

당신도 이런 경험이 있는가? 누군가 당신의 잠재력을 잘못 판단해 당신을 자극한 적이 있는가? 아델의 상사는 동기를 부여한다는 평계를 댔지만(사실 아델은 더 큰 성공을 할 수 있다고 확신했다) 원래 의도와는 달리 큰 자극을 주었다. 그러나 그녀는 그 사실을 알지 못했다. 그녀는 아델이 자기 자신에 대해 갖고 있던 믿음과는 다른 믿음을 갖고 있었다. 그리고 바로 그러한 믿음의 차이는 아델이 그녀의 잘못을 증명해 보이도록 동기를 부여했다.

존재감 있는 리더의 비밀 병기

우리는 산업 동향을 파악함으로써 소비자의 행동이나 믿음에서 수요의 창출과 기회, 변화의 실마리를 얻을 수 있다. 모든 경영자는 올바른 제품과 서비스를 확보하고 있는지 항상 새롭게 평가해야 한다. 이때 트렌드 예측은 강력한 힘을 발휘한다. 특히 경영자에게는 이것이 더욱 중요하다.

간단히 말해서 유행 창조는 리더가 존재감을 드러내는 비밀 병기다. 신뢰할 만한 세 가지 다른 원천에서 얻은 정보를 조합하고,

이를 바탕으로 결론을 내리고, 그것을 미래에 대한 자신의 비전으로 제시하자. 리더는 기본적으로 자신이 활동하는 산업 내에서 일어나는 현상을 기반으로 어떻게 행동하고 생각하고 느끼는지 사람들에게 말할 수 있어야 한다. 그리고 이를 통해 산업 매체에 전문가로 모습을 드러내야 한다.

트렌드를 만들어내는 세 단계

고객을 대상으로 새로운 유행을 개발하는 일은 분야를 떠나 리더로 존재감을 드러내기 위한 비밀 병기다. 이제 산업 트렌드를 창조하는 접근 방식을 살펴보자.

1. 산업 내부의 사람들은 무엇을 진실이라고 믿는가?

어느 분야든 산업 리더들은 해당 산업 내부의 사람들이 분명한 진실이라고 믿는 것에 대단히 긍정적인 느낌을 갖고 있을 것이다. 그러한 진실이 뭔지 잘 모르겠다면, 산업 내부에서 발산된 출판물을 살펴보자. 예를 들어 레스토랑 경영자라면 《레스토랑 위크 Restaurant Week》를 읽어보고 요즘 사람들이 무슨 이야기를 하는지 살펴보자.

2. 사람들이 트렌드를 어떻게 느끼도록 만들고 싶은가?

자기 생각을 뒷받침할 근거를 찾아보자. 데이터와 연구 논문 혹은 유명하고 신뢰할 만한 출판물이나 전문가로부터 우리가 제시한 트렌드의 개념을 지지해줄 증거를 찾자. 예를 들어 자기 분야에서 활동하는 다른 리더나 대학 교수,《하버드 비즈니스 리뷰》혹은 여러 다양한 학술 논문이 그러한 증거가 될 수 있다. 특히 지난 2년간 발표된 연구 자료에 주목하자.

3. 트렌드로 사람들이 어떻게 행동하도록 만들고 싶은가?

우리가 발견한 패턴을 사람들이 확인해야 하는 이유를 설명하자. 트렌드를 제시했다면, 이제 거기에 이름을 붙여서 더 멋지고 창조적이고 지속 가능한 흐름으로 만들어야 한다. 예를 들어 대퇴직great resignation(코로나 기간 및 그 이후에 미국을 중심으로 직장인들이 자발적으로 대거 퇴직하는 현상을 뜻하는 용어—옮긴이)이나 재택근무, 줌 피로zoom fatigue(줌을 장시간 사용하면서 느끼는 피로—옮긴이) 등 모두가 알고 있는 새로운 현상에 대해 생각해보자. 누군가 어딘가에서 이러한 트렌드를 제시하고 이를 뒷받침하는 데이터를 발견하고, 또한 거기에 이름을 붙임으로써 자신의 존재감을 드러내고 있다.

조 풀리지와 콘텐츠 마케팅 트렌드

아직 우리는 집단 설득이라는 접근 방식은 소개하지 못했다. 많은 이들이 아이디어로 인정을 받았지만, 그것을 이용해 자신을 알리는 단계로까지 나아가지는 못한다. 반면 콘텐트 마케팅 월드의 설립자 조 풀리지 Joe Pulizzi 는 달랐다.

풀리지는 자신이 기획한 행사 프로젝트를 매각해서 1760만 달러가 넘는 돈을 벌었다. 우리는 그를 만나 이야기를 나누었다. 풀리지는 먼저 기업의 최고마케팅책임자 CMO 들을 대상으로 하는 잡지를 펴내 실패한 이야기를 들려주었다. 이후 그는 유능한 마케터들이 하는 일을 따라 했다고 했다. 즉 고객들에게 무슨 도움을 필요로 하는지 물었다. 그는 이렇게 생각했다. '브랜드 기업들 모두 미디어 기업이 되고자 한다.'[2] 그는 CMO들에게 물었고, 그들 모두 이러한 생각에 동의한다는 사실을 확인했다.

다음으로 풀리지는 '콘텐츠 마케팅'이라는 용어를 제시하면서 콘텐츠 마케팅 트렌드에 관한 이야기를 시작했다. 그리고 이를 통해 사람들의 관심을 자극했다. 트렌드가 모습을 드러내기 시작하면서 풀리지는 콘퍼런스를 주최하면 더 많은 이들에게 도움을 줄 수 있다고 생각했다(나중에 그는 그 콘퍼런스 프로젝트를 매각했다). 그러고는 행사를 시작하면서 매년 규모를 키워나갔다. 그는 자신이 만들어낸 트렌드에서 구심점을 차지했고, 이를 기반으로 성공적인 비즈니스를 구축했다. 이제 모두가 시도해볼 수 있는 접근 방식에 대해 알아보자.

플러그앤플레이 트렌드 접근 방식

우리는 경쟁력을 높이기 위해 간단한 플러그앤플레이 plug-and-play 트렌드 접근 방식을 개발했다. 그리고 여기에 백투더퓨처 프레임워크 back to the future framework 라는 이름을 붙였다. 스스로 창조한 트렌드와 관련해서 옳고 그름에 집착할 필요는 없다. 언론 분야에 종사하는 사람들 대부분 똑똑하고 신뢰할 만한 권위자, 그리고 그들이 제시한 비전을 발견하기 위해 혈안이 되어 있다. 그러나 누구도 그들의 예측이 옳았는지 따져보기 위해 지난 해의 트렌드 보고서를 들춰보지는 않는다. 우리는 예측을 내놓았다는 사실만으로 언론이 적극적으로 인터뷰를 나누고 귀를 기울이는 그러한 인물의 반열에 올라서게 된다.

백투더퓨처 프레임워크는 세 부분으로 이루어진다. 이를 통해 트렌드가 어떻게 장기적으로 진화하는지, 현재 어떤 단계인지, 그리고 앞으로 어떻게 흘러갈 것인지 알 수 있다. 한 가지 사례를 살펴보자.

과거

기업과 경영자 대부분 직원 관리를 위해 수직적인 통제 방식을 활용했다.

현재

재택근무가 시작되면서 직원들은 그 어느 때보다 극심한 탈진 현상을 겪고 있으며, 우리는 그 이유를 알고 있다(여기서 세 가지 서로 다른 신뢰할 만한 원천으로부터 얻은 데이터를 바탕으로 주장을 뒷받침할 수 있다).

영국의 UKG 노동인구연구소와 매사추세츠의 시장조사 업체인 워크플레이스 인텔리전스Workplace Intelligence에 따르면, 경영자 및 직원 다섯 명 중 세 명(정확하게 59퍼센트)이 탈진을 예방하기 위한 조치가 조직 차원에서 이루어지고 있다고 답했다.[3] 미국 노동통계청은 430만 명에 달하는 미국인 혹은 전체 근로자의 2.9퍼센트가 직장을 그만뒀다고 발표했다.[4] 대퇴직은 실질적인 현상으로 산업 전반에 걸쳐 나타나고 있다.

미래

경영자들은 앞으로 직원의 요구를 충족시키기 위해 더 많은 상담 및 정신건강 프로그램을 제공해야 한다. 우리는 이를 요구 기반 트렌드라고 부른다(여기서 당신은 자신의 예측을 제시하고 거기에 이름을 붙일 수 있다).

백투더퓨처 접근 방식 활용법

과거

비즈니스를 운영하는 기존 방식을 설명하자.

사례: 지난 몇 년간 온라인 쇼핑이 훨씬 더 편리해졌다.

현재

시장이 어떻게 변화하고 어떠한 새로운 트렌드가 떠오르는지 설명하자.

사례: 소비자 기술은 업무 기술보다 훨씬 더 다루기가 쉬워졌다. 사람들은 점차 업무가 일상생활처럼 쉬운 기업에 들어가고 싶어 한다.

자신의 주장을 뒷받침하는 데이터/연구를 제시하자.

- 베이비부머 세대가 대규모로 직장을 그만두면서 기업들

은 취업 시장에서 인력을 채용하고 유지하기가 더 어려워졌다.
- 기업들은 인재들의 관심을 끌어모을 새로운 방법을 찾고 있다.

미래

자신의 예측을 제시하면서 트렌드에 이름을 붙여보자.

사례: 비즈니스 기술은 앞으로 직원들이 사용하기 훨씬 더 쉬워질 것이다. 아마도 아마존에서 제품을 주문하는 것만큼 편해질 것이다. 우리는 이러한 현상을 소비자 비즈니스 기술 트렌드 consumer business tech trend 라고 부른다.

백투더퓨처 접근 방식 활용법

백투더퓨처 접근 방식을 통해 발견한 트렌드는 동향 보고서나 언론 인터뷰를 위한 인상적인 아이디어, 강연 프로그램 주제, 언론 보도자료 등 아주 다양한 방식으로 활용할 수 있다.

요약

- 트렌드를 통해서 소비자 행동 및 믿음에서 나타나는 요구와 기회 및 변화의 실마리를 포착할 수 있다. 모든 경영자는 적절한 제품과 서비스를 확보하고 있는지 계속해서 판단해야 한다. 여기서 트렌드 예측이 강력한 힘을 발휘한다. 경영자에게는 이것이 특히 더 중요하다. 간단하게 말해서, 트렌드 발견은 리더가 존재감을 드러내는 비밀 병기다.

- 우리는 다양한 방식으로 트렌드를 발견할 수 있다. 우리가 개발한 백투더퓨처 접근 방식은 기존 비즈니스 관행과 오늘날 시장에서 나타나는 역동적인 변화, 그리고 이러한 변화에 기반을 둔 미래 전망으로 구성되어 있다.

12장

설득 전술과 협상

인질범이 협상에 응하기로 했다면, 그는 협상가가 자신이 붙잡고 있는 인질의 목숨만큼 자신의 목숨도 중요하게 여길 것이라고 믿을 것이다. 이는 쉽지 않은 이야기처럼 들리지만, 인질범은 다른 사람들과는 크게 다른 상황에 처해 있으며, 법률을 집행하는 사람은 이러한 점을 유리하게 활용할 수 있다. 특히 그 '법률 집행자'가 고도의 훈련을 받은 FBI 요원이라면 말이다. 칩은 이러한 상황에서 가장 먼저 해야 할 일은 인질범이 가장 중요하게 여기는 것을 자신이 갖고 있다고 설득하는 것이라고 말한다.

칩은 이렇게 설명한다. "인질극 상황에서 '윈-윈 시나리오'란 없습니다. 즉 '협상 결렬 시 선택할 수 있는 차선의 대안^{best}

alternative to a negotiated agreement(BATNA)'이란 존재하지 않습니다. 저는 이렇게 말하지 않습니다. '이봐, 일곱 명을 붙잡고 있군. 네 명은 풀어주고 세 명만 죽여. 그러면 우리도 물러나지.' 제 임무는 인질범과 타협하는 게 아니라 그를 설득하는 겁니다. 제가 중요하게 생각하는 것을 인질범도 중요하게 생각하도록 만들어야 합니다. 그건 바로 현장에 있는 모두의 안전입니다. 저는 논리가 아니라 인질범의 관심사에 주목해야 합니다. 저의 목표는 '모두의' 안전을 지키는 겁니다. 인질범까지 포함해서 말이죠."

법률 집행관으로 일하는 동안 아날로그 전화로 목표 대상을 설득하고자 했던 칩에게 오늘날 고해상도 영상 통화는 사치다. 칩은 말한다. "제겐 정보 과잉일 뿐입니다. 소방 호스를 알록달록한 색깔로 칠한 것과 같은 거죠!" 그러나 협상 과정에서 영상 통화는 꽤 유용하다. 상대의 집을 관찰하고 뒤에 보이는 것과 관련해서 질문을 던짐으로써 많은 정보를 파악할 수 있기 때문이다.

칩은 비즈니스 대화에서, 특히 협상 과정은 돈과 관련된 상대의 경력을 파악하기 위한 질문을 포함한 가벼운 이야기로 시작한다. 가령 기업이 어떻게 성장했는지 혹은 어떻게 투자했는지를 말해주는 최근 사건을 거론하거나 그와 관련된 전략에 대해 어떻게 생각하는지 물어본다. "그 두 기업 간의 합병 소식을 들으셨나요? 그들이 몸집을 불리는 방식을 어떻게 보시나요?"

혹은 취미를 물어보기도 한다. 요트나 테니스, 조정 경기 같은 스포츠에 관심이 있는가? 아니면 주로 집에 머물면서 공예나 요리를 즐기는가? 최근 떠난 휴가에 대한 질문으로도 상대가 무엇을 중요하게 여기는지 알 수 있다. 여행하는 동안 일등석이나 비즈니스석을 탔는가, 아니면 이코노미석으로 만족했는가? 여행에 대해 이야기하면서 머무른 지역과 거기서 했던 활동에 대해 어떻게 설명하는가? 그동안의 경험에 대해 이야기하는가, 아니면 리조트를 예약하면서 받은 할인에 대해 이야기하는가? 우리는 이러한 이야기를 듣고서 상대가 무엇을 중요하게 여기는지 짐작할 수 있다. 이러한 이야기는 상대가 돈에 대해 갖고 있는 깊은 믿음을 들려준다. 자신 혹은 자신의 기업과 손을 잡는 일의 중요성을 강조하기 위해, 우리는 이러한 이야기로 얻은 정보를 협상 과정에서 고려해야 한다.

좋은 거래에 대한 생각

우리는 한 금융회사와 고급 훈련 프로그램을 놓고 협상을 벌인 적이 있다. 그 프로그램의 목적은 조직 내부의 감사관들이 사기 사건을 적발하도록 도움을 주는 것이었다. 당시 우리와 협상을 진행한 담당자는 그 훈련 프로그램을 조달팀 상사에게 보고해야 했다. 이러한 사실을 파악한 우리는 그가 상사들을 효과적으로 설득할 수 있도록 가격 안을 마련했다. 우리는 금융권 사람들이 일반적으로 '좋은 거래'를 중요하게 생각한다는 사실을 알고 있었다. 그래서 우리는 가격 안을 세 가지로 제시했다.

1 수익성 있는 최저 가격
2 수익성 있는 중간 가격
3 수익성 있는 최고 가격

우리는 제안서와 협상을 통해서 서비스의 수준과 고객이 감수해야 할 위험을 기반으로 가격을 책정했다고 설명했다. 최저 가격의 경우, 고객은 가장 높은 위험을 감수해야 한다. 그리고 중간 가격에서는 우리가 고객보다 조금 더 위험을 떠안는 구조였다. 마지막으로 최고 가격에서는 우리가 위험 부담을 대부분을 떠안으면서 동시에 최대 폭의 할인을 적용해준다. 우리는 협상 과정에서 영상 통화를 통해 조달팀 담당자와 이야기를 나누었다.

우리는 앞서 언급한 전략을 자연스럽게 활용하면서 협상 파트너에게 휴가는 어디서 보냈는지 물었다. 그러자 그의 이탈리아계 대가족은 매년 토스카나로 여행을 떠난다고 했다. 그러고는 그곳에는 언제나 먹을 것이 넘치지만, 사실 자신은 음식 낭비를 무척 싫어한다고 했다. 이를 통해 우리는 그가 돈을 중요하게 여기며 사치를 싫어한다는 점을 확인했다. 우리가 원하는 것을 얻은 것이다.

그는 협상 과정에서 물었다. "가격을 어떤 방식으로 정하셨는지 궁금하군요." 우리는 그가 특정 가격과 그에 따른 위험을 기반으로 얻을 수 있는 이익에 대해 자세히 설명했다. 그는 대답했다. "네, 충분히 이해됩니다." 조달팀 담당자는 그로부터 3영업일 후에 답변을 보내왔다. 그가 선택한 것은 최고 가격이었다.

인질 협상과 비즈니스 협상의 공통점

칩이 FBI를 떠나 사업가로 변신하는 데 성공했다는 사실은 그가 인질 협상가로서 배운 모든 지식을 비즈니스 상황과 삶에 적용할 수 있다는 점을 분명히 말해준다. 물론 우리 삶이 항상 비즈니스처럼 급박하게 흘리기지는 않지만, 우리는 상대의 최고 관심사를 염두에 두고 있다는 인상을 전달함으로써 자신의 존재감을 각인시킬 수 있다. 그러나 많은 이들이 특히 비즈니스 상황에서 이러한 점을 잘 고려하지 않는다. 우리는 상대의 행동을 결정할 수 없다. 우리가 할 수 있는 일은 이 책에서 제시한 접근 방식을 활용해서 상대의 행동과 의사결정에 긍정적인 영향을 미치는 것이다.

직장 생활에서 한 가지 중요한 사실은 언제나 더 창조적인 성과를 추구해야 한다는 점이다. 기존 방식을 고수하다 보면 결국 자기 파멸로 이어지고 만다. 예를 들어 헤어 관리 기업(헤어앤나우라고 부르자)의 최고매출책임자chief revenue officer(CRO)가 또 다른 샴푸 기업을 인수하는 상황을 가정해보자. 그는 인수를 통해 기존 제품군의 가치를 끌어올릴 수 있다고 확신한다.

그런데 CEO와 이사회는 인수 비용이 너무 크고 잠재적 이익보다 위험이 더 높다고 생각한다. 이사회는 인수 기업의 상태를 자세히 들여다봤다. 결국 회의는 증오와 비난이 오가는 가운데 아무런 결론에도 이르지 못했다. 이러한 상황에서 노련한 협상가라면 사람들이 더 합리적인 접근 방식을 선택하도록 유도할 것이다. 가령 다음과 같이 말할 것이다.

"지속적인 성장에 필요한 고객층을 확보하기 위해 지금까지와는 다른 시도를 해야 한다는 주장에 모두 동의할 것입니다."
"어떻게 시장에서 고객층을 신속하게 확대할 수 있을까요? 물론 인수와 합병에는 많은 돈이 들어가고 지금까지 비즈니스 차원에서 해온 어떤 방법보다 위험이 높습니다."

"경쟁사들이 다른 기업을 집어삼켜 시장 점유율과 고객층을 빼앗아가지 못하도록 막으려면 어떻게 해야 할까요?"

먼저 협상 전문가는 CRO에게 다른 기업을 인수함으로써 어떻게 헤어앤나우의 가치를 높일 수 있는지 물어볼 것이다. 그리고 이 질문을 통해 CRO가 인수 대상으로 삼고 있는 기업이 소셜 미디어에서 십 대 초반 팔로워들을 많이 확보하고 있다는 사실을 파악한다. 그렇다면 인수 작업은 공격적인 마케팅에도 어린 소비자층을 끌어들이지 못한 헤어앤나우의 기존 제품군의 가치를 보완해줄 수 있을 것이다. CRO는 이번 인수 작업으로 계속해서 성장하는 시장에서 기업의 존재감을 드러내기 위한 중요한 역량을 확보할 것이라고 확신한다.

이제 CRO의 주장을 뒷받침하는 근거를 이해했다. 이를 통해 이사회와 CRO 사이의 의견 차이를 좁힐 수 있을 뿐 아니라, 새로운 가능성의 문을 열 수 있다. 고객층을 넓히기 위해 그들의 제품/브랜드를 현장에서 홍보하는 관리자를 헤어앤나우 내부에서 선정하는 방식은 어떤가? 그렇다면 경쟁사의 브랜드 마케터는 새로운 도전 과제에 관심을 보일 것이다. 인질극 상황처럼 문제에 대한 창조적인 해법을 발견하기 위해서는 먼저 올바른 질문을 던져야 한다. 그래도 최고의 방법은 팀 기반의 접근 방식이다.

협상은 팀 스포츠다

기업가이자 미국의 총기 제조업체 레밍턴Remington의 대변인이었던 빅터 키암Victor Kiam은 이런 말을 남겼다. "협상가는 모든 걸 관찰해야 한다. 셜록 홈스이면서 동시에 지그문트 프로이트가 되어야 한다."[1] 우리는 키암의 말에 동의한다. 협상 과정에서는 다음과 같이 많은 일을 수행해야 하기 때문이다.

- 상대측과 관계를 형성하기
- 그들이 무엇을 중요하고 가치 있게 여기는지 파악하기
- 힘의 역동성
- 상대의 자세, 그리고 목소리의 어조와 속도를 읽어내기
- 자신의 자세와 목소리를 제어함으로써 아무것도 잃지 않으면서 친근하고 개방적인 모습 보이기
- 예산 규모를 가늠하기
- 구매자의 요구를 충족시킬 수 있는 현실적이고 합의 가능한 향후 방안을 고려하기

협상은 한 사람이 온전히 수행하기에는 너무나 변화무쌍하고 힘든 과제다. 그래서 우리는 협상을 팀 스포츠라고 생각한다.

완벽한 멀티태스킹이란 없다

현대 사회는 멀티태스킹의 중요성을 강조하지만, 수많은 이들이 증언하듯이 이를 위해서는 무언가를 포기해야 한다. 더닝-크루거 효과^{dunning-kruger effect}(자신의 무지를 인식하지 못하는 사람들이 자신의 능력을 과대평가하는 심리적 현상—옮긴이)의 관점에서 멀티태스킹의 부정적인 측면을 바라볼 때 우리는 그 이유를 이해할 수 있다.

우리는 끝없이 이어지는 과제 속에서 살아간다. 그리고 과제를 하나씩 처리할 때마다 최선을 다해 성취했다고 생각하려고 한다. 그러나 코넬대학교의 데이비드 더닝^{David Dunning}과 저스틴 크루거^{Justin Kruger}의 연구에 따르면, 사람들은 대개 자신의 역량을 과대평가하는 경향이 있다.[4] 우리 누뇌는 자신이 협상 파트너의 이야기에 귀를 기울였는지, 건성으로 흘려들었는지 정확하게 판단하지 못한다. 자기 능력을 과대평가하는 성향은 의사결정에 부정적인 영향을 미칠 뿐 아니라, 기존 접근 방식을 계속해서 고수하도록 만든다. 이러한 현상은 그저 우리가 알고 있는 또 하나의 그럴듯한 이론이 아니다. 이미 신경학 연구를 통해 검증된 사실이다.

학술지《뉴런 Neuron》에 게재된 르네 마로이스 René Marois 의 논문은 두뇌의 일부 영역이 정보의 병목 현상을 일으킨다는 사실을 보여준다. 이러한 현상은 "정보가 두뇌의 한 부분에서 다른 부분으로 이동하는 것을 막는다. 연구 결과는 측전두엽과 상전두엽, 전전두엽 피질이 두 가지 과제를 동시에 처리하지 못할 때 주요한 병목 현상이 발생하게 된다는 사실을 말해준다."[3] 이러한 과제의 '병목' 현상이 나타날 때 두뇌는 이들 과제를 하나씩 순차적으로 처리한다. 여기서 흥미로운 사실은 마로이스가 지적했듯이 "1초 혹은 그 이상의 시간적 간격을 두고 과제를 제시하면 이러한 병목 현상이 사라진다."

협상 과정에서 다음에 무엇을 해야 할지 생각하다 보면, 회의실 안 혹은 컴퓨터 화면에서 벌어지는 일을 놓치게 된다. 즉 중요한 정보를 빠트리게 된다. 그러므로 협상 과정에서 서로 다른 역할을 사전에 명확하게 할당함으로써 우리가 어쩔 수 없이 놓치게 되는 정보를 다른 팀원이 보완하도록 할 수 있고, 반대로 다른 팀원이 놓친 정보를 우리가 보완하도록 만들 수 있다. 우리는 자신이 무엇에 집중해야 하는지 알고 있다. 그렇다면 그 밖의 다른 과제는 다른 팀원에게 위임하자.

팀 기반 협상으로 최고 성과를 올릴 수 있는 이유

　가능한 한 경험 많은 사람들로 팀을 꾸리는 방법을 강력하게 추천한다. 협상은 빠르고 설득은 느리기 때문이다.

　마로이스는 협상 과정과 설득 과정의 차이를 구분한다. 협상에는 구체적인 역할 분담과 최종 목표가 있으며, 종종 몇 시간 안에 마무리된다. 그러나 설득 과정에는 꽤 오랜 시간이 걸린다. 다음의 표는 두 가지의 차이를 보여준다.

　모든 협상에는 다양한 역할이 필요하다. 중요한 협상을 위해 최소한으로 추천하는 협상 역할은 다음과 같다.

협상	설득
빠르다	느리다
행동	믿음
상대가 거부할 제안으로 시작한다.	합의 차원에서 시작한다.
우리가 먼저 시작해야 한다.	상대가 먼저 시작하도록 한다.
돈이 많이 든다.	돈이 들지 않는다.
명시적이다.	애매모호하다.

〈표 12-1〉 협상 vs. 설득

말하는 사람: 대화를 주도하는 역할을 맡는다. 노련한 협상가는 대화의 흐름을 통제한다는 느낌을 주지 않으면서 분위기를

부드럽게 조율한다.

의사결정자: 두 번째로 중요한 역할이다. 반박할 것인가, 물러날 것인가? 긴장을 고조시킬 것인가, 아니면 진정시킬 것인가? 말하는 사람이 행동적 과제를 수행한다면, 의사결정자는 인식적 과제를 수행한다.

행동 분석가: 관찰력이 뛰어난 사람이 이 역할을 맡아야 한다. 그는 상대측의 감정과 행동을 관찰하고 우리의 주장과 제안에 어떻게 반응하는지 살핀다. 또한 상대측이 지난 협상 때와 일관적인 방식으로 행동하는지 관찰해야 한다.

요약하자면, 말하는 사람은 대화를 주도하고, 의사결정자는 모든 정보를 처리하며, 행동 분석가는 상대 측의 감정을 파악한다. 협상 과정에서 한 사람이 이 모든 역할을 소화할 수 있다는 생각은 비현실적이다.

놀라운 결과를 성취하는 '오즈의 마법사' 기법

극단적인 상황에서도 효율적으로 기능하는 팀을 꾸리는 기술은 모든 비즈니스 협상에서 대단히 중요하다. 거래를 마무리하고, 인수 과정을 추진하고, 기업을 매각하고, 투자자를 설득하고, 주주와 이사회의 주장에 맞설 때마다 우리는 위기의 터널을 지나간다는 느낌을 받는다. 효율적인 팀을 꾸릴 수 있다면, 자신에게 유리한 방향으로 놀라운 결과를 성취할 수 있다.

말하는 사람과 의사결정자, 행동 분석가에 이어, 사람들이 종종 간과하는 역할이 한 가지 더 있다. 본템포 교수는 이를 백채널 back channel 이라고 부른다. 그는 이렇게 설명한다. "일본 문화에서는 의사결정자가 회의에 참석하지 않는다는 사실을 자연스럽게 받아들입니다. 일본인들은 이러한 인식을 교묘하게 활용해서 협상이 막다른 골목에 이르렀을 때 통제력을 유지한 채로 한발 물러섭니다. 이는 '오즈의 마법사' 기술이라고도 합니다. 위대하고 강력한 마법사 오즈를 실제로 만난 사람은 아무도 없습니다. 이 기술은 핵심적으로 이렇게 말하는 겁니다. '감사합니다. 말씀 잘 들었습니다. 이제 돌아가서 의사결정자에게 의견을 여쭙도록 하겠습니다.'"

사실 그렇게 이름을 붙이지는 않았지만, 대부분은 비즈니스 상황에서 의사결정을 미루거나 그 역할을 CEO와 이사회 혹은 법률팀에 미루는 '오즈의 마법사' 기술을 사용한 적이 있을 것이다. 느낌이 좋지 않거나 최후통첩을 받았거나 혹은 극단적인 상황에 이르렀을 때 이처럼 최종 결정자의 존재를 상정하는 방식은 협상을 이어나가기 위한 예의 바르면서도 전략적인 기술이다.

위기는 설득자의 가장 친한 친구

인질 협상은 인질범 자신 그리고 인질범이 경솔한 행동을 하지 못하도록 설득하는 협상가 모두에게 삶과 죽음이 오가는 위기 상황이다. 유명한 책 제목이 말해주듯이 인질 협상가는 '시간 끌기 stalling for time' 전략을 사용한다. 그 전략의 목적은 타협이 아니라 설득이다.[4] 인질 협상은 위기이다. 그리고 위기는 설득자의 가장 친한 친구다.

사람의 목숨이 달린 위기 상황에서 일하는 사람은 많지 않겠지만, 칩의 말대로 "스트레스는 대단히 중요한 요소다."

설득자는 위기의 순간을 최고의 기회로 활용하여 상대를 설득 연속체로 들어서게 할 수 있다. 비즈니스 상황에서 사람들은 일반적으로 위기의 순간에 주의를 더 집중하고 생각을 더 적극적으로 바꾸려는 경향이 있다. 그 이유는 위기의 순간에 기존의 생각과 믿음이 제대로 힘을 발휘하지 못하기 때문이다.

코로나 시기에 사람들이 신기술을 적극적으로 받아들인 상황을 떠올려보자. 사람들은 갑작스럽게 앱을 내려받고, 집에서 식

료품을 주문해 비대면으로 배송받고, 마스크를 쓰기 시작했다. 불과 몇 주 만에 '새로운 표준' 아래서 해야 할 일과 하지 말아야 할 일을 구분하는 완전히 새로운 믿음 체계를 받아들였다.

위기관리팀 구성하기

지금부터 FBI 인질 구조팀을 살펴보면서 스트레스가 높은 비즈니스 상황에 대처할 협상팀을 어떻게 꾸려야 할지 생각해보자.

물론 FBI 요원들이 실제로 맞닥뜨리는 현장과 텔레비전 프로그램 사이에는 중대한 차이가 있다. 사실 칩은 이러한 차이에 대해 이따금 불만을 터뜨리기도 한다. 그는 종종 이렇게 지적한다. "범죄 드라마는 과거 법률 집행기관의 전형적인 관행에 기반을 두고 있습니다. 게다가 인질 사건이 등장하는 영화나 공연도 다르지 않습니다. 거기에 나오는 인질 협상가들 모두 언제나 냉철한 표정으로 위협적인 말을 하고 절대 타협하지 않으면서 인질범과 정면으로 내치하죠."

하지만 FBI는 모든 위기 상황에서 팀으로 움직인다. 그리고 인질 협상가가 현장에서 가장 많이 활용하는 무기는 공감이다. FBI는 인질극 상황에서 코치와 현장 지휘관, 정보 담당자, 팀장, 연락 담당자로 팀을 조직한다. 여기서 인질 협상가는 인질범과 대화를 나누는 유일한 사람이다. 나머지 팀원은 침묵을 지키지만 보이지 않는 곳에서 부지런히 움직인다.

현장지휘관

현장지휘관은 작전 전반을 관리하고 중요한 의사결정에 항상 참여한다. 그리고 팀원들과 실시간으로 의사소통한다. 비즈니스 세상에서 현장지휘관에 해당하는 인물은 CEO다.

코치

코치는 인질 협상가 옆에서 그의 심리적·신체적 상태를 점검한다. 코치는 다음과 같은 임무를 수행한다.

- 쪽지나 수신호로 인질 협상가에게 지지와 격려를 보낸다. 특히 길고 힘든 협상 과정에서 큰 힘이 된다.
- 인질 협상가의 또 하나의 귀가 된다.
- 인질 협상가의 심리 상태를 확인해 그가 반사적으로 행동하지 않고 훈련받은 신중한 기술을 활용하도록 만든다.
- 팀원들로부터 쪽지로 건네받은 모든 아이디어를 검토한다.

비즈니스 세계에서 코치는 임원이나 부사장, 책임자 혹은 조직의 사기를 높이는 역할을 맡은 다른 경영진에 해당한다.

팀장

팀장은 현장지휘관과 협력해서 임무를 추진한다. 그리고 팀이 한 몸처럼 움직이게 만들고 팀원 모두의 성과와 심리 상태를 점검하고, 일지를 작성하고, 필요시 팀 조직을 보강하는 역할을 맡는다. 비즈니스 상황에서 팀장은 최고재무책임자CFO나 인사팀 간부 등에 해당한다.

수사관

팀장이 지정하는 수사관은 현장 상황을 확인하고 관련된 단서와 다양한 수사 사항을 파악하는 역할을 맡는다. 그리고 정보를 선별하여 팀원들에게 전달한다. 비즈니스 상황에서 수사관은 위기 의사소통 경력이 있는 인물에 해당된다.

정보 팀딩자

인질극이 벌어지는 현장에서 들어오는 정보를 기록하고 분류하는 역할을 한다. 그는 다음 세 가지 항목을 고려하여 임무를 수행한다.

위험: 총과 칼, 폭탄 등 사람을 해칠 수 있는 도구

긍정적인 정보: 사랑하는 가족이나 좋아하는 스포츠 및 취미처럼 목표 대상(인질범)이 긍정적으로 반응할 수 있는 모든 구체적인 사항과 관련된 정보

이력: 일반적으로 이름과 나이, 성장한 지역, 범죄 이력, 총기 허가증 등 평생에 걸친 관련 정보

연락 담당자

현장지휘관과 경찰특공대 사이에서 의사소통을 조율하는 역할을 한다.

FBI가 이러한 형태로 팀을 꾸리는 이유는 모두 각자의 전문성에 집중하도록 하면서 최선의 결과를 끌어내기 위함이다. 인질 협상에서 대화는 비즈니스 상황과는 달리 주로 스피커폰으로 이루어지며, 모든 팀원은 대화 내용을 듣고 판단을 내린다.

FBI 수사국은 6명으로 팀을 꾸리는 방식을 권장한다. 이러한 점에서 협상에 적어도 1명의 인원을 더 데리고 들어가야 한다는 우리의 권고는 그리 무리한 게 아니다. 협상은 팀 스포츠다. 그리고 2명으로 팀을 구성했다고 해도 역할과 관계는 사전에 정해놓아야 한다.

사람들이 협상에서 중요하게 여기는 것

어떤 비즈니스 리더들은 협상에서는 감정이 들어설 자리가 없다고 말한다. 이에 대해 칩은 이렇게 말한다. "그렇다면 기계가 협상을 하는 게 낫겠군요?" 비즈니스 협상에서 감정을 배제할 수 있다고 말하는 이들은 사실 자신을 기만하는 것이다. 그리고 강력한 협상 도구를 외면하게 만드는 위험한 발상이다. 자신이 무슨 일을 하는지 진정으로 이해한다면, 감정을 적극적으로 이해하고 이용함으로써 사람들을 설득하고 목표를 이룰 수 있다.

협상의 밀물과 썰물

FBI의 협상팀에서는 코치가 협상가의 심리 상태를 관리한다. 협상 테이블에 단 한 사람만 데리고 갈 수 있다고 해도, 협상이 예상대로 흘러가지 않는 상황에서 많은 도움이 된다.

우리는 동료와 함께 협상에 앞서 기준과 한계를 정해야 하고, 조건이 충족되지 않으면 협상을 포기하고 자리를 떠나야 한다. 농료 역시 우리가 원하는 성과, 그리고 상내측의 최고 관심사에 주의를 기울여야 한다.

혼자서 협상에 임해야 한다면?

전화나 줌을 통해 협상을 진행해야 할 경우, 녹음이나 녹화에 대한 양해를 구하고 나중에 포렌식 듣기 기술을 활용해서 대화를 분석하고 패턴과 감정적 실마리를 찾자.

두 사람이 함께 검토할 때의 장점

대단히 방어적인 사람과 협상할 경우, 대화 후 함께 분석함으로써 많은 이익을 얻을 수 있다. 동료가 함께 듣고 검토하기 때문에 대화 내용을 좀더 객관적으로 바라보고 상대의 몸짓과 반복적인 행동, 주제, 중단 등을 분석할 수 있다.

협상 경험이 부족하다면?

경험이 부족한 협상가는 종종 협상이 시작되기도 전에 자기 자신과 협상한다. 그들은 자신의 서비스 가치를 낮추고 가격을 최대한 낮게 책정한다. 그럴 경우, 자유 재량권은 거의 남아 있지 않게 된다. 우리는 이러한 고객들에게 앞서 소개한 3단계 접근 방식에 대해 자세히 설명한다. 자신이 기대하는 가격, 그리고 예전에 서비스를 통해 받았던 최고 금액으로 시작하자.

요약

- 공감은 인질 협상가가 현장에서 가장 많이 사용하는 무기다. 인질범과 연결고리를 만들어낼 수 있기 때문이다. 비즈니스 상황에서는 상대를 이해하고 그의 최고 관심사를 고려하고 있다는 인상을 전하자.

- 협상 전에 서로 역할을 분명하게 분담해서 협상 동료나 다른 팀원이 당신이 어쩔 수 없이 놓치는 정보를 보완하도록 한다면, 협상에 실패할 위험을 막을 수 있다.

- 중요한 협상이라면 최소한 세 명으로 팀을 꾸리자. 그 세 명이란 말하는 사람, 의사결정자, 행동 분석가이다. 세 명으로 팀을 꾸리기 힘들다면, 적어도 두 명으로 구성해 역할을 분담해놓자.

- 위기는 설득자에게 최고의 기회다. 기존 믿음이 더 이상 제대로 작동하지 않는 순간이기 때문이다.

13장

타고난 협상가가 되는 법

어떤 이들은 완벽한 연설가의 재능을 타고난다. 다른 이는 뛰어난 운동 신경이나 예술적 재능 혹은 언어 능력을 타고난다. 또 다른 이는 협상가의 자질을 타고난다. 그렇다. 협상도 하나의 '재능'이며 최고의 협상가는 타고난다.

다음의 세 가지 자질을 모두 타고난 축복받은 협상가를 이기기란 어렵다. 그러나 음치가 성악가처럼 노래하게 만들 수 없다고 해도, 타고난 협상가의 자질은 얼마든지 가르칠 수 있다.

그렇다면 무엇이 우리를 타고난 협상가로 만들어주는가?

집중과 명료함

목표 대상에 날카롭게 집중하는 타고난 협상가는 단순 명료한 표현으로 자기를 드러낸다. 사람들은 그의 의사소통 방식을 대단히 자연스럽게 받아들인다. 타고난 협상가는 한 번에 한 사람씩 주목한다. 우리가 말할 때 그는 우리의 모든 단어에 주의를 기울인다. 그리고 그가 우리에게 이야기할 때 우리는 마치 회의실에 그와 단둘이 있다는 느낌을 받게 된다. 그는 분명히 주의 깊게 듣는다. 그리고 우리가 반응하거나 우리가 전혀 동의하지 않을 때조차 그는 모든 이야기 속에서 공통점을 발견해낸다.

걱정과 의구심을 벗어던지기

타고난 협상가는 위험과 긴장이 높은 상황에서도 차분하고 평온한 태도를 유지한다. 그는 성과와 목표를 향해 달려가는 길에 걱정과 의구심이 자기 발목을 잡도록 허락하지 않는다. 우리가 의심하는 모습을 보일 때 사람들은 일반적으로 자기 입장을 옹호하려 든다. 그러나 타고난 협상가는 그런 식으로 상대가 방어적인 자세를 취하게 만들지 않는다.

다른 사람을 도와주려는 선의

타고난 협상가는 다른 사람들이 목표를 성취하도록 도와주려는 동기를 좇아 움직인다. 그의 긍정적인 태도는 전염성이 강하며 협상이 순조롭게 보이지 않는 상황에서도 상대가 결국에는 합의점에 도달할 수 있다고 기대하게 만든다.

칩은 타고난 협상가다. 위험한 소시오패스를 상대로 그의 상황에 관심을 기울이고 설득할 수 있는 사람은 흔치 않다. 칩은 자신의 이러한 능력을 발휘하여 많은 무고한 사람들의 목숨을 구했다. 과연 그는 어떻게 한 걸까? 칩의 이야기를 들어보자.

누군가에게 집중할 때 저는 눈을 맞추며 이야기에 집중합니다. 화려한 말로 잘난 척하거나 강한 인상을 주려고 하지 않습니다. 다만 의식적으로 솔직하게 이야기합니다. 그러면 상대도 저의 그런 의도를 이해합니다. 제가 걱정 없는 모습을 드러낼 때 그러한 태도는 다른 사람에게 전염됩니다. 사람들을 돕고자 하는 제 의지를 상대가 인식할 때 협상의 성공 가능성은 더 커집니다. 상대가 분명한 태도를 보이고, 주의를 기울이고, 걱정과 의구심을 떨쳐버리도록 만들고 싶다면, 자신이 먼저 그런 모습을 보여야 합니다. 그러한 태도로 다가서야 합니다.

경영자 교육 과정이나 MBA 프로그램, 그리고 경영대학 교과 과정에는 모두 협상을 주제로 한 과목이 있다. 이들 과목 모두 '합의를 끌어내고', BATNA를 발견하고, 윈-윈 관계를 구축하도록 만들어주겠다고 약속한다. 하지만 여기에는 가장 열렬한 지지자들조차 인정하는 중요한 두 가지 결함이 있다.

이러한 협상 과목은 체계와 이론, 절차를 가르친다. 하지만 비즈니스 환경이라는 거칠고 위험한 현실에 실질적으로 적용할 수 있는 모형을 제시하지는 않는다. 이들 과목은 사례 연구와 실무 훈련을 소개함으로써 다양한 유형을 보여주고 특정 전략을 적용할 수 있는지 판단하도록 도움을 준다. 그리고 핵심 개념은 대단히 포괄적이며 주장은 건전하고 접근 방식은 대단히 인상적이다. 그러나 사람들은 실제 협상에는 비즈니스스쿨이 가르치는 것보다 더 많은 것이 필요하다는 사실을 본능적으로 깨닫는다. 정말로 필요한 것은 현실에 적용할 수 있도록 설계된 실천 가능한 조언이다.

모두 지금껏 타고난 협상가를 한번은 만난 적이 있을 것이다. 그는 아마도 경영학 학위를 받지도, 그리고 협상에 관한 강의도 듣지 않았을 것이다. 그러나 그는 무슨 말을 해야 하는지, 그리고 언제, 어떻게 그런 말을 해야 하는지 본능적으로 알고 있다. 그리고 아무도 엄두조차 내지 못한 조건으로 거래를 마무리 짓는다.

그는 사람들이 학교에서 배우지 못한 무언가를 알고 있다.

우리 모두 비즈니스 세상에 첫발을 내디디면서 무엇을 해야 하고 무엇을 하면 안 되는지 배운다. 가령 우리는 다음과 같은 격언을 듣는다.

"먼저 금액을 제시하는 쪽이 협상에서 진다."
"누군가 '아니오'라고 말해야 협상이 시작되거나 끝난다."
"협상을 위해서는 언제나 많이 양보해야 한다."
"최고의 협상가는 혼자서 모든 일을 처리한다."

이러한 뻔한 소리를 듣고 있으면 협상을 성공적으로 마무리하기란 정말로 어렵다는 생각이 든다. 협상에서 성공하려면 엄청난 비용을 지불하거나, 상대가 손해 보게 만들거나, 아니면 상대가 속아서 원치 않은 거래를 하게 되었다고 느끼게 만들어야 하는 것처럼 보인다. 그러나 관계를 장기적으로 이어 나가고자 한다면, 협상 과정에서 반드시 유연한 태도를 보여야 한다.

상대가 진정으로 원하는 것을 파악하기

사람들은 대부분 목표와 아이디어, 그리고 양보해야 할 것들을 염두에 두고 협상장으로 걸어 들어간다. 우리는 협상에서 원하는 것을 모두 얻을 수는 없을 것이라고 마음의 준비를 해야 한다. 상대는 산타클로스가 아니다. 이러한 사실을 직시해야 한다. 설령 산타클로스와 협상한다고 해도 원하는 모든 것을 얻지는 못한다. 석유 시장의 거물이자 큰 성공을 거둔 사업가인 J. 폴 게티 J. Paul Getty의 말을 들어보자. "거래에서 모든 걸 차지하려고 해서는 안 됩니다. 상대도 돈을 벌도록 해야 합니다. 항상 모든 걸 차지하는 이미지로 알려지면 앞으로 많은 거래를 할 수 없을 겁니다."[1] 우리가 원하는 모든 것을 얻으면, 상대는 속았다고 느끼게 된다. 그리고 그 느낌은 관계를 이어가는 내내 사라지지 않는다. 상대는 우리에게 긍정적인 느낌을 얻지 못하고 반감은 계속해서 남아 있을 것이다.

우리는 협상가의 수준을 세 단계로 구분해봤다.

초보 협상가: 가장 기본적인 수준으로 BATNA, 윈-윈, 주고받기로 협상에 임한다. 그는 공정하거나 공정하지 않은 조건으로도 합의한다.

유능한 협상가: 자신의 감정을 잘 통제한다. 그리고 합리적으로 이야기하면서 무엇이 상대의 긍정적이거나 부정적인 반응을 자극하는지 파악한다.

타고난 협상가: 위의 두 협상가가 보유한 기술을 모두 숙달해야 이 단계에 이를 수 있다. 타고난 협상가는 상대의 감정과 욕망을 고려하고, 명료하고 간결하며, 걱정과 의구심을 드러내지 않고, 상대가 원하는 것을 얻도록 도우려는 의지를 바탕으로 서로의 만족을 끌어낸다.

초보 협상가의 사례

새로운 협력 업체와 계약을 놓고 협상한다고 해보자. 협상 조건과 가격에서 의견 불일치가 있지만, 상대측은 결론이 우리에게 좀 더 유리한 방향으로 끝날 것으로 예상하는 눈치다. 그것은 그들이 제시한 가격과 조건에 확신이 없기 때문이다.

협력 업체의 태도는 이전 회의 때와는 좀 달라졌고 협상 과정에 만족하지 않는 모습이다. 결국 합의에 도달했지만, 진정성이 없어 보인다. 예전에 한 고객은 이런 말을 했다. "와우, 협상을 정말로 잘하시는군요. 그런데 제 상사가 이 가격에 동의할지 잘 모르겠습니다. 당신이 지금까지 이 분야에서 다른 업체들과 어떻게 함께 일해왔는지 잘 알고 있습니다만, 이게 가능한 수준인지 장

담은 못 하겠습니다. 어쨌든 이 가격으로 조달팀을 최대한 설득 해보겠습니다."

하지만 그때 우리는 그의 회의적인 어조를 통해 가능성이 희박하다는 사실을 알았다. 그는 우리가 요구 사항을 충족시킬 만큼 최선을 다하지 않았다고 생각하는 듯했다. 그때 협상은 심각한 위기에 봉착했다.

정면충돌을 좋아하는 사람은 별로 없다. 그러나 때로 그러한 상황을 피할 수 없다. CPP 지수에 따르면, 직장 내 충돌의 49퍼센트는 성격 차이와 자존심 때문에 벌어진다고 한다.[2] 그리 놀라운 결과는 아니다. 그렇지 않은가? 협상 과정에서 당신이 갈등의 원인이라면, 상대는 당연히 당신으로 인해 더 많은 스트레스를 받길 원치 않을 것이다. 그들은 동의하는 척하면서 "최선을 다해보겠다"며 약속하지만, 거래의 성사를 진심으로 원하지는 않을 것이다. 앞의 사례에서도 상대는 지금까지 협상 과정에 만족하고 있지 않다는 사회적 신호를 보내고 있다. 다만 직접적으로 말하지 않을 뿐이다. 이러한 상황은 우리의 협업 능력을 시험한다. 여기서 우리는 지금까지 이 책을 통해 배운 몇몇 기술과 설득 기법을 활용해야 한다.

이러한 교착 상태에서 협상의 틀을 바꾸려면 이렇게 말해야 한다. "지금의 조건에 만족하시지는 않는 것 같군요. 저는 모두가 원하는 거래를 하고 관계에 대해 긍정적인 느낌을 얻길 바랍니다. 하지만 제가 바꿀 수 없는 부분이 있습니다. 그렇다면 한발 물러서서 다른 관점으로 지금 상황을 바라보는 것이 더 생산적인 방법이라 생각합니다. 지금의 문제를 어떻게 보아야 새로운 아이디어를 통해 다음 단계로 넘어갈 수 있을까요?"

유능한 협상가의 사례

유능한 협상가는 자기 감정을 잘 통제한다. 그러나 협상 파트너가 터무니없는 요구를 할 수 있다. 그럴 때 당장 해결책을 내놓을 수 없다면 협상을 잠시 중단해야 한다. 물론 이러한 결정에 상대는 불쾌한(그리고 부정적인) 감정을 느끼게 될 것이다.

피할 수 없는 갈등 상황에 직면했다면, 다음과 같은 포용적인 말이 도움이 된다. "타당한 점을 지적하셨습니다." 이러한 표현으로 상대의 생각을 인정한다는 느낌을 전할 수 있다. 계약을 협상하고 있다면, 여유를 갖고 마음을 차분히 가라앉히자. 그래야 상대 측에게도 '숨을 돌릴 수 있는 여유'를 줄 수 있다.

협상이 실패로 돌아갈지 모른다는 두려움이 우리의 분석적 두뇌를 지배하지 않도록 자신의 감정 상태를 점검하는 것 역시 중요하다. 심호흡을 하기 힘든 상황이라면, 골치 아픈 주제로 돌아가기에 앞서 서로 합의가 가능한 주제로 대화의 방향을 돌리자.

유명 협상가인 빌 콜먼Bill Coleman은 사람들에게 종종 이런 조언을 했다. "열까지 세어보세요. 그러고 나면 아마도 상대가 먼저 말을 꺼내면서 더 높은 금액을 제시할 겁니다."³ 이 방법을 남용하지만 않는다면, 침묵은 그 자체로 하나의 협상 전술이 된다.

침묵이 자신감 없는 태도로 보일 때가 있다. 아델은 이십 대 중반에 뉴욕에 있는 한 대형 홍보대행사로부터 부사장직을 제안받았다. 인사팀 채용 담당자는 면접에서 아델에게 연봉을 더 높여주겠다고 했다. 구인 광고에서 제시한 것보다 1만 달러를 더 주겠다고 했다. 그 제안에 어느 정도 흡족한 마음이 들었지만, 그래도 아델은 좀 더 요구하고 싶은 마음이 컸다. 사실 당시 아델은 잃을 게 없었다. 이미 직장이 있는 상태에서 연봉이 더 높은 곳을 알아보고 있었기 때문이었다. 그래서 입을 다문 채 잠시 뜸을 들였다. 즉 침묵 작전을 썼다.

얼마 후 채용 담당자는 더 이상 참을 수 없다는 표정으로 이렇게 말했다. "이 자리에 더 이상 연봉을 높일 수는 없어요." 아델은 경험상 그게 최고 금액이 아닐 것이라고 예상했지만, 자신의 생각을 드러내지는 않았다. 결국 그 제안을 받아들였다. 하지만 만족스러운 협상은 아니었다는 생각은 지울 수 없었다.

그런데 아델이 몰랐던 한 가지 사실은 채용 담당자가 그때 아델에게서 받은 인상을 직속 상사에게 그대로 전했다는 것이다.

그녀는 침묵으로 일관한 아델의 태도가 마음에 들지 않았고, 자신이 제시한 관대한 조건에 아델이 고마워하지 않았다고 했다. 아델은 그 사실을 직속 상사의 이야기를 듣고서야 알았다. 상사는 이렇게 말했다. "자네가 연봉에 만족하지 않는다는 걸 잘 알고 있네." 아델은 알아채지 못했지만, 채용 담당자는 그때 어떤 신호를 보내고 있었던 것이다.

그리고 얼마 후, 아델은 자신의 '부하 직원'의 연봉이 자기보다 1만 5000달러나 더 높다는 사실을 알게 되었다. 그 직원은 연봉 협상에서 채용 담당자에게 그 금액을 적극적으로 요구했다고 했다. 그러나 아델은 그러지 못했다.

침묵을 협상 전술로 남용하지 말자. 아델의 사례를 반면교사로 바라보자. 아델은 침묵 작전을 올바로 사용하지 못했다. 여유 있는 태도로 더 좋은 대우를 받아야 하는 객관적인 증거를 제시했더라면 채용 담당자를 설득할 수 있었을 것이다. 그러나 그런 생각을 하지 못했다. 그건 당시 아델이 투쟁과 도주 모드에 있었기 때문이다.

아델은 모두가 아는 브랜드 홍보 캠페인을 전국 규모로 벌인 적이 있고, 추천사를 써준 두 CEO를 포함하여 여러 유명 고객이 위기를 성공적으로 헤쳐 나갈 수 있도록 도움을 주었다고 언급했어야 했다. 게다가 홍보 전문가를 대상으로 수여하는 '40세 이하

40인 40 under 40' 상을 포함하여 홍보 분야의 상을 여러 번 받기도 했다. 그런데도 그런 말은 전혀 하지 않았다. 그저 침묵을 지켜야 유리한 자리를 차지할 수 있다고 생각했다. 아쉽게도 그 모든 노력은 아델이 방어적인 인물이라는 인상만 전달했고, 채용 담당자의 제안보다 더 가치 있는 인재임을 입증하지 못했다. 결국 담당자는 아델이 실제로 성취한 것이 아니라, 그가 짐작하는 모습으로 아델을 평가한 것이다. 그때 아델은 다음과 같이 말해야 했다.

목표에 집중하면서 분명한 태도를 보여야 했다. 채용 담당자의 감정에 이름을 붙여야 했다. 그리고 이렇게 말해야 했다. "제가 이 자리에 충분한 자격이 없다고 생각하시는 것 같습니다. 그 이유를 말씀해주실 수 있을까요?"

걱정과 의구심을 떨쳐버려야 했다. 또한 연봉과 관련해서 채용 담당자의 입장을 존중해야 했다. 그랬다면 그녀는 체면을 구기지 않고서도 어떻게든 연봉을 높여줄 방법을 찾았을 것이다. "왜 선뜻 더 높은 제안을 못 하시는지 이해합니다. 제 경력에 비해 연봉이 높다고 생각하실 수 있습니다. 하지만 저는 지금 말씀하시는 다른 지원자들과는 다릅니다. 그래서 이렇게 요청을 드리는 겁니다."

채용 담당자를 도우려는 의지를 드러내야 했다. 그리고 경력을 통해 이룬 성취를 자세히 설명해야 했다. 아델은 그때의 면접에서 큰 교훈을 얻었고, 그래서 모든 채용 면접에서 활용할 수 있도록 이력서와 함께 자기소개서, 수상 내역, 언론 기사를 묶은 일종의 '소책자'를 만들었다. 산업 내 연봉 지수를 언급하는 것도 좋은 방법이었을 것이다. 그랬다면 그 제안이 자신의 경력에는 어울리지 않는다는 사실을 객관적으로 보여줄 수 있었을 것이다. 그러나 자신감 없이 침묵만 고수했다.

타고난 협상가의 사례

우리는 한 리얼리티 프로그램에 관한 아이디어를 설명하기 위해 디스커버리 채널을 찾았다. 거기서 우리는 고객을 위해 프로듀서들과 계약 조건을 협상했다. 고객은 우리에게 협상 조건이 까다로운 중요한 계약을 성사할 수 있도록 도움을 달라고 요청했다. 우리는 팀을 꾸려서 역할을 분담하고 무슨 말을 할 것인지 정리했다. 문제점이 드러났지만 모두 쉽게 해결했다. 우리가 참여하게 된 이번 회의의 목적은 프로그램에 누구를 출연시킬 것인지, 그리고 리얼리티쇼 스타 두 명에게 출연료를 얼마나 지급할지 결정하는 것이었다. 처음에 제작사는 리얼리티 프로그램의 표준 출연료인 2500달러를 제시했다. 그러나 그건 너무 낮은 금액이었다. 다음으로 제작사는 조금 더 높여 에피소드당 3000달러를 제시했다. 그리고 주요 방송국에서 '무료 방송 시간'을 확보하는 것처럼 '기업 소유주들이 무료 프로그램을 통해 얻을 수 있는 이익'을 강조함으로써 우리를 설득하고자 했다. 그건 우리도 기대한 바였다. 프로그램은 공짜로 만들 수 없다. 이러한 프로그램에는 많은 이들의 피와 땀, 눈물이 필요하다. 그러나 우리는 우리가 원하는 방향으로 대화의 흐름을 돌렸다.

명료하고 간결하게: 우리가 어떻게 트렌드를 창조했는지, 그리고 우리가 추천한 인물 이외에 누구도 프로그램에서 주연을 맡지 못했다는 점을 강조했다. 이를 통해 우리의 가치를 높였다.

걱정과 의구심 떨쳐버리기: 출연료를 에피소드당 4500달러에 합의할 경우, 프로그램의 인기가 높아져도 1년간은 출연료를 그대로 유지할 수 있는 선택권을 제시했다.

상대를 도우려는 의지를 드러내기: 할리우드 세상은 '차세대 스타'를 찾는 사람들로 가득하다. 그들은 잠재적 기회라는 개념을 좋아한다. 타고난 협상가는 자기 감성을 잘 통제한다. 그리고 '협상 파트너가 성공할 수 있는' 다양한 방법을 알고 있다. 우리는 팀원들의 사전 조사를 통해 제작사의 한 프로듀서가 만든 몇몇 프로그램이 아쉽게도 성공을 거두지 못했다는 사실을 확인했다. 그리고 제작사의 경영진이 그 프로듀서의 역량을 의심한다는 소문도 있었다. 그래서 우리는 그 프로듀서가 '이번 협상의 잠재력'을 확신하도록 만드는 데 주력했다.

칩은 협상 과정에서 잠재력을 보여주고 가능성을 예측하는 표현을 활용했다. 그는 이렇게 말했다. "사람들 대부분 안전을 선호하지만, 기회가 찾아왔을 때는 기꺼이 위험을 감수하려 합니다. 철저하게 계산된 위험 감수를 통해 경력을 쌓아나갈 수 있습니다." 결국 그 프로듀서는 당연하게도 위험을 받아들였고, 우리는 프로그램을 제작할 수 있었다.

긍정 심리학자 미하이 칙센트미하이 Mihaly Csikszentmihalyi 와 잔느 나카무라 Jeanne Nakamura 에 의해 널리 알려진 '몰입 상태 flow state'라는 개념은 특정 과제에 완벽히 빠져든 느낌을 뜻한다. 몰입 상태에 들어가면 아이디어가 저절로 샘솟고 일이 저절로 이루어지는 느낌을 받는다. 칙센트미하이는 2004년 테드 토크 TED Talk 에 출연해서 이렇게 설명했다. "집중이 강렬해지면서 황홀경, 즉 모든 것이 선명해지는 감각 상태에 이르게 됩니다. 매 순간 자신이 무엇을 원하는지 정확하게 이해하고 즉각적인 피드백을 얻습니다."[4]

모든 이야기는 실마리를 남기며, 우리는 설득 기술을 총동원해야 한다는 사실을 명심하자. 포렌식 듣기를 통해 얻은 상대에 관한 모든 정보를 활용하면 그가 몰입 상태로 들어서도록 유도할 수 있다. 이를 위해 상대의 미묘한 감정을 파악하고, 그 감정에 이름을 붙이고, 그의 자세를 관찰하고, 즉각적으로 반응해야 한다. 또한 상대의 성격 기반과 대표적 성격 일관성 및 비일관성을 분석하는 다양한 노력을 해야 한다. 그 과정에서 얻은 모든 정보를 바탕으로 상대가 몰입 상태로 들어서도록 만드는 방법을 창조적으로 생각해내는 것이 바로 우리의 과제다.

문제를 내려다보는 방법

우리 고객 중에는 정부 기관에서 활동하는 수석 협상가 리처드가 있다. 그는 우리에게 노조위원장과 협상을 진행했던 이야기를 들려주었다. 리처드는 점심을 먹고 난 뒤에 협상 파트너의 표정이 좋지 않다는 사실을 발견했다. 노조위원장은 비협조적이고 전투적인 태도를 드러냈다. 결국 리처드는 협상 중단을 제안했다.

리처드는 무슨 일이 있었는지 짚어보면서 자신이 지금 회의실 위에 둥둥 떠 있다고 상상했다. 그리고 자신을 포함해서 회의에 참석한 모든 이를 내려다본다고 생각했다. 그런데 협상 파트너가 메시지를 확인할 때마다 불만스러운 표정을 지으며 휴대전화를 테이블에 강하게 내려놓는 모습이 보였다. 이러한 행동은 시간이

지날수록 더 뚜렷하게 드러났다. 결국 리처드는 협상을 잠시 중단하는 게 어떻겠냐고 제안했고, 그러자 그는 "좋은 생각이군요"라는 말을 남기고는 재빨리 회의실을 빠져나갔다.

그리고 이튿날 다시 회의를 시작했을 때 노조위원장의 태도는 완전히 달려져 있었다. 그는 적극적이고 협조적인 태도로 창의적인 아이디어를 내놨다. 그렇게 쌍방은 서로 도움이 되는 방향으로 협상을 마무리했다.

리처드는 상대가 어떻게 비협조적인 태도에서 적극적인 태도로 바뀌었는지 궁금했다. 그는 노조위원장에게 이렇게 물었다. "어제와는 달리 오늘은 무척 우호적이고 개방적이시네요." 그는 충분한 설명을 들려주었다. "어제 회의를 일찍 마치자고 제안해주신 것에 감사를 드리고 싶군요. 사실 어제 제 딸아이의 축구 시합이 있었는데 회의 때문에 가볼 수가 없었죠. 그런데 회의를 잠시 중단하자는 제의를 해주신 덕에 경기를 보러 갈 수 있었습니다." 리처드는 사려 깊은 질문으로 협상 파트너에게 자기 자신과 협상 과정에 대해 긍정적인 인상을 남길 수 있었다.

타고난 설득가 로버트 아이거

월트디즈니의 회장 로버트 아이거^{Robert Iger}는 할리우드의 뛰어난 협상가로 소문이 자자하다. 아이거는 조지 루카스^{George Lucas}에게 스타워즈 프랜차이즈를 인수하고 싶다는 이야기를 꺼내면서 가볍게 대화를 시작했다. 그로부터 거래가 완료되기까지는 2년이 걸렸다. 사람들은 아마도 그 거래가 일반적인 협상이라기보다 대화에 더 가깝다고 느꼈을 것이다. 인수에 관한 질문을 받았을 때 아이거는 이렇게 답했다. "충분한 신뢰가 있었습니다."

아이거가 루카스를 알기 위해 투자한 2년의 세월은 디즈니에 엄청난 수익을 가져다준 장기적인 설득 기간이기도 했다. 《하버드 비즈니스 리뷰》에 실린 한 기사는 이렇게 언급했다. "디즈니는 스타워즈 프랜차이즈가 2~3년마다 새로운 영화를 제작하고 출시할 수 있도록 하겠다고 약속했다. 계약 내용에는 앞으로 3년 동안 출시될 스타워즈 영화에 관한 구체적인 대본 개요까지 포함되어 있었다."[5]

우리는 아이거가 루카스의 가장 큰 걱정, 즉 인수 후 자신의 창작물에 대한 통제권을 잃어버리게 될지 모른다는 우려를 이해함으로써 신뢰를 구축했다고 생각한다. 아이거는 디즈니의 손에 들어가게 될 창작물의 권한에 대해서는 특별히 언급하지 않았다.

그는 디즈니가 영화와 관련해서 해야 할 일에 관한 이야기로는 협상을 마무리 지을 수 없다는 사실을 잘 알았다. 대신에 아이거는 협상 차원에서 뜻밖의 시도를 했다. 그는 세 가지 각본에 대한 투자를 통해 스타워즈가 앞으로 어떻게 나아갈 것인지를 보여주었다.

이 사례는 타고난 설득자가 어떻게 움직이는지를 완벽하게 보여준다.

명료하고 간결하게: 아이거는 루카스에게 단지 더 많은 수익을 약속하기보다 루카스가 남긴 작품의 가치를 진심으로 이해한다는 사실을 보여주었다.

걱정과 의구심을 떨쳐버리기: 아이거는 루카스가 스타워즈 다음 에피소드를 맡게 될 제작사를 직접 선정할 수 있도록 했다. 그는 프로젝트에 대한 통제권을 양보함으로써 루카스에게 존경의 신호를 보냈다.

상대를 도우려는 진정한 의도: 아이거는 루카스가 자기 작품에 대한 권한을 무엇보다 중요하게 생각한다는 사실을 이해했다. 그것이 바로 아이거의 자산이었다.

당신의 협상 파트너의 감정적 자산은 무엇인가? 돈인가, 권한

인가, 시간인가, 아니면 감독으로부터 자유인가? 조건을 제시하기 전에 상대가 협상에 임하는 감정적 이유를 먼저 파악하자.

이러한 수십억 달러 규모의 협상으로부터 배울 수 있는 교훈은 상대가 진정으로 관심과 이해를 받고 있다고 느낄 때 협상의 성공 가능성이 커진다는 사실이다. 반대로 상대가 가장 중요하게 여기는 것을 빼앗으려 한다면, 협상은 실패로 돌아갈 것이다.

우리는 비즈니스 협상 과정에서는 사적인 모습을 절대 드러내지 말라고 배웠다. 전문가들은 말한다. "감정은 문밖에 두고 들어가라." 그러나 우리는 그게 절대 유용한 조언이 될 수 없다고 생각한다. 비록 감정의 유형을 구분할 수 있다고 해도, 우리는 하나의 인간으로서 마음대로 감정을 차단할 수 없다. 여기서 우리가 제시하는 조언은 상대가 돈을 어떻게 바라보는지 분석하라는 것이다. 돈은 언제나 감정과 연결되어 있다. 당신은 물론 협상 상대도 돈에 대해 감정적으로 얽혀 있다.

미국의 작가 라미트 세티 Ramit Sethi 는 《하버드 비즈니스 리뷰》의 '어센드 Ascend'라는 코너에서 이렇게 말했다. "돈과 우리의 관계는 우리 삶의 다른 모든 관계만큼이나 개인적이고 중요하다."[6] 미국 공영 방송인 PBS의 보도에 따르면, "아이들은 3세 무렵 돈에 대한 기본적인 개념을 이해하고, 7세가 되면 돈에 대한 가치관이 형성된다."[7] 우리는 상대방이 돈을 어떻게 바라보는지, 그리고 그에게 돈이 무엇을 의미하는지를 이해함으로써 협상의 성공 가능성을 높일 수 있다.

미국 테네시주 상원의원인 하워드 베이커Howard Baker는 이렇게 말했다. "모든 협상에서 가장 힘든 부분은 감정을 배제하고 사실만을 다루는 것이다." 우리는 베이커 의원에 대한 존경의 의미로, 사실은 언제나 감정 속에 싸여 있다고 말하고 싶다. 특히 돈과 관련된 경우라면 말이다.

긍정적인 감정 경험을 창조하는 협상

타고난 협상가처럼 협상을 마무리 짓자. 이 원칙은 실천을 거듭할수록 제2의 천성으로 자리 잡을 것이다. 나아가 그렇게 협상함으로써 자신과 자신의 기업에 대한 긍정적인 인상을 남기고 향후 수익성 높은 거래의 물꼬를 터줄 것이다.

분명하고 간결하게: 오랫동안 공들여온 협상을 마무리하는 역할을 맡았다고 해보자. 여기서 목표는 분명하다.

걱정과 의구심을 떨쳐버리기: 폭넓은 조사와 풍부한 정보를 바탕으로 상대 기업이 지난 3분기 동안 시장 점유율을 계속해서 잃어버리고 있다는 사실을 확인했다.

상대를 도우려는 진지한 의도: 당신의 기업은 최고의 파트너로서 최상의 서비스를 제공하고 효율성 및 과거 성공 사례에 관한 데이터를 풍부하게 확보하고 있다.

타고난 협상가의 비결

우리는 해당 산업 분야의 전망을 조사하면서 어떤 제품이나 서비스로 차별화를 이룩할 수 있을지 확인했다. 그리고 우리의 제안을 뒷받침하는 자료를 모두 확보했다. 다음으로 영업 담당자가 잠재 고객에게 모든 정보를 설명하는 프레젠테이션을 했다. 그런데 잠재 고객은 우리가 아닌 다른 기업을 선택했다. 그 기업의 제품과 가격 그리고 프레젠테이션 모두 우리 기업과 비교해서 나을 바가 없었다. 대체 어떻게 된 일일까?

기업 B의 영업 담당자는 그 고객 기업과 또 다른 차원에서 관계를 형성했다. 그는 단지 거래를 마무리하는 선에서 끝나지 않았다. 그는 고객과의 감정적인 연결을 추구했다. 이를 위해 고객의 모든 이야기에 귀를 기울였다. 그리고 그들의 요구 사항에 주목했고, 우리가 퓨처캐스팅future-casting이라고 부르는 추가적인 단계를 활용했다. 여기서 말하는 퓨처캐스팅이란 자신의 경험과 전문성을 입증하는 사례 연구와 이야기를 적극적으로 활용하는 기술을 말한다. 경쟁사인 기업 B는 잠재 고객에게 예측할 수 있는 성공 가능성과 함께 이번 거래가 그들이 지금까지 줄곧 계속해온 것임을 강조했다.

당신 기업의 영업 담당자와 마찬가지로 기업 B의 영업 담당자 역시 시장조사를 통해서 잠재 고객이 최근 실적 부진을 겪고 있다는 사실을 확인했다. 이러한 경우에 대부분 그 사실을 모르는 척한다. 방안에 코끼리가 있다는 사실을 애써 외면한다. 하지만 경쟁사의 영업 담당자는 그렇게 하지 않았다. 그는 상황을 파악하기 위해 자유로운 형태의 질문을 던지면서 잠재 고객과 현재 상황에 대해 솔직하게 이야기를 나누었다. 그리고 지금 상황이 고객 기업과 경영진에게 어떤 영향을 미치고 있는지 물었다. 또한 다음과 같은 말로 공감을 표현했다. "모두 앞날을 걱정하고 계시겠군요." "직원들도 고용 상황에 불안해하고 있겠군요." "해결책을 서둘러 내놔야 한다는 압박을 많이 받고 계시겠군요."

그 영업 담당자는 프레젠테이션을 진행하면서 자신의 기업이 제시하는 해결책으로 도움을 줄 수 있다는 사실을 설명했다. 그는 공감과 포렌식 듣기 그리고 잠재 고객의 미래에 대한 긍정적인 비전을 통해 강력한 연결고리를 만들어냈다.

기업가들은 매출 상승에 강한 집착을 보인다. 마치 그것이야말로 유일한 목표인 것처럼 생각한다. 그러나 이러한 집착은 장기적인 관계 형성을 가로막는 중대한 심리적 장애물로 작용할 수 있다. 과정이 아니라 결과에 주목할 때 우리는 더 많은 거래 기회를 놓치게 된다.

협상 가능성이 희박하다고 느낄 때 스트레스가 높아진다. 그리고 절박한 심정을 드러내게 된다. 잠재 고객은 이를 알아챈다. 그리고 협상 과정에서 심한 스트레스를 느끼게 된다. 그러므로 우리는 잠재적인 결과에 집착하기보다 과정에 주목함으로써 향후 협상을 위한 기반을 탄탄히 다질 수 있다.

우리는 자기 자신과 자신의 메시지, 질문 유형, 그리고 협상을 시작하기 전에 자신과 팀의 준비 상태를 통제할 수 있다. 그러나 앞서 언급했듯이 잠재 고객이나 협상 파트너의 행동을 통제할 수는 없다. 그래도 관계 유형과 강도는 통제할 수 있는 영역으로 남아 있다.

요약

- 타고난 협상가는 집중과 명료함, 걱정과 의구심을 버리고, 상대가 목표를 달성하도록 도우려는 의지를 갖고 협상에 임한다.

- 협상 파트너의 감정적 자산을 확인하자. 돈인가, 통제권인가, 시간인가, 감시로부터 자유인가? 협상 조건을 제시하기에 앞서 상대가 협상에 임하는 감정적 태도를 먼저 파악하자.

- 상대가 진정한 관심과 이해를 받고 있다고 느낄 때 협상의 성공 가능성은 높아진다. 반대로 상대가 가장 중요하게 여기고 원하는 것을 빼앗으려 할 때 협상은 실패로 돌아간다.

- 우리는 하나의 인간으로서 감정을 마음대로 차단하지 못한다. 우리의 조언은 상대가 돈을 어떻게 바라보는지 분석하라는 것이다. 돈은 언제나 감정과 연결되어 있다. 우리 자신의 감정은 물론, 협상 상대의 감정과도 얽혀 있다.

14장

급박한 상황에서 두려움이 하는 역할

　인생 최악의 순간을 기준으로 한 사람의 삶을 평가할 수는 없다. 그러한 순간은 인생의 아주 작은 일부에 불과하다. 그러므로 그러한 관점으로 삶을 바라봐서는 안 된다. 결과를 판단할 때도 작은 부분을 기준으로 삼아서는 안 된다. 어떤 작업의 안전성이 99.9퍼센트라고 해서 무조건 밀어붙여선 안 된다. 그렇다고 지극히 예외적인 위험을 기준으로 의사결정을 내려서도 안 된다. 그런데도 그러한 오래된 믿음은 여전히 힘을 발휘하고 있다. 사람들은 지금도 위기에 대처하는 방식을 보고 한 사람의 성격을 파악할 수 있다고 믿는다. 사실 이러한 믿음은 사회 전반에 깊이 깔려 있어서 많은 이들은 위기의 순간에 자신이 어떤 모습을 보이게 될지 걱정하며 항상 최악의 사태에 대비한다.

2001년 9월 10일, 누군가 미국 최악의 테러 사건을 목격하면 어떤 반응을 보일 거냐고 물었다면, 아델은 격분했을 거라고 답했을 것이다. 다른 모든 사람처럼 말이다. 그러나 정작 그날 아델에게선 기자로서의 본능이 고개를 들었다. 아델은 곧장 매장으로 달려가 값싼 카메라를 샀다. 그리고 밖으로 나가 마구 셔터를 눌러대기 시작했다.

그날 아델은 자신의 존재에 대한 깨달음을 얻었다. 아델의 내면에는 위기 모드가 탑재되어 있었다. 사실 아델은 평소 전형적인 이탈리아계 미국인 저지걸 jersey girl 로 살아간다. 즉 지극히 감정적인 사람이다. 그런데 막상 위기의 순간이 닥쳐오자 내면에 숨어 있던 영국인이 모습을 드러냈다. 아델은 냉철하게 움직였다. 사실 우리는 실제로 위기의 순간이 닥쳐왔을 때 자신이 어떻게 행동할지 알지 못한다. 그 위기가 자연재해든, 치명적인 자동차 사고든, 사랑하는 사람에게 닥친 삶과 죽음의 순간이든, 아니면 자신의 기업과 브랜드, 생계를 위협하는 홍보 대참사든 간에 말이다.

경영자들에게 긴박한 비즈니스 상황을 헤쳐 나가도록 조언하는 사람인 우리는 위태롭고 민감한 순간을 종종 맞닥뜨린다. 그 과정에서 우리는 최고의 리더란 이미 위기의 순간을 많이 겪었고, 그리고 그 순간에도 두려움은 방정식의 일부라는 사실을 이해하는 인물임을 배웠다. 우리가 두려움이라는 감정을 대하는 방식은 결과에 긍정적이거나 부정적인 영향을 미친다.

두려움이 미치는 영향

두려움을 대하는 태도가 어떻게 의사결정에 영향을 미칠까? 우리는 왜 두려움 때문에 실수를 저지르게 되는가? 지금부터는 우리가 실제로 경험한 몇 가지 사례를 소개하겠다.

경직: 중요한 결정을 내려야 할 때마다 얼어붙는 의사회 의장. 우리 고객은 이러한 현상을 '터틀링 turtling'(방어 위주로 하는 게임을 하는 방식—옮긴이)이라고 불렀다.

공황: 너무 많은 결정을 너무 빨리 내리는 CEO. 마치 물에 빠지지 않으려고 잡히는 대로 붙잡는 사람의 모습이다. 물론 긴박한 비즈니스 상황에서는 재빠르게 움직여야 하지만, 정신없이 행동해서는 안 된다.

분석 마비: 적절하게 대응해야 한다는 사실을 이해하고 그렇게 할 수 있기를 정말로 원하지만, 찬성과 반대를 모두 고려해서 결정을 내리는 동안에 상황은 이미 종료된다.

구원자 증후군: 모든 문제를 자기가 해결하겠다고 나서서 현실적으로 가능한 것보다 더 많은 일을 떠안아 영웅이 되고자 하는 사람. 그러나 자신의 존재감을 드러내는 데 집착하다가 관련된 요인을 간과하고 중요한 세부 사항을 놓친다.

여기서 이해해야 할 중요한 사실은 스트레스 상황에서 보이는 이러한 반응들 모두 정상적인 행동이라는 점이다. 하지만 이러한 실수를 반복하지 않으려면 자기 자신과 자신의 행동 패턴을 이해해야 한다.

칩과 아델이 생각하는 이상적인 협력 상대는 무섭도록 차분한 CEO다. 그는 상황의 중요성을 파악하고 원칙적으로 진지하게 대응한다. 올바른 형태로 팀을 꾸리고 그들에게 역할을 분담하는 중요한 리더의 역량을 갖추고 있다. 그리고 특정 분야의 전문성을 확보한 몇몇 팀원들과 상의하고, 조직 구성원에게 충분한 정보를 제공하며, 우리의 조언을 잘 받아들이면서 신속하게 대처한다.

원시의 두뇌로 현대를 살아가기

인류의 두뇌는 100만 년에 걸쳐 진화해왔다. 그러나 오늘날의 위험은 판단할 준비가 되어 있지 않다. 영장류는 주변을 탐색해서 상대가 친구인지 적인지 판단한다. 그리고 잠재적 위험을 예측한다.

칩과 아델은 이 책을 쓰는 과정에서 미국의 암호 해독가이자 컴퓨터 보안 전문가, 프라이버시 전문가, 그리고 작가인 브루스 슈나이어 Bruce Schneier를 만나 인터뷰를 진행했다. 그는 원시적인 두뇌와 관련해서 많은 이야기를 들려주었다. 그의 그러한 생각은 《와이어드 Wired》 기사에도 잘 요약되어 있다.[1]

> 위험을 판단하는 것은 생명체의 중요한 과제다. 그런데 그 과제를 수행하는 주체는 우리 두뇌의 아주 원시적인 영역이다. 그것은 뇌간 바로 위에 있는 내측두엽에 위치한 편도체다. 편도체는 분노와 회피, 방어, 두려움 등 감각 정보에서 비롯되는 기본적인 감정을 처리하는 기능을 담당한다.

슈나이어는 《와이어드》 기사에서 초기 영장류는 날카로운 송곳니를 드리내는 호랑이에게 습격을 당할 때처럼 급박한 위협에 처했을 때 스스로를 지키기 위해서 두려움이라는 감정을 만들어냈다고 설명한다. 그는 이렇게 말한다. "우리 두뇌는 이렇게 생각하도록 훈련을 받아왔다. '이런 일이 한번 일어났다면, 얼마든지 또 일어날 수 있다. 그럴 때를 대비해야 한다.'" 우리가 두려움에 반응하는 방식은 본질적으로 습관이다. 그리고 이러한 습관은 대부분의 다른 습관과 마찬가지로 적절한 훈련과 경험을 통해 바꿀 수 있다.

두려움에 마비된 CIA 요원

CIA의 케이스 오피서 case officer(해외 정보 수집 및 첩보 요원 관리를 담당하는 직책―옮긴이)이자 신입 요원 훈련 교관, 그리고 유명 정보 장교로 활동한 해럴드 니컬슨 Harold Nicholson 은 CIA 첩보 요원이 갖춰야 할 모든 자질을 지닌 인물이었다. 단 FBI 내부에서 그를 둘러싼 의혹이 일기 시작하기 전까지 말이다.

칩은 신참 FBI 요원 시절에 워싱턴 DC의 현장 사무소 첩보팀으로 발령받았다. 그는 당시를 이렇게 떠올렸다. "CIA와 합동 수사를 벌이는 과정에서 CIA 조직 내부에 첩자가 침투했다는 사실을 확인했습니다. 고위 관리자 중 한 사람이 러시아 정보부 소속의 이중간첩인 것으로 드러났습니다. 그는 미국의 정보 프로그램에 관한 비밀 정보를 빼내고 있었습니다. 본격적인 수사가 즉각 시작되었습니다. 적대적인 해외 세력이 그 정보 요원을 관리하고 있는 것으로 확인되었기 때문이죠."

칩의 임무는 FBI가 니컬슨의 사무실에 설치해놓은 비밀 카메라로 그의 행동을 감시하는 일이었다. 칩은 니컬슨이 CIA 보안 문서를 러시아 관리자에게 넘겨주기 위해 스위스로 나가려고 했던 하루 전에 감시실에 앉아 그를 들여다보고 있었다. FBI는 해럴드 니컬슨이 스위스행 비행기에 탑승하면 그를 체포할 계획을 세워놓고 있었다.

칩이 기억하기로, 초반에 니컬슨의 모습은 완벽하게 정상이었다. 그는 사무실에서 자신의 업무를 처리했다. 다른 팀원들이 감시했던 이전과 다를 바가 없었다. 그는 키보드를 두드려대며 커피를 마시고 서류를 정리했다. 그런데 갑자기 책상 위에 놓여 있던 선을 잡아당기면서 전화기 아래를 들춰보기 시작했다. 틀림없이 무언가를 찾고 있었다.

칩은 이러한 행동 변화를 감시팀에 전화로 알렸다. 무엇을 찾고 있었던 걸까? 이후 청소용품을 보관하는 창고만큼 작은 FBI 감시실에 첩보팀 요원들이 몰려들기 시작했다.

30분 후 니컬슨은 다시 한번 하던 일을 멈추고는 무릎을 꿇고 손을 짚은 채로 책상 밑을 살폈다. 감시 장비를 찾고 있는 듯했다. 감시실 내 긴장이 가득한 가운데 니컬슨은 다시 의자에 앉아 하던 일을 계속했다. 그리고 15분쯤이 흘렀을까, 그는 다시 일을 멈추고 천장을 노려봤다. 그러고는 의자를 놓고 올라섰다. 칩은 당시를 이렇게 기억했다. "허리띠 아래밖에 안 보였지만, 천장을 덮고 있는 판자를 들어 올려 카메라를 찾고 있는 것 같았습니다. 우리의 작전이 실패로 돌아갈 수도 있다는 생각이 들었죠."

그때 감시실 안에는 FBI 워싱턴 현장 사무소에서 온 간부들은 물론 감시 카메라를 직접 설치한 요원들도 있었다. 니컬슨이 카메라를 발견하자마자 달아나지 않을까 걱정하면서 모두 멈춰 선 채 화면을 숨죽이며 지켜봤다. 칩의 이야기를 더 들어보자.

우리는 물리적 감시팀에게 최고 경계 상태를 유지하도록 알림을 보냈습니다. 그의 움직임을 항상 지켜보도록 지시를 내렸죠. 그가 정상 행동 범위에서 조금이라도 벗어나면 즉각 체포할 계획이었습니다. 다행스럽게도 그는 일상적인 업무를 한 뒤에 퇴근했습니다. 우리는 그의 동태를 확인하기 위해 자택 인근에도 특수 요원들을 배치했죠. 그리고 다음날 니컬슨이 공항에 모습을 드러냈습니다. 우리는 공항 내 서점과 커피숍에 요원들을 미리 배치해두었고, 공항 근무자들 역시 우리 요원이었습니다. 또한 공항 내 보안 카메라를 통해서도 그를 지켜보고 있었습니다.

니컬슨은 느지막이 비행기에 탑승했다. 그가 자리에 앉은 후

두 명의 FBI 요원이 비행기에 올라 신원을 밝히고 그에게 동행을 요구했다. 처음에 니컬슨은 체포에 저항하려는 듯 긴장된 모습을 보였다. 그러나 저항은 쓸모없는 일이었다. 그는 붙잡혔고 달아날 방법은 없다는 사실을 깨달았다. 그는 차량을 타고 공항 내 다른 건물로 호송되었다. 그리고 첩보 행위로 체포되었다는 통보를 받았다. 처음에 그는 수사에 대한 협조나 정보 제공을 거부했다. 그러나 니컬슨의 변호사는 재판을 준비하면서 기밀 유출 혐의로 그가 사형에 처해질 것이라는 사실을 알게 되었다. 결국 니컬슨은 마음을 바꿔 FBI에 협조하기로 했다.

니컬슨은 러시아가 침투 공작원들에게 어떤 지시를 했는지 털어놨다. 그는 어떤 보상을 받았을까? 러시아는 어떻게 지령을 전달했을까?? 사실 FBI는 그들이 이미 알고 있는 사실을 니컬슨이 확인해주길 원했다. 그런데 칩은 오랜 세월이 흐른 지금도 놀랍게도 상세한 이야기를 들려주었다.

여러 차례 심문에서 우리가 그의 사무실에 감시 장비를 설치했다는 증거를 찾았는지 물었습니다. 그러지 그는 자존심이 상한 표정으로 단호하게 "아니오"라고 답했습니다. 그는 사무실을 뒤졌지만 아무것도 발견할 수 없었다고 했죠.

우리는 깜짝 놀랐습니다. 감시 카메라에 관해 모든 것을 알고,

또한 고도의 훈련을 받은 경험 많은 CIA 케이스 오피서가 사무실 천장에 숨겨놓은 카메라를 발견해내지 못했던 겁니다. FBI 최고 기술자가 설치했다고 해도 니컬슨 정도의 인물이면 당연히 발견했어야 했습니다. 그는 관련 기술과 장비, 그리고 감시카메라를 설치하기 위한 제반 조건을 아주 잘 알고 있었습니다. 그리고 무엇을 확인해야 하는지도 잘 알았습니다. 그런데도 찾아내지 못했습니다. 왜 그랬을까요? 우리는 그가 러시아 측과의 업무에 너무 몰두한 나머지 카메라를 발견하지 못한 게 아닐까 추측했습니다. 즉 그는 두려움 때문에 카메라를 보지 못했던 거죠.

해럴드 제임스 니컬슨은 미국 역사상 첩보 행위로 유죄를 선고받은 사례 중 두 번째로 직급이 높은 CIA 요원이었다. 그는 연방 수사관에게 자신이 무슨 정보를 빼돌렸는지 밝혔고, 자신의 재산을 모두 환수하는 데 동의했다. 현재 니컬슨은 종신형으로 복역 중에 있다.

원시적인 두뇌가 의사결정을 주도하도록 내버려둘 때 우리는 중요한 것을 놓치고 만다. 그래서 우리는 스트레스에 압도당할 때 최고 능력을 발휘하지 못한다. 중요한 세부 사항을 놓치고 가능한 해결책을 발견하지 못한다. 그럴 때 우리는 외부 관점으로 바라봄으로써 도움을 얻을 수 있다. 니컬슨은 자신의 거짓말에 너무 몰입한 나머지 진실을 마주하려 하지 않았다. 진실이 전문가로서 자신의 지위를 앗아간다면, 어느 누구도 진실을 맞닥뜨리려 하지 않을 것이다. 그가 만약 카메라를 발견했다면, 그 사실은 CIA 요원으로서 그의 전문성과 정체성, 그리고 이중첩자로서의 삶을 모두 부정해버릴 것이었다.

그래서 우리는 평판과 비즈니스 위기에 대비해야 한다는 지적을 좀처럼 받아들이지 못한다. 우리는 문제를 해결할 준비가 되어 있지 않기 때문에 그러한 지적이 자신의 인격과 전문성에 상처를 입히는 것으로 생각한다. 많은 리더는 그러한 지적을 받아들이면 자신의 영향력이 위축될 것이며, 그래서 리더십을 발휘하지 못하게 될 것으로 우려한다. 하지만 이러한 두려움을 그대로 인정할 때 리더는 주변 사람들에 대한 설득력을 오히려 더 높일 수 있다.

두려움을 극복하고 활용하는 법

경영자들은 사업이 위기를 맞이할 때 자신의 평판과 생계를 걱정한다. 그리고 자신이 내린 모든 의사결정을 언론과 대중이 어떻게 평가할지 심히 우려한다.

그렇다면 위기를 극복하고 성공하는 리더와 위기를 극복하지 못하고 어려움을 겪는 리더의 차이는 뭘까? 그건 두려움을 다루고 이용하는 역량에 있다. 흔히 말하듯 위기 속에 기회가 있다. 그러나 당장 벌어진 일에 정신이 팔려 있는 동안 기회는 뒷문으로 사라져버린다. 기회를 확인하고 잡을 수 있다면 위기를 극복하는 것은 물론이고 강력한 동력까지 얻을 수 있다. 바로 이 능력이 힘차게 앞으로 달려 나갈 것인지, 아니면 계속해서 뒤로 물러날 것인지를 결정한다.

그렇다면 어떻게 두려움에 대처해야 할까? 첫째, 두려움을 느낄 때 나타나는 신체적·심리적·감정적 반응을 이해해야 한다. 방금 부정적인 이야기를 전해 들었다고 해보자. 가령 경제 위기와 같은 심각한 문제 혹은 프로젝트 마감이나 상사의 재촉, 고객의 분노와 같은 사소한 문제가 발생했다는 소식을 들었다. 그럴 때 우리 몸은 반응하기 시작한다. 먼저 부신이 스트레스 호르몬인 아드레날린과 코르티솔을 분비한다. 그리고 심박수와 혈압이 상승한다. 신경계는 부수적인 신체 기능을 중단해서 우리가 위기에 대처하는 과정에 에너지를 집중하도록 만든다.

이러한 반응은 회색곰을 맞닥뜨릴 때처럼 투쟁 및 도주 모드로 들어서야 할 순간에 대단히 유용하다. 그러나 상사의 압박 속에서 프로젝트를 끝내야 하는 상황에는 도움이 되지 않는다. 이렇게 우리의 신경 시스템이 하향 조정될 때 가장 먼저 사고 능력이 희생양이 된다. 그리고 이성적으로 보고 듣는 능력 또한 저하된다. 이러한 현상은 신속하게 생각하고 논리적으로 말해야 할 때 업무 스트레스로 인해 두뇌가 얼어붙고 입이 바싹 마르는 이유를 설명해준다.

실제 위험과 가상의 위험

문제는 우리 두뇌가 설계된 방식에 있다. 두뇌는 놀라운 능력을 지녔지만, 실제 위험과 가상의 위험을 구분하는 데는 상당히 서툴다. 우리 두뇌는 사회적 스트레스 상황에서도 목숨이 오가는 상황과 똑같이 감정 반응을 지시한다. <u>사회적 스트레스가 높을 때 두뇌는 그 상황을 신체적 위협 상황과 똑같이 인식한다.</u>

두려움에 익숙해지는 법

통찰력은 리더십의 중요한 요소다. 리더는 주변 상황과 사람들, 그리고 자기 자신을 들여다볼 줄 알아야 한다. 두려움에 발목을 잡히지 않으려면 자신의 두려움 스타일을 이해해야 한다. 이를 위해 우리는 위기가 닥쳤을 때 말 그대로 한 걸음 물러서야 한다. 흥분하고, 당장 전화를 걸고, 회의를 즉각 소집하려는 충동을 이겨내야 한다. 그리고 〈숨을 쉬자: 우리 몸에는 스트레스 해소 기능이 있다Just Breathe: Body Has a Built-in Stress Reliever〉라는 제목의 《NPR》 인터뷰 기사에서 그 비결을 알아보자.[2]

사무실 문을 닫고 눈을 감고서 호흡을 해보자. 몸을 이완하면서 속도를 늦추고 흥분을 가라앉히자. 우리 몸이 회색곰을 만난 것처럼 반응하더라도 우리 마음은 방 안에 곰이 없다는 사실을 안다.

이제 마음이 진정되었다면, 팀원들을 생존 모드에서 끄집어낼 시간이다. 칩은 FBI 특수 요원이자 인질 협상가로서 이런 경험을 수없이 했다. 나 역시 위기 의사소통 전문가로서 조 바이든 대통령부터 여러 분야의 CEO와 CMO, CCO에 이르기까지 많은 고객과 함께 줄곧 그런 경험을 해왔다.

팀을 흥분에서 가라앉히기

사무실 문과 함께 마음의 문도 열어두자. 위기의 순간에 팀원들은 당신의 이야기에 귀를 기울인다.

미루지 말기: 좋지 않은 상황이 기적처럼 사라지길 바라는 마음은 인간의 본성이다. 그러나 호기심 역시 본성이다. 기업이 '위기'에 봉착했다는 소식을 듣자마자 대중은 더 많은 것을 알

고 싶어 한다. 이러한 상황에서 침묵은 대중의 불신과 의혹, 추측을 증폭시킨다. 그리고 추측은 또 다른 소문을 만들어내고, 그렇게 만들어진 소문은 재빨리 퍼져 나간다.

두려움에 다가서기: 리더가 두려움으로부터 달아나려고 할 때 직원들의 마음속에서는 거대한 의혹의 소용돌이가 일면서 리더의 이야기는 묻히고 말 것이다. 반대로 두려움을 인식하고 이를 정상적인 감정 반응으로 인정하면 직원들이 위기를 기회로 바라보고 두려움에서 빠져나오도록 만들 수 있다. 직원들이 두려움을 있는 그대로 바라볼 때, 그에 따른 고통은 완화되고 공동체와 대화, 제안, 해결책의 기회가 모습을 드러낸다.

진실과 도박을 벌이지 말 것: 리더는 조직 내부의 두려움에 접근하면서 동시에 정확하거나 잘못된 대중의 인식에도 주목해야 한다. 대중의 생각을 외면할 때 그들은 빈칸을 추측으로 채워 넣을 것이다. 물론 모든 것을 공개할 수는 없지만, 최대한 많은 진실을 대중과 공유하자.

이성적인 이야기: 팀원들은 더 잘할 수 있다. 위기의 순간에 그들이 리더에게 바라는 것은 진정성 있는 모습이다. 리더가 다음과 같은 이야기를 들려줄 때 그들은 상황을 올바르게 바라볼 것이다.

"우리가 아니라 다른 사람/그룹/기업이 잘못을 저질렀다."

"어떤 이들은 _____ 때문에 열을 올리고 있지만, 우리 기업은 극복해낼 겁니다."

"사람들이 사소한 실수를 지나치게 심각하게 받아들이고 있습니다. 소란이 가라앉을 때까지 지켜봅시다."

"우리는 이미 이러한 문제를 겪었고 앞으로도 겪게 될 겁니다. 민감하게 반응하지 맙시다."

"우리는 이러한 부정적인 기사/리뷰/평가/실수를 해결할 수 있습니다. 사람들은 우리 기업이 지향하는 가치를 이해합니다."

"오늘밤/내일/다음 주에 상황이 어떻게 달라지는지 확인하고 다시 생각해봅시다."

두려움을 극복하고 미래로

평판을 회복하기 위해 주목해야 할 가장 강력한 감정은 바로 두려움이다. 사람들이 느끼는 두려움을 인식하고 이를 미래를 향한 기대로 연결해야 한다. 두려움을 이해하고 문제를 파악하고 상황을 똑바로 들여다보면 리더의 지위를 굳건히 다질 수 있다. 자신이 리더인 상황에서 최악의 사건이 벌어졌는데도 사람들에게 미래를 향한 기대를 채워주지 못할 때 그들은 희망을 잃어버리고 말 것이다.

지금부터는 리더의 비전에 대한 호기심을 자극하고 신뢰를 창조하는 세 가지 표현을 소개하고자 한다.

> 선택 1: "두려움은 우리 두뇌가 새로운 가능성의 단계로 넘어가고 있다는 사실을 알려주는 신호입니다. 이 위기를 발판으로 삼아 조직을 앞으로 나아가게 만들어봅시다. 이를 위해 어떻게 해야 할지 여러분의 생각이 궁금합니다. 좋은 아이디어가 있습니까?"
>
> 선택 2: "모든 위기는 기회입니다. 조직을 개선하고 강화하려면 어떻게 해야 할까요? 제게 몇 가지 아이디어가 있습니다. 하지만 먼저 여러분의 생각을 들어보고 싶군요." (그 뒤로는 2장에서 설명한 포렌식 듣기 기술을 활용하자)
>
> 선택 3: "우리 조직이 힘차게 앞으로 나아가면 리더들이 어떤 도움을 받을 수 있다고 생각합니까? 예전에 없던 어떤 기회가 지금 눈앞에 있습니까? 세 가지 측면에서 도움을 얻을 수 있을 것입니다."

물론 똑같이 말할 필요는 없다(자신만의 어조와 스타일로 바꿔보자). 하지만 메시지는 분명해야 한다. 여기서 말하는 메시지란 나쁜 일은 기다리는 사람에게 찾아온다는 것이다.

<u>미루기는 우리가 위기의 순간에 저지르게 되는 가장 심각하고, 가장 비용이 많이 드는 실수다. 방어 전략을 수립할 수 있는 시간은 매우 짧다. 그 시간을 허투루 보내지 말자.</u> 너무 많은 리더가 기업을 위협하는 상황에 적극적으로 대응할 필요가 없다고 자신과 주변 사람들을 설득하면서 소중한 시간을 허비하고 있다.

그러한 리더들 대부분 부정적인 언론 기사를 그냥 지켜보는 동안 신뢰를 서서히 잃어가고 있다는 사실을 깨닫지 못한다. 이러한 미루기 대응은 사람들의 추측을 자극하고 결국 그들이 최악의 상황을 가정하도록 만든다. 이러한 사실을 외면하지 말자. 부정적인 추측은 무죄추정의 원칙이 아니라 사람들의 흥미를 돋우는 가십거리로 전락하기 쉽다. 모두가 알고 있듯이 사람들은 이야기를 좋아한다. 리더가 먼저 이야기하지 않을 때 청중은 이야기를 지어내기 시작할 것이다.

1950년대 말 정신과 의사 클라우스 콘라트^{Klaus Conrad}는 '아포페니아^{apophenia}'라는 말을 만들어냈다. 이 용어는 관련이 없는 것들 사이에서 어떻게든 연결고리를 찾아내려는 인간의 성향을 의미한다. 가령 벽지 무늬에서 얼굴 형상을 발견하거나 무작위한 정보를 짜깁기해서 음모론을 만들어내는 식이다. 우리 두뇌는 자주 패턴을 발견해내곤 한다. 그래서 청중은 우리가 겪는 위기로

부터 얻은 몇 가지 정보로 이야기를 만들어내고자 한다. 게다가 그 위기가 미투 운동 시기의 성희롱 문제처럼 특정한 문화 흐름과 관련 있는 것이라면, 그 여파는 더욱 심각할 것이다.

소문과 음모론이 소셜 미디어를 타고 흘러넘치는 시대에서 메시지를 통제하는 일은 그 어느 때보다 중요한 과제가 되었다. 현대 문화가 ADHD를 앓고 있다는 사실 또한 그 과제를 더 힘겹게 만든다. 사람들은 헤드라인에 주목한다. 그리고 기사에 담긴 미묘한 의미와 구체적인 정보를 흘려버린다. 우리는 여론이라는 재판정에서 심판을 받는다. 그리고 스스로 변호해야 한다.

어떤 리더는 정보를 갈망하는 대중에게 일반적인 유보 성명으로 대응한다. 가령 "더 많은 것을 알게 되면 알려드리겠습니다"처럼 애매모호한 말로 얼버무린다. 그러나 이러한 대응은 전화기 부재중 메시지와 다를 바 없다. 사람들은 이와 같은 대응에 염증을 느낀다. 이들 리더는 나중에 아무런 의미 없는 답변을 내놓거나 혹은 사람들이 조만간 다른 이야기에 주목하게 될 것이라는 기대로 아예 답변을 내놓지 않는다. 그러나 이는 중대한 착각이다. 이러한 대응은 오히려 사람들이 더 관심을 갖도록 자극한다. 즉 대중에게 괄호를 채우는 두 번째 기회를 제공한다. 메시지는 구체적이어야 하고, 또한 정기적인 개선이 뒤따라야 한다. 대중이 추측할 시간을 갖지 못하도록 침묵의 기간을 제거해야 한다.

요약

- 두려움은 의사결정에 부정적인 영향을 미친다. 두려움에 따른 일반적인 반응은 경직과 공황, 분석 마비, 그리고 구원자 증후군이다.

- 미루기는 리더가 위기 상황에서 저지르게 되는 가장 심각하고, 가장 비용이 많이 드는 실수다. 방어 전략을 수립할 시간은 아주 짧다. 너무 많은 리더가 기업을 위협하는 위기 상황에 대응할 필요가 없다고 자신과 주변 사람을 설득하면서 소중한 시간을 허비한다.

- 모든 위기의 중심에는 기회가 있다. 기회를 포착하고 붙잡을 때, 리더는 위기를 극복하고 비즈니스를 위한 거대한 추진력을 창조한다.

- 리더는 직원들이 느끼는 두려움을 인식하고 이를 미래를 향한 기대와 연결해야 한다. 두려움을 이해하고, 문제를 직면하고, 앞으로 나아가는 길을 확인해야 한다.

15장

자신만의 설득 방식: 개인적인 설득 스타일

존 F. 케네디 주니어 John F. Kennedy, Jr.는 CNN의 래리 킹 Larry King 과 인터뷰를 할 때 살짝 자세를 고쳐 앉으며 어떻게 대답해야 할지 골똘히 생각하고는 이렇게 말했다. "복잡합니다." 래리는 그에게 개인적이면서도 직설적인 질문을 던졌다. "대통령의 아들이자 문화적 아이콘이 된다는 건 어떤 걸까요? 전설적인 아버지의 아들로 살아가는 건 어떤 느낌인가요?" 존은 솔직하게 대답했다. "삶이 풍요로우면서도 복잡해지는 기죠. 그건 제가 풀어나가야 할 퍼즐입니다."[1]

존의 대답은 솔직하면서도 조금은 무언가를 숨기고 있었다. 존 F. 케네디 주니어는 사람들의 인식과 기대를 조종할 줄 알았다.

자신에 대한 사람들의 섣부른 판단을 이해하는 그는 사람들의 생각이 틀렸다는 사실을 입증해야 하며, 또한 그들이 그런 생각에서 벗어나도록 만들어야 한다고 생각했다. 그는 사람들이 다음과 같은 인식에서 벗어나 그 너머를 보도록 만들고자 했다.

- 아버지 장례식에서 슬퍼하는 어린 소년
- 제트기를 타고 전 세계를 돌아다니는, 그리고 우아하고 세련된 전 영부인 재클린 케네디 오나시스의 아들
- 뉴욕 변호사 시험에 세 번 낙방한 끝에 합격한, 그리고 와이셔츠를 입지 않는 유명인
- 부유하고 유명한 부모에게서 모든 걸 물려받은 은수저

존은 이 네 가지 인식이 자신의 인간관계에 영향을 미치고 의사소통을 복잡하게 만든다는 사실을 정확하게 이해했다. 자신에 대한 사람들의 인식을 이해하는 일은 힘든 과제이면서도 중요한 설득 기술 중 하나다. 자기 자신과 자신의 목표에 대한 사람들의 인식을 예측할 수 있다면, 우리는 자신의 영향력을 극대화하는 방향으로 전략을 세울 수 있다.

이제 이 장을 읽어나가면서 어떻게 자신의 이야기와 직업적인 스타일을 구성해야 설득력을 높일 수 있을지 알아보자.

존 F. 케네디 주니어와의 만남

러트거스대학교 졸업을 앞둔 20대 초반, 아델은 인턴 자리를 알아보고 있었다. 아델은 언론과 정치학으로 복수 전공을 했고 대학신문인 《더 타굼 The Targum》에서 보조 편집자로 활동했다. 당시 아델은 《조지 George》 매거진을 인턴십을 위한 최고의 기업으로 선망했다. 존 F. 케네디 주니어는 하나의 문화적 현상을 창조하면서 대중문화와 인기, 그리고 정치를 놀라운 방식으로 혼합했다. 평생 대중의 눈앞에서 살았던 존보다 이 세 가지의 관계를 더 잘 이해한 사람이 있었을까?

아델은 《조지》의 편집장인 러트거스대학교 동문 리처드 블로 Richard Blow에게 연락해서 학보 기사를 위한 인터뷰에 응해달라고 요청했다(그렇다. 그 시절에도 아델은 설득을 하고 있었다). 그를 만나 한 시간가량 이야기를 나누고 난 뒤, 아델은 1세대 대학 졸업생 first-generation college graduate(가족 중에서 처음으로 대학을 졸업한 사람—옮긴이)으로서 투지를 모두 끌어모아 이렇게 물었다. "제가 《조지》에 대해 많이 알아봤는데요. 혹시 인턴을 구하고 계신가요?" 블로는 그 자리에서 아델에게 인턴 자리를 제안했다.

출근 첫날 브로드웨이 1633번지에 있는 화려한 고층 빌딩에 들어섰을 무렵, 아델의 어머니는 아델이 정직하고 선량한 존 F.

케네디 주니어와 함께 《조지》에서 인턴으로 일하게 되었다는 소식을 주변 모두에게 전했다. 아델은 긴장과 흥분을 달래며 엘리베이터에 올라 《조지》 사무실이 있는 41층으로 향했다. 아델을 맞이한 것은 존의 비서 중 한 사람이었다. 그녀는 아델에게 존과 함께 일하기 위해 지켜야 할 구체적인 규칙들을 알려주었다. 아델은 그를 어떻게 대해야 하는지, 어떻게 불러야 하는지, 그리고 어떻게 다가가야 하는지에 관한 자세한 이야기를 들었다.

존과 그의 비서는 아델이 다른 모든 직원과 마찬가지로 기업의 설립자에 대한 특정한 인식을 갖고 있다는 사실을 이해했다. 존의 잡지는 이미 하나의 문화 현상이었지만, 그는 여전히 자신의 유명한 부모와는 별개로 하나의 개인으로서 영향력을 구축하기 위해 노력하고 있었다. 그 비서는 잡지사에서 그의 영향력과 지위를 극대화하는 방식으로 존에 대한 아델의 인식을 바꿔놓았다. 존은 한 명의 개인으로서 사무실 안에서 다른 이들과 평등한 대우를 받고 있었다. 비서는 이런 경고의 말도 잊지 않았다. "규칙을 따르지 않으면 일주일도 버티기 힘들 겁니다."

아델은 그곳에서 자신의 존재를 정확하게 이해하는 1990년대의 유명인이 설득 전략을 성공적으로 실행에 옮기는 모습을 지켜봤다. 사실 아델은 지금도 그의 전략을 종종 활용하고 있다. 지금부터 존이 자기 자신에 관한 이야기를 통제함으로써 사람들의 인식을 원하는 대로 바꾼 방법을 살펴보자.

- 그는 자신에 대한 사람들의 인식과 편견에 정면으로 맞섰다. 자신의 대중적 이미지가 아이디어를 자유롭게 주고받는 과정에 방해가 되길 원치 않았기 때문이다.
- 사무실 안에서 자유로운 의사소통을 원했고, 또한 입바른 소리만 하는 사람이 보상받지 못하는 문화를 만들어냈다. 그는 용기 있게 반박하고 자신을 동료 기자이자 일반 관리자로 대하는 직원을 공개적으로 칭찬했다.
- 경계를 그었다. 내가 그를 만나기 전에 비서에게서 들은 규칙은 그 자체로 하나의 경계였다. 리더는 업무적 경계를 분명하게 설정하고 그 이유를 제시해야 한다. 그리고 경계를 정함으로써 사람들에게 자신이 귀를 기울여야 할 존재라는 사실을 전한다. 이는 비서가 없어도 얼마든지 할 수 있는 일이다.

존 F. 케네디 주니어는 현명하고 따뜻하고 적극적이고 포용적인 인물이었으며, 무엇보다 사람들이 자신을 어떻게 바라보는지 정확하게 이해했다. 그는 아델과 같은 인턴을 포함해서 모든 직원과 함께 어울렸다. 그는 아델의 이름을 알았고 아델이 중요한 사람인 것처럼 느끼게 해주었다. 그가 주변 사람들을 대한 방식을 절대 잊지 못할 것이다. 그에 대한 인상은 그가 1999년 일찍 세상을 떠난 뒤에도 그대로 남았다.

자신의 성격은 자신이 구축한다

존의 전략적 접근 방식은 우리 모두 실행에 옮길 수 있는 것이다. 물론 대부분 다른 사람의 인식에 영향을 미치는 명성이나 유명한 배경을 걱정할 필요는 없을 것이다. 또한 자기 이미지에 영향을 미치는 힘이나 추종자 모임 같은 것도 없을 것이다. 그래도 우리는 개인적인 경험을 바탕으로 사람들이 자신을 바라보는 관점을 이해할 필요가 있다.

다른 사람들의 편견이 자기 이미지에 영향을 미친 경험은 다들 있을 것이다. 그 결과는 관계 속 권력 구조 혹은 누가 관계에서 우위를 차지하고 있는지에 달렸다. 그리고 이는 외모, 옷 입는 방식, 사람들과 관계를 맺는 방식만큼이나 기본적인 것이다. 가령 어조, 시작하는 말 혹은 사람들이 예전의 모습(부디 긍정적인 것이기를)을 떠올리게 하는 것일 수 있다.

첫인상을 만들 수 있는 두 번째 기회는 없다는 말이 있다. 누군가를 처음 만날 때 우리는 그 사람과 맺게 될 관계에 대한 기반을 형성한다. 그리고 상대의 기본적인 성격을 파악하며, 이를 통해 미래의 관계를 강화할 수 있다. 첫 만남에서 우리는 다음 세 가지에 주목해야 한다.

만남의 주제: 이번 만남은 인터뷰, 프레젠테이션 혹은 브리핑을 위한 자리인가? 비즈니스 상황에서 만남의 주제란 우리가 상대를 만나는 실질적인 이유다.

자신의 기본적인 성격을 구축하기: 존 F. 케네디 주니어의 사례처럼 비서가 없더라도 우리는 자기 이미지를 완벽하게 관리할 수 있다.

상대의 기본적인 성격 파악하기: 상대의 기본적인 성격을 계속해서 그려내고 수정해야 할 스케치라고 생각하자.

선입견 파악하기

우리는 모두 살면서 사람들이 자신을 오해하는 상황을 겪게 된다. 우리 역시 다른 사람을 종종 오해한다. 그래도 다른 사람을 더 잘 이해할 수 있는 방법이 있다. 그리고 이 책에서 도움을 받을 수 있다. 그런데 다른 사람들이 자신을 인식하는 방식은 어떤가? 우리가 만들어내는 자기 이미지와 관련해서, 우리가 직접 대본을 쓰지 않으면 사람들이 우리를 대신해 작성할 것이다.

사람들이 자신을 어떻게 인식하는지 이해하려면 자기 자신의 행동과 패턴에 주목해야 한다. 그리고 관계의 목적을 정확히 파악해야 한다. 즉 관계를 통해 무엇을 주고받을 것인지 분명하게 이해해야 한다.

우리가 어떤 이미지를 보여줄 것인지 정확하게 판단하려면 한 발 물러나서 스스로 이렇게 물어야 한다. '내가 이렇게 생각한다는 사실을 사람들은 알고 있을까?' 다른 사람의 인식을 이해하기 위해서는 그들이 우리 자신을 어떻게 읽고 있는지 정확하게 파악해야 한다. 비즈니스 미디어 기업인 패스트컴퍼니 Fast Company에 실린 한 기사가 설명해주듯이, 이는 일종의 심리적 모형을 의미한다. "심리적 모형은 우리가 세상을 살아가면서 사용하는 사고방식을 설명해준다. … 심리적 모형이 저마다 다른 이유는 서로 다른 인생 경험으로부터 만들어지기 때문이다. 우리는 다른 사람의 심리적 모형을 인식함으로써 그가 왜 그런 방식으로 행동하는지 이해할 수 있다."[2]

우리 두 사람은 상대의 심리적 모형을 파악하기 위해 사회적 교류 과정에서 그의 사고방식(믿음이나 지식)을 계속해서 관찰한다. 그리고 대화를 나누는 동안 상대의 말을 예측하기 위해서 심리학자 엔델 툴빙 Endel Tulving이 말하는 '정신적 시간 여행 mental time traveling'을 한다.

우리는 자기 이미지를 어떻게 드러내야 할지 판단하는 데 도움을 주고자 '자신에 대한 사람들의 인식 점수표 how people perceive you scorecard'라는 것을 개발했다. 이 점수표를 가지고 사람들이 네 가지 서로 다른 시나리오 속에서 자신을 어떻게 분석하는지 이해할 수 있다. 그리고 관계가 긍정적인지, 부정적인지 정확하게 예측할 수 있다.

목록을 작성하고 사람들이 자신에게 긍정적으로 반응하는 상황에 플러스 기호(+)를 부여하자. 반대로 부정적인 반응을 보이는 상황에는 마이너스 기호(-)를 부여하자. 마지막으로 반응이 중립적이라면 등호(=)를 부여하자. 여기서 우리는 자신의 목표를 기준으로 각각의 관계에 기호를 부여해야 한다.

자신에 대한 사람들의 인식 점수표, 상황 1

실질적인 관리 권한이 없는 상태에서 다른 사람에게 자신의 성공에 중요한 과제를 수행하도록 요청해야 하는 상황이다. 예전에 그와 함께 일한 적이 있지만, 그래도 자신의 요청을 들어줄 것인지 확신할 수 없다. 다음은 우리에 대한 그의 인식을 알아보기 위한 방법이다.

- 우리가 프로젝트와 관련된 구체적인 이야기를 꺼내기 전에 그는 우리를 어떻게 대하는가?
- 우리의 요청에 대해서 질문을 하는가?
- 프로젝트에서 우리가 부여한 역할에 관해 질문을 하는가?
- 그는 우리의 요청대로 프로젝트를 진행하면서 목표 달성에 관심을 보이는가?
- 프로젝트에 관한 질문은 그 자신이 아니라 우리의 요청에 관한 것인가?
- 프로젝트 추진에 적극적으로 관심을 보이는가?
- 우리가 요청하기 전과는 다른 태도를 보이는가?
- 다른 사람들과 프로젝트에 관해 이야기를 나눌 때 열정적인 모습을 보이는가?

상황 1에서 우리가 리더 역할을 맡으려고 할 때 같은 직급의 동료가 우리의 요청(사소한 것이라고 해도)을 거절한다면 리더가 될 수는 없을 것이다. 동료의 태도에 악의가 없다고 해도 이는 점수표에 부정적인 영향을 미친다.

반대로 우리가 요청한 이후에 동료가 프로젝트에 적극적인 반응을 보인다면, 이는 긍정적인 신호다. 만약 동료가 다른 모든 사람의 요청에도 똑같이 반응한다면, 이는 중립적인 신호로 간주해야 한다. 그럴 때 점수표에 등호를 기록하자.

자신에 대한 사람들의 인식 점수표, 상황 2

상사 자격으로 직원들이 새로운 매출 목표를 달성하도록 만들어야 하는 상황이다. 새 목표와 관련해서 직원들의 반발이 어느 정도 예상된다. 지난번 목표는 '예측할 수 없는 문제'로 달성하지 못했고, 이로 인해 자신의 리더십이 타격을 받았다고 느낀다. 어떻게 직원들의 생각을 이해하고 그들의 인식, 특히 잘못된 인식에 접근해야 할까?

- 새로운 매출 목표를 발표했을 때 직원들은 어떤 반응을 보였는가?

- 새 목표를 지지하는 팀원이 있는가?
- 목표 달성에 따른 결과에 대해 이야기를 나누면서 직원들은 적극적인 태도를 보이는가?
- 회의 시간에 새 목표에 관해 질문하는 직원이 있는가?
- 실패한 프로젝트에 대해 직원들이 많은 이야기를 하는가?
- 직원들은 목표 달성 여부에 대한 조직의 평가에 신경을 쓰는가?
- 새 목표를 어떻게 바라보고 있는가?
- 새 목표가 달성 가능한 것이라고 생각하는가?

다양한 상호작용 상황에서 사람들이 우리를 인식하는 방법에 따라 궁극적으로 다른 사람들이 우리에게서 무엇을 기대하는지 일관되게 예측할 수 있다. 또한 앞으로 이어질 상호작용에서 우리가 원하는 것을 얻을 수 있을지 말지도 결정할 수 있다.

좋은 상호작용 목록을 확보한 후에는 이러한 행동이 우리가 원하는 방식으로 인식되는 데 도움이 되는지 생각해보자. 다른 사람들이 보여주길 바라는 행동을 효과적으로 제시하는가? 이러한 상호작용이 우리가 원하는 신뢰성에 기여하는가, 아니면 그 반대인가? 아무런 판단 없이 상호 작용을 관찰하고, 스스로 사람들을 어떻게 보는지, 그리고 무엇이 그러한 시각을 형성하는지 인식하는 데 집중하자.

사람들은 우리가 보내는 이메일과 문자에서 우리를 어떻게 읽는가? 사람들이 어떻게 느끼는지 생각해보자. 긍정적인가, 부정적인가? 이 모든 것은 우리가 어떻게 인식되는지에 장단기적 영향을 미친다.

자신에 대한 사람들의 인식 점수표, 상황 3

이메일에서 어떤 태도를 보여야 할지 고민하고 있다. 우리는 지금 동료들에게 직업 개발 교육 프로그램에 참여하도록 요청해야 하는 상황이다. 참여는 의무가 아니다. 그러나 조직은 참가자 수를 기반으로 나의 리더십 역량을 평가할 것이다. 그렇다면 이러한 이메일은 어떤 식으로 보내야 할까?

- '다들 잘 지내시죠?'와 같이 부드러운 인사말로 이메일을

- 시작하는가?
- 이메일을 보낸 이유를 바로 설명하는가?
- 이메일을 받을 동료들은 교육 프로그램으로부터 도움을 얻은 이들과 관련이 있는가?
- 이메일을 받을 동료들이 최종 목표를 떠올리도록 격려하는가?
- 참여는 개인의 선택이라는 사실을 알려주는가?
- 참여 방법과 함께 마감 시한을 제시하는가?
- 다음에 어떻게 해야 하는지 구체적으로 제시하는가?

유명한 영상 회의 플랫폼인 줌은 매일 3억 5000만 명이 사용하는 플랫폼이다. 이제 영상 회의는 비즈니스 업무에서 중요한 일부가 되었다. 이러한 점에서 영상 회의에서 자기 이미지를 전달하는 방식은 성공에 대단히 중요한 요소다.

자신에 대한 사람들의 인식 점수표, 상황 4

영상 회의를 진행하는 상황이다.

- 회의에 일찍, 제시간에 혹은 늦게 입장했는가?
- 배경이 자기 이미지에 영향을 줄 수 있다는 점을 염두에 두고 있는가?
- 줌 회의를 하면서 이메일을 읽거나 문자를 보내는 등 멀티태스킹을 하는가?
- 사람들은 자신과 얼마나 자주 눈을 맞추는가?
- 화면을 바라보고 있는가?
- 다음에 무엇을 해야 하는지 구체적으로 설명하는가?
- 회의는 제시간에 끝났는가, 아니면 길어졌는가?

전략적인 움직임	vs	최상의 결과에 대한 소망
자신에 대한 다른 사람들의 인식과 관련해서 한 가지 뚜렷한 목표가 있다. 사례: "마무리하기 전에 한 가지 문제만큼은 해결해야 합니다."		무슨 말을 할지, 회의 결과가 어떻게 나올지 미리 계획하지 않는다.
입장을 분명히 밝히고 검증된 사례를 활용해서 자신의 주장을 뒷받침한다. 사례: "제프 베이조스에 관한 기사를 읽었습니다. 비즈니스 성장을 바라보는 그의 접근 방식이 흥미롭더군요."		자신의 주장이 무엇인지 혹은 누가 자신의 의사결정과 접근 방식에 영향을 미치는지 아무도 알지 못한다.
다른 이들이 감정적인 차원에서 자신을 어떻게 바라보는지 잘 알고 있다. 사람들의 인식에 항상 주의를 기울이고 그들의 감정을 확인하기 때문이다.		현재 상황과 다음 할 일을 적는다.
자기 이미지를 드러내는 방법을 알고 있다. 동료들의 참여를 끌어내기 위해 자신이 '사려 깊은' 인물이라는 인상을 전한다.		자신의 주장에 뚜렷한 목적이 없고 일관적인 모습을 보여주지 못한다. 결국 사람들은 우리의 행동을 쉽게 예측하지 못한다.

〈표 15-1〉 전략적인 움직임 대 최상의 결과에 대한 소망

요약

- 우리가 다른 사람을 오해하듯이 다른 이들도 우리를 오해한다. 내가 전달하려는 이미지를 스스로 만들어내지 않으면 다른 사람들이 만들 것이다.

- 자기 이미지를 어떻게 드러내야 할지 이해하는 과정에 도움을 주기 위해, 사람들이 우리를 인식하는 방식에 따른 점수표를 개발했다. 이 점수표를 가지고 사람들이 네 가지 시나리오를 바탕으로 우리 자신을 분석하는 방식을 파악할 수 있다. 그리고 관계가 긍정적인지, 부정적인지 정확히 예측할 수 있다.

16장

성공적인 설득의
네 가지 요소

다른 사람이 우리가 원하는 대로 움직이게 만들기 위해 굳이 천재가 될 필요는 없다. 다만 설득력을 키우기만 하면 된다. 이 장에서는 비즈니스와 일상생활에서 분명한 인상을 전하고 신뢰를 얻는 몇 가지 간단한 전략을 살펴볼 것이다.

여기서 우리는 적절한 메시지를 적절한 시점에 전달하는 것이 얼마나 중요한지 확인할 것이다. 다시 말해 효과적인 설득을 이루는 네 가지 핵심 요소인 시점과 신뢰성, 호감도, 반복성을 중심으로 논의를 진행하고자 한다.

시점

효과적인 설득 전략을 수립하고자 한다면 시점을 섬세하게 고려해야 한다. 중요한 이야기가 있으면서도 적절한 시점을 놓치는 바람에 모든 걸 망칠 수 있다. 예를 들어, 연봉 인상을 요구할 때는 최적의 시점을 선택하는 것이 성공 여부를 판가름하는 중요한 요인이 된다.

이와 관련해서 몇 가지 당연한 조언이 있다. <u>설득하려는 사람의 머릿속이 복잡하다면, 일단 한발 물러서자.</u> 가령 상사의 아이가 입원했거나 조직이 해고의 칼날을 휘두르고 있거나 혹은 새로운 CEO의 부임에 맞춰 구조조정이 있을 거라는 소문이 돌 때 연봉 인상을 요청하는 것은 금물이다. 그리고 저녁 약속 때문에 5시에 정확하게 퇴근하는 상사를 4시 55분에 찾아가는 것도 도움이 되지 않는다. 반면, 상사가 어느 정도 당신의 도움을 받아 새로운 고객을 유치한 성과로 막 승진했다면, 그때가 바로 연봉 인상이나 승진을 요구할 수 있는 최고의 시점이다. 상사는 만족스러운 표정으로 자신에게 주어진 새로운 권한을 시험해보고 싶을 것이다. 또한 당신의 가치를 높이 평가하면서 고마운 마음을 갖고 있을 것이다. 그렇다면 지금 당장 찾아가서 연봉 인상을 요구하자!

대규모 청중을 설득할 때도 시점은 중요한 요소다. 설득은 곧 마케팅의 존재 이유다. 기업 인지도를 높이려면 소비자가 그 브랜드를 인식하도록 만들어야 한다. 제품이나 서비스를 판매하려면 사람들이 지갑을 열도록 설득해야 한다. 우리 두 사람은 홍보 전문가로서 고객들이 최신 동향과 관심 대상, 그리고 자기 자신과 산업 및 활동 분야에 관한 이야기를 만들어내는 것이 얼마나 중요한지 이해하도록 애쓰고 있다. 사람들(언론과 고객)이 언제 우리의 전문성에 관심을 기울이는지 파악했다면, 관련 뉴스 기사와 행사에 집중해야 할 최적 시점을 효과적으로 선택할 수 있다.

피트니스 분야의 사업가라면 12월 말에서 1월 초가 광고의 최적기라는 사실을 알 것이다. 그 기간에 사람들은 많이 먹고 많이 마시며 너무 바빠서 운동할 시간도 없다. 그러다 보면 예전에 입던 옷들이 점점 작게 느껴진다. 그리고 한 해의 마지막 날을 보내면서 새해 결심을 세운다. 이때가 바로 광고의 최적기다. 그러나 그렇게 던진 메시지는 평온한 바다에 이는 또 하나의 잔물결로 끝나고 말 것이다. 그렇다면 《사이컬로지 투데이 Psychology Today》 기사가 말해주듯이 많은 이들이 새해 결심을 포기하는 1월 17일까지 기다린다면 어떨까?[1] 경쟁사들의 광고가 잠잠해지기 시작할 때 대세를 거슬러 흥미로운 정보를 내놓는다면, 죄책감을 느끼던 이들이 다시 운동에 관심을 보일 것이다.

시점

효과적인 설득 전략을 수립하고자 한다면 시점을 섬세하게 고려해야 한다. 중요한 이야기가 있으면서도 적절한 시점을 놓치는 바람에 모든 걸 망칠 수 있다. 예를 들어, 연봉 인상을 요구할 때는 최적의 시점을 선택하는 것이 성공 여부를 판가름하는 중요한 요인이 된다.

이와 관련해서 몇 가지 당연한 조언이 있다. 설득하려는 사람의 머릿속이 복잡하다면, 일단 한발 물러서자. 가령 상사의 아이가 입원했거나 조직이 해고의 칼날을 휘두르고 있거나 혹은 새로운 CEO의 부임에 맞춰 구조조정이 있을 거라는 소문이 돌 때 연봉 인상을 요청하는 것은 금물이다. 그리고 저녁 약속 때문에 5시에 정확하게 퇴근하는 상사를 4시 55분에 찾아가는 것도 도움이 되지 않는다. 반면, 상사가 어느 정도 당신의 도움을 받아 새로운 고객을 유치한 성과로 막 승진했다면, 그때가 바로 연봉 인상이나 승진을 요구할 수 있는 최고의 시점이다. 상사는 만족스러운 표정으로 자신에게 주어진 새로운 권한을 시험해보고 싶을 것이다. 또한 당신의 가치를 높이 평가하면서 고마운 마음을 갖고 있을 것이다. 그렇다면 지금 당장 찾아가서 연봉 인상을 요구하자!

대규모 청중을 설득할 때도 시점은 중요한 요소다. 설득은 곧 마케팅의 존재 이유다. 기업 인지도를 높이려면 소비자가 그 브랜드를 인식하도록 만들어야 한다. 제품이나 서비스를 판매하려면 사람들이 지갑을 열도록 설득해야 한다. 우리 두 사람은 홍보 전문가로서 고객들이 최신 동향과 관심 대상, 그리고 자기 자신과 산업 및 활동 분야에 관한 이야기를 만들어내는 것이 얼마나 중요한지 이해하도록 애쓰고 있다. 사람들(언론과 고객)이 언제 우리의 전문성에 관심을 기울이는지 파악했다면, 관련 뉴스 기사와 행사에 집중해야 할 최적 시점을 효과적으로 선택할 수 있다.

피트니스 분야의 사업가라면 12월 말에서 1월 초가 광고의 최적기라는 사실을 알 것이다. 그 기간에 사람들은 많이 먹고 많이 마시며 너무 바빠서 운동할 시간도 없다. 그러다 보면 예전에 입던 옷들이 점점 작게 느껴진다. 그리고 한 해의 마지막 날을 보내면서 새해 결심을 세운다. 이때가 바로 광고의 최적기다. 그러나 그렇게 던진 메시지는 평온한 바다에 이는 또 하나의 잔물결로 끝나고 말 것이다. 그렇다면 《사이컬로지 투데이 Psychology Today》 기사가 말해주듯이 많은 이들이 새해 결심을 포기하는 1월 17일까지 기다린다면 어떨까?[1] 경쟁사들의 광고가 잠잠해지기 시작할 때 대세를 거슬러 흥미로운 정보를 내놓는다면, 죄책감을 느끼던 이들이 다시 운동에 관심을 보일 것이다.

이처럼 시점은 설득 과정에서 고려해야 할 기본적인 요소다. 그런데도 많은 이들이 충분히 고민하지 않는다. 당신의 청중은 언제 이야기를 듣고자 하는가? 언제 당신의 메시지를 원하는가? 내부와 외부 이해관계자들이 당신이나 당신 기업을 소재로 이야기를 나누게 해서 시장의 반응을 촉발하려면 어떻게 해야 할까?

신뢰성

훌륭한 스토리텔링의 핵심은 오래전 인류가 모닥불 주변에 둘러앉아 그날의 사냥 이야기를 나눈 시절 이후로 변하지 않았다. 스토리텔링에는 '후크hook'(모두가 공감하는 주장)라고 부르는 흥미로운 도입부, 사람들이 계속 집중하게 만드는 중반부(설득 클리프행어), 그리고 만족감을 전하는 결말이 필요하다. <u>설득 전략과 접근 방식은 솔직하고 진정한 느낌을 전해야 하고 탄탄한 스토리텔링 구조를 따라야 한다. 그리고 무엇보다 신뢰성이 있어야 한다.</u>

4장에서 소개한 이즈 대교 사례가 기억나는가? 카네기는 자신이 건설한 다리가 안전하다고 확신했다. 그러나 사람들이 믿지 못하자 그는 후크를 꺼내 들었다. 다시 말해 독립기념일 행사에 모인 30만 명의 군중이 지켜보는 가운데 코끼리가 다리를 건너도록 한 것이다. 이러한 연출이 다리의 장기적 안정성을 입증하는 것은 아니었지만, 다리의 안정성을 믿고 싶어 하는 사람들에게 확신을 주는 데는 성공했다.

이야기는 믿을 수 있고 진실해야 한다. 거짓말은 반박을 자극해서 평판에 심각한 피해를 준다. 이에 관한 역사적인 사례로 토머스 에디슨과 테슬라의 이야기를 꼽을 수 있다. '먼로 파크의 마법사'라고 불린 에디슨은 엄청난 성공을 거둔 발명가였다. 그가 미국에서 자신의 이름으로 따낸 특허권은 1,093건에 달했다. 발명가로 활동하는 동안 평균 일주일에 한 번꼴로 특허권을 받은 셈이다. 그러나 에디슨은 교류 전기가 위험하다고 대중을 설득하다가 자칫 모든 것을 잃을 뻔했다.

에디슨을 처음으로 만나 교류로 전기를 생산하는 아이디어에 대해 논의하려 했을 당시 세르비아계 미국인 물리학자 니콜라 테슬라Nikola Tesla는 가난한 발명가였다. 테슬라는 순진하게도 에디슨이 열정적인 천재 발명가를 당연히 만나줄 것으로 생각했다. 그러나 스포트라이트를 순순히 내놓으려 하지 않은 에디슨은 테슬라를 강력한 경쟁 상대로만 대했다.

테슬라는 철저한 사업가인 에디슨과 거래할 준비가 되어 있지 않았다. 에디슨은 돈의 흐름을 이해했고 수익 창출에 관심이 많았다. 그런데 에디슨이 받은 특허 중 상당수가 아직 아이디어 단계에 불과했다. 그는 특허권을 받고 몇 년이 흐른 뒤에야 초기 형태의 모형을 제작했다. 에디슨은 홍보가 비즈니스 세상의 주류로 편입되기 오래전부터 설득과 홍보에 능했다. 반면 테슬라에게는 그런 기술이 없었다. 그는 진정한 과학자였고 사람들이 자신을 어떻게 바라보든 별 관심이 없었다. 그는 자신의 존재를 내세워 아이디어를 널리 알리는 능력이 부족했고, 이는 평생의 걸림돌로 작용했다.

에디슨은 유명인이자 그 시대에 가장 유명한 과학자였다. 그는 직류 전기 기술을 활용해서 이미 미국과 유럽 등지에 발전소 여러 곳을 건립했다. 그는 투자자들을 만족시켜야 했다. 그런데 교류를 활용하는 테슬라의 아이디어가 자신의 직류 기술을 밀어내버릴 잠재적 위험이 있었다. 그렇게 된다면 자신의 노력은 원점으로 돌아가버릴 것이었다.

교류의 장점은 직류보다 전압을 더 쉽게 변환할 수 있다는 것이었다. 전압을 높이면 전기를 더 멀리 전송할 수 있었기 때문에 이 장점은 교류의 중요한 경쟁력이었다. 에디슨의 직류 방식을 사용하면 약 100블록의 전기를 생산할 수 있지만, 테슬라의 아이디어를 활용하면 잠재적으로 도시 전체를 밝힐 수 있었다.

테슬라의 이야기에 따르면, 에디슨은 발전소 한 곳에서 발생한 문제를 해결해주면 5만 달러를 주겠다고 약속했다. 이후 테슬라가 문제를 해결하고 돈을 요구했을 때 에디슨은 5만 달러 이야기는 농담이었다며 요구를 거절했다. 이후 테슬라는 에디슨과의 관계를 끊었다. 에디슨은 똑똑한 동료를 자기 팀으로 끌어들이고 그의 창조성을 이용하는 대신, 평생 그를 경쟁자로 삼았다.

테슬라가 피츠버그의 산업가 조지 웨스팅하우스^{George Westinghouse}를 설득해서 연구비를 확보하자 교류와 직류 사이에 본격적으로 전쟁이 시작되었다. 에디슨은 교류 기술의 위험성을 주장하는 캠페인을 벌였다. 그는 자기 주장을 입증하기 위해 개와 말, 심지어 코끼리까지 감전시키는 연출을 했다. 이러한 시도는 결국 살인자를 처형하기 위한 세계 최초의 전기의자 발명으로 이어졌다. 이 기술은 나중에 '웨스팅하우징^{westinghousing}'이라는 이름으로 알려지게 되었다.

이후 웨스팅하우스코퍼레이션^{Westinghouse Corporation}은 에디슨의 회사와 경쟁하여 세계 최초로 전기를 사용해서 조명을 밝힌 세계 박람회인 시카고 컬럼비아전시회의 계약을 따냈다. 그리고 또 다른 거대한 승리가 뒤를 이었다. 그것은 나이아가라 폭포에 테슬라가 설계한 교류 수력발전소를 설치함으로써 뉴욕 버펄로 도심 전체에 전력을 공급하게 되었다는 사실이다. 결론적으로 에디슨은 필연적인 변화를 조금 뒤로 미루었을 뿐이다. 먼지가 잔뜩 내려앉은 CD 장식장을 보면 알 수 있듯이, 우리가 아무리 노력한다고 해도 기술의 노후화는 막지 못한다.

만약 에디슨이 테슬라를 받아들였다면 두 사람은 함께 교류 발전기를 완성하고 오랜 협력 과정에서 많은 결실을 일궈냈을 것이다. 그러나 에디슨은 자존심과 에고 때문에 제대로 판단하지 못했다. 게다가 그가 이끈 중상모략 캠페인은 그의 유산에서 아쉬운 오점으로 남았다. 그러나 이러한 실수는 지금도 반복되고 있다. 최근 보잉과 페이스북, 사노피 Sanofi 모두 잘못을 인정하지 않으면서 수십억 달러의 손실을 보았다. 그들의 선택은 당시에는 효과가 있었지만 우아하지도 전략적이지도 않았다.

호감도

알베르트 아인슈타인은 그의 방정식 $E=mc^2$으로 기존의 뉴턴 물리학, 그리고 우주 공간을 가득 메우고 있는 확인할 수 없는 신비의 물질인 '에테르 ether'라는 개념에 도전했다. 20세기의 여명이 밝아올 무렵, 과학자들은 전기의 특성과 빛의 이동, 그리고 무無의 개념을 둘러싼 질문에 대답하기 위해 에테르라는 존재를 가정했다. 그러나 에테르는 확인할 수 없는 물질로 밝혀졌다. 그 이유는 애초에 존재하지 않기 때문이었다! 아인슈타인의 이론은 대단히 혁명적이었고, 과학자 동료들의 관심이 쏠리기까지 오랜 시간이 걸리지 않았다. 언론은 E=mc² 공식에 주목했고 얼마 후 모든 지역의 주민들도 신문으로 그 공식에 관한 이야기를 접했다.

그런데 아인슈타인은 어떻게 대중이 자신의 혁명적인 이론을 그렇게 빨리 받아들이도록 만들 수 있었던 걸까? 어떻게 E=mc²이 누구나 아는 수학 공식이 되었을까? 물론 아인슈타인은 천재였고 그의 이론은 사실로 증명되었다. 그러나 그가 그렇게 많은 지지자를 끌어모을 수 있었던 것은 그의 개인적인 매력 때문이었다. 아인슈타인은 훌륭한 이야기꾼이었다. 그의 천재성은 수학과 물리학뿐 아니라 이야기로 자신을 시대의 상징적인 존재로 만드는 능력에서도 드러났다. 아인슈타인은 복잡한 이론을 단순한 개념으로 요약하는 방식으로 개인적인 브랜드를 구축했다. 유명하게도 그는 이렇게 말했다. "여섯 살짜리 아이에게 설명할 수 없다면 당신은 그것을 이해하지 못하는 것이다."

물론 헝클어진 머리와 독특한 억양, 덥수룩한 콧수염, 통명스러운 유머 감각 등 아인슈타인만의 매력을 그대로 따라 할 필요는 없다. 그러나 아인슈타인처럼 자신만의 스토리텔링 기술을 발휘함으로써 설득하고자 하는 상대에게 자신의 호감도를 크게 높일 수 있다.

악당과 영웅을 설정하자

재미있는 이야기에는 언제나 영웅과 악당이 등장한다. 악당은 꼭 인간일 필요는 없다. 개념이나 문제 혹은 고통의 원천을 악당으로 설정할 수도 있다. 실제로 <u>사람들이 공통으로 느끼는 문제를 악당으로 등장시켜서 자신의 주장을 돋보이게 하는 방법은 비즈니스 세상에서 대단히 효과적인 스토리텔링 기술이다.</u>

인정의 중요성을 이해하자

상대가 우리와 우리 주장을 받아들이려 하지 않을 때 무엇보다 존중을 보이는 태도가 필요하다. 이를 위해 상대의 주장을 반박하기 전에 먼저 긍정의 표현을 해보자. 가령 이렇게 말하는 것이다. "그렇게 생각하시는 이유를 알겠습니다." "어떻게 그런 결론에 도달하셨는지 충분히 이해합니다." "올바른 지적을 하셨습니다." 상대의 사고 과정을 인정한다고 해서 그의 주장에 찬성한다는 뜻은 아니다. 단지 그가 생각하는 방식을 이해한다는 뜻이다. 사람들은 자신의 사고방식이 비판받는 것을 무척 싫어한다. 그러므로 <u>상대의 주장에서 동의할 수 있는 부분을 발견하자. 이를 통해 분위기를 부드럽게 만들 때 상대는 우리 이야기에 귀를 기울일 것이다.</u>

가장 똑똑한 사람이 되려고 하지 말자

상대가 자기 자신에 대해 긍정적인 감정을 갖도록 하자. 주장을 펼치는 데는 올바른 방식과 잘못된 방식이 있다. 잘못된 방식은 우리의 이야기를 방해한다. 반대로 올바른 방식은 이야기를 완성한다. 올바른 방식으로 주장을 펼치기 위해서 먼저 상대의 지식과 접근 방식을 높이 평가하자. 그리고 상대의 아이디어와 경험을 자신의 이야기 속에 녹여 넣을 방법을 찾자. 또한 그의 기존 지식이 어떻게 우리의 새로운 아이디어에 부합할 수 있는지 보여주자.

모든 사람에게서 사랑을 받을 순 없다

우리는 언제나 다른 사람들과 충돌한다. 최고의 스타도 싫어하는 사람이 있다. 설득하려는 상대에게서 호의적인 반응을 끌어내지 못할 때는 자기 이야기에 집중하자. 비록 저녁 초대를 받지 못한다고 해도 이야기를 통해 상대의 관심을 자극하는 일은 얼마든지 가능하다.

반복성

대중음악에는 후크, 그리고 클래식 음악에는 주제 혹은 라이프모티프 leitmotif (예술 작품에서 반복적으로 등장하는 핵심 주제—옮긴이)라는 게 있다. 그리고 쉽게 기억되는 노래를 일컬어 이어웜 earworm 이라고 한다. 사람들은 이러한 이어웜이 "머리에서 떠나질 않는다"며 불평하곤 한다.

반복성은 음악을 인상적인 작품으로 만들어주는 요소다. 또한 반복성은 의사소통과 설득 과정의 핵심 요소이기도 하다. 사람들은 "장벽을 쌓아라 Build That Wall"나 "더 나은 재건 Build Back Better"처럼 대중의 인기를 끈 정치적 선전 문구를 기억한다. 정치인은 이런 슬로건을 반복적으로 사용해서 사람들의 머릿속에 주입한다. 그리고 정당은 하나의 슬로건을 중심으로 당원들을 결집한다. 정치에 중독된 이들은 트위터에서 정치인들의 슬로건을 무의식적으로 앵무새처럼 따라 한다.

아이디어를 내놓거나 연봉 인상을 요구하거나 혹은 협상을 시작하기 전에 자신의 주장에서 몇 가지 핵심 요소를 떠올려보자. 이를 간결하고 인상적인 형태로 압축할 수 있는가? 물론 슬로건을 만드는 것은 아니므로 완벽한 표현일 필요는 없다. 그래도 쉽게 반복해서 말할 수 있는 형태인지 생각해보자. 예를 들어 회사가 꽤 규모가 큰 새 고객과 계약을 맺는 과정에서 자신이 중요한 역할을 했다고 해보자. 그렇다면 연봉 인상을 요구할 좋은 기회가 찾아온 것이다. 이제 그 요구를 자신의 주장에서 핵심 요소로 집어넣자. 가령 협상 과정에서 있었던 일을 언급하거나 성공을 축하하기 위해 팀원들과 회식을 했던 식당에 관한 이야기를 함으로써 자신의 주장을 뒷받침할 수 있다. 이러한 접근 방식은 계약을 체결하는 과정에서 자신이 중요한 역할을 했다고 직접적으로 말하는 것보다는 미묘하지만, 사무실을 나가고 난 뒤에 상사에게 더 뚜렷한 인상을 남길 수 있다.

우리는 자신의 아이디어가 모든 사람의 귀에 음악처럼 들릴 수는 없으며, 우리의 설득 전략이 때로는 불협화음을 만들어내기도 한다는 사실을 알고 있다. 그런 일이 벌어졌을 때 우리는 애써 긍정적으로 생각하면서 그대로 나아가려고 한다. 하지만 그런 실수를 반복하지 않기 위해서는 자신의 설득 전략에서 어떤 부분이 사람들의 외면을 받았는지 확인할 필요가 있다.

요약

- 올바른 메시지를 올바른 시점에 전달하는 과제에 집중하자. 이 말은 성공적인 설득을 구성하는 네 가지 핵심 요소인 시점, 신뢰성, 호감도, 반복성을 고려하라는 의미다.

- 상대가 우리와 우리 주장을 받아들이려 하지 않을 때는 먼저 존중의 태도를 보이자. 반박하기 전에 동의하자. "왜 그렇게 생각하시는지 알겠습니다." 상대의 사고 과정을 인정한다고 해서 상대의 주장에 찬성한다는 의미는 아니다. 다만 상대가 생각하는 방식을 이해한다는 뜻이다. 사람들은 자신의 사고 방식이 지적받는 것을 무척 싫어한다.

3부

설득 기술을
자기 분야에 적용하기

17장

비즈니스에서 설득 상황

　축하한다! 당신은 이제 설득 기술이라는 무기를 장착했다. 사람들의 마음을 움직일 수 없다는 감정의 함정에 더 이상 빠질 이유가 없다. 그리고 특정한 상황에만 유효한 기술에 매달릴 필요가 없다. 대신에 자신의 기술을 설득하려는 상대에게 정확하게 활용하기만 하면 된다.

　포렌식 듣기는 상대가 드러내지 않은 이야기를 신속하고 효과적으로 파악하는 핵심 기술이나. 우리는 막연하게 실문하기보나 예측 문장을 의도적으로 던짐으로써 상대가 적극적으로 자신을 드러내게 할 수 있다. 이제 우리는 사람들을 두 가지 설득 유형으로 분류할 수 있다. 즉 사실 중심적 유형과 감정적 유형으로 구분할 수 있다. 이 중에서 자신에 맞는 것을 선택하면 된다.

또한 우리는 개인의 생활 방식과 신체적 자세, 성격 일관성 및 비일관성을 FBI 특수 요원의 날카로운 눈으로 살펴봤다. 상대를 설득하려 할 때 가장 강력한 주장으로 시작해서는 곤란하다. 대신에 설득 연속체에 따라 조심스럽게 상대를 이동시켜야 한다. 그리고 다음으로 곰곰이 생각해볼 설득 클리프행어를 남겨둬야 한다.

우리는 단순한 성공이 아니라 더 높은 차원의 성공으로 나아가기 위한 모든 기술을 갖췄다. 설득에 대한 강한 확신으로 사람과 주변 상황을 순식간에 파악하고 가능성의 세상을 열어갈 것이다. 사람들은 모두가 바라는 계약과 리더십, 이사회 자리를 놓고 우리를 찾을 것이다. 우리는 예전에 꿈꾸지 못했던 취업과 승진 혹은 고객을 당당하게 얻을 것이다. 그리고 특별한 모임과 행사, 강연 그리고 자기 분야의 유명 인사들과 관계를 맺을 수 있는 자리에 초대받을 것이다. 또한 보상이 많은 프로젝트와 발전 가능성이 큰 고객을 맡게 될 것이다. 나아가 모두가 우리의 조언을 구하려고 하면서 고위급 회의에 참석 요청을 받을 것이다. 그리고 지금까지 배운 모든 기술을 활용하여 힘든 비즈니스 상황을 헤쳐 나갈 것이다.

지금까지 설명한 기술을 바탕으로 우리가 앞으로 경험하게 될 다양한 상황을 가정해봤다. 각각의 상황에서 어느 설득 도구가 효과를 발휘하는지 확인해보자.

상황 1: 승진 후 새로운 팀을 분석하기

당신은 뛰어난 설득 기술을 발휘하여 중요한 승진 기회를 잡았다. 이제 새롭게 맡게 된 팀을 분석하고 팀원들 개개인의 역량과 기술을 어떻게 활용할 것인지 파악해야 한다. 그리고 팀의 전반적인 분위기와 경쟁 구도, 신뢰 관계 등을 말해주는 실마리를 발견해야 한다.

상황 1에서 활용할 수 있는 설득 도구

가장 먼저 팀원들과 함께 전체 회의를 하자. 여기서 포렌식 필기에 집중하기는 힘들다. 회의의 명목상 목적이 팀장인 자신을 소개하는 자리이기 때문이다. 팀원들에게 자신에 관한 이야기를 하자. 그러나 구체적으로 들이갈 필요는 없다. 지금쯤 이미도 당신에 대해 많은 이야기를 들었을 것이기 때문이다. 지금껏 맡은 역할이나 취미, 가족 등에 관한 이야기를 가볍게 하자. 당신은 팀원들에게 일 중독자가 아니라 균형 잡힌 삶을 살아가는 상사라는 이미지를 보여주고자 한다. 팀원들이 자리를 옮겼거나 은퇴한 전임 상사를 좋아했다면, 그가 이룩한 성취를 치하하자(그러나 정당한 이유로 해고되었다면 이 대목은 건너뛰자). 여기서 당신은 자신의 리더십 역량에 대한 확신을 보여줘야 한다.

자신을 소개하는 회의(팀원들을 둘러보며 모두를 소중하게 여긴다는 인상을 전하는 것도 잊지 말자)가 끝났다면 다음 단계로 넘어가자! 팀원들에게 개선 사항을 제안하도록 하자. 그들은 정말로 원하는 프로젝트를 맡고 있는가? 놓친 기회를 인식하고 있는가? 팀장이 무엇을 우선순위로 삼아야 한다고 생각하는가? 이러한 질문으로 새로운 팀원과 동료에 대해 많은 것을 배울 수 있을 뿐 아니라, 직원들의 의견을 존중하는 사려 깊은 리더의 이미지를 전할 수 있다.

회의가 끝나고 관찰 내용을 기록하자. 누가 말을 많이 했는가? 누가 한마디도 하지 않았는가? 누가 긍정의 시선을 보냈는가? 팀원들은 누구를 존중하고 좋아하는가? 누가 현실적인 대안을 제시했는가? 누가 창조적인 아이디어를 냈는가? 누가 조직의 역사를 잘 이해하고 있는가? 그렇게 알아낸 모든 정보가 도움이 된다. 이제 팀원들이 제안하기를 기다리자. 이를 통해 팀에 관해 더 많은 것을 알 수 있다.

상황 2: 마이크로매니저를 대체하기

새로 부임한 팀장이 자신을 팀원들에게 소개했다. 그런데 전임자인 마크는 대단히 엄격한 마이크로매니저 micromanager(세세한 부분까지 통제하는 관리자—옮긴이)였고 그동안 팀원들이 적잖은 심리적 고통을 겪었다는 사실을 알게 되었다.

상황 2에서 활용할 수 있는 설득 도구

일반적으로 마이크로매니저는 팀원들의 역량을 믿지 못하고 불안해하기 때문에 통제하려 든다. 그러나 팀원들의 행동을 하나하나 통제할 때 그들은 실수를 저지르고 지적당할 두려움 속에서 살아가게 된다. 리더는 직원들이 자기 아이디어가 인정받고 때로는 실패해도 괜찮다고 확신하는 업무 환경을 구축해야 한다. 그리고 직원들의 생각을 이해하고 그들이 느끼는 두려움을 이해한다는 인상을 전해야 한다. 여기서 심리적 고통을 겪었던 팀원들이 설득 연속체상에서 움직이도록 5~7가지 메시지를 마련해야 한다. 이러한 메시지는 현재 상황에 대한 이해와 자신감 넘치는 전망을 담고 있어야 한다. 당신은 이제 팀장으로서 팀원들이 다음 단계로 넘어가도록 만들어야 한다.

팀을 움직이게 하는 메시지

메시지 1: "모두 든든한 지원을 받고 있다고 느낄 수 있도록 팀 관리를 개선해야 한다는 데 동의하고 있습니다."

메시지 2: "모든 팀원은 전문가이므로 세부적인 통제는 사무실 분위기를 숨 막히게 만들고 시간만 낭비할 뿐입니다."

메시지 3: "마크는 악의가 없었지만 모든 팀원이 그의 관리 방식에 만족하지는 않았을 겁니다."

메시지 4: "모두 든든한 지원을 바탕으로 최고 성과를 올리도록 합시다."

설득 클리프행어 남겨두기

메시지 5: "산업 조사에 따르면 자율적인 관리가 가장 효과적인 방식이라고 합니다. 이에 관해 《하버드 비즈니스 리뷰》에 실린 기사를 읽어보길 바랍니다. 저는 모든 팀원과 일대일 회의를 통해 각자의 제안을 살펴보고 모두가 성공할 수 있는 업무 환경을 만들어볼 생각입니다."

이러한 메시지를 팀원들에게 전할 때 그들 모두 관심받고 있다고 느끼고 실질적인 해결책을 적극적으로 내놓으려 할 것이다. 당신은 팀장으로서 그들을 지원하고 존중한다는 인상을 전할 수 있다.

그리고 의식적인 인정을 통해 팀원들이 개선이 필요한 부분에 주목하고 자신의 기대를 분명히 밝히고, 또한 처벌에 대한 두려움을 완화할 수 있다. 팀장으로서 당신이 선호하는 행동 방식을 공식적으로 밝힘으로써 팀원들이 기존의 업무 문화에서 벗어나도록 만들 수 있다. 다음으로 사무실 분위기를 파악해서 팀원들이 누구를 실질적인 리더로 생각하는지 확인하고 그의 협조를 얻자. 그는 조직 내 정보 원천이자 강력한 아군이 되어줄 것이다.

상황 3: 과제를 요청하기

여기서 당신은 실질적인 관리 권한이 없는 상태에서 자신의 성공에 중요한 과제를 처리해주도록 동료에게 부탁하고 있다. 그와 여러 차례 함께 일한 적이 있지만 지금 당신의 요청을 들어줄지 확신이 없다.

상황 3에서 활용할 수 있는 설득 도구

상대가 어떻게 생각하고 느끼고 행동하기를 원하는지 생각해 보자.

생각: 당신은 동료가 이번 과제를 처리하면 자신에게도 도움이 될 것이라고 '생각'하도록 만들고 싶다. 그래서 이번 협력이 당신 자신의 성공만이 아니라 동료의 성공으로도 이어질 것이라는 점을 강조한다.

감정: 동료가 이번 프로젝트를 통해 당신과의 협력에 대해 긍정적으로 '느끼고' 프로젝트 전반에 걸쳐 열심히 일해주기를 원한다. 그래서 프로젝트를 시작하면서 직원들이 보는 앞이나 그룹 이메일을 통해 동료의 노력을 언급한다.

행동: 이번 프로젝트를 통해 많은 도움을 얻을 수 있다는 확신으로 당신의 요청을 적극적으로 받아들이고 열정적으로 업무를 '수행'해주길 원한다.

프로젝트를 함께 진행하면서 다른 동료에게 실질적인 도움을 준 사례를 수집해보자. 그리고 협력 과정을 그려보면서 상대가 정말로 중요하게 여기는 것이 무엇인지 생각해보자. 동료가 사실 중심적 유형이라면, 산업 벤치마킹 보고서와 통계 자료, 그리고 데이터를 제시해서 이번 협력으로 무엇을 얻을 수 있는지 보여주자. 반대로 감정적 유형이라면, 이번 프로젝트를 중요한 기회로 묘사해서 동료의 야심을 자극하고 그의 기여를 상사에게 직접 보고하겠다고 약속하자.

상황 4: 매출 목표 설정하기

당신은 상사로서 직원들에게 새 매출 목표를 제시해야 한다. 이번 목표에 대해 직원들의 반발이 일부 있을 것으로 예상한다. 지난번 목표는 예측하지 못한 상황 탓에 달성에 실패했다. 이로 인해 당신의 리더십에 대한 직원들의 신뢰가 떨어지지 않았을까 우려한다.

상황 4에서 활용할 수 있는 설득 도구

직원들의 적극적인 참여가 필요한 프로젝트를 추진하려면 모두의 노력을 끌어내야 한다. 이를 위해 팀원들과 일대일 회의를 하고 포렌식 필기를 활용할 수 있다. 팀원들에게 왜 지난번 목표를 달성하지 못했는지, 이번 목표를 달성하려면 어떻게 해야 하는지 물어보고 그들의 대답에 주의를 기울이면 많은 이야기를 들을 수 있다. 여기서 팀원들의 감정 상태를 파악하고, 반복하는 주제와 용어 선택, 자세, 목소리의 억양과 어조, 속도에 주목하자.

<u>팀원들이 드러내지 않은 이야기를 추측하자. 특히 특정 주제를 회피한다면, 많은 것을 짐작할 수 있다.</u> 가령 팀원들은 이번 프로젝트가 당신의 역량을 넘어선 것으로 생각할 수 있다. 그리고 그들이 무엇을 얼버무리거나 불편하게 느끼는지 살펴봄으로써 중요한 문제를 발견할 수 있다. 그럴 때 의도적으로 추가적인 질문을 던져야 한다. 당신이 찾는 대답은 아마도 팀원들이 구체적으로 밝히길 꺼리는 곳에 숨어 있을 것이다.

다음으로 팀 전체 회의를 하자. 모두가 서서 이야기를 나누는 방식도 좋다. 여기서는 동기화 기술을 적용해볼 수 있다. 가장 먼저 팀원들에게 유감을 표하자. 일대일 회의에서 들은 이야기를 다시 언급하면서 지난 분기의 목표를 달성하지 못한 것에 대해 유감을 표하자. 비록 자기 잘못이 아니라고 해도 사과하자. 사과는 상대의 두뇌 속에서 긍정적인 도파민이 분비되도록 만든다. 다음으로 목표 달성에 필요한 일일, 일주일, 월 단위의 계획을 세우자. 지금까지 성과에 기여한 팀원에 대한 칭찬도 잊지 말자. 그리고 이런 회의를 앞으로 매일 아침 10분 동안 할 계획이라고 공지하자. 이 회의에는 다음 요소들이 포함되어야 한다.

- 어제의 성과와 오늘 해야 할 일
- 목표 달성에 박차를 가한 팀원의 기여에 관한 성공 스토리 소개.

SAP의 비즈니스 개발 책임자 제이미 닌네먼 Jamie Ninneman 은 비즈니스 세상에서 어떤 이들은 정보를 돈처럼 취급한다는 사실을 경험을 통해 깨달았다고 말한다. 그리고 이러한 사람을 설득하려면, 그의 주변을 당신의 아이디어와 제안을 높이 평가하는 사람들로 둘러싸야 한다고 말한다. 의식적인 인정과 집단 설득 기술을 동원하여 당신의 지지자로 '그를 둘러싸면' 그는 당신의 아이디어와 제안, 프로젝트를 더 적극적으로 받아들일 것이다.

이러한 방식으로 모든 팀원의 두뇌를 동기화하고 그들이 성공적인 일과를 위해 마음을 준비하도록 만들 수 있다.

상황 5: 직업 개발 교육에 직원들이 자발적으로 참여하도록 만들기

당신은 25명의 동료가 직업 개발 프로그램에 자발적으로 참여하도록 만들어야 한다. 당신의 상사는 얼마나 많은 직원이 참여하는지를 기준으로 당신의 리더십 역량을 평가할 것이다. 그렇다면 동료들에게 어떻게 이메일을 보내야 할까?

상황 5에서 활용할 수 있는 설득 기술

팀 전체에 이메일을 보내기 전에 몇몇 동료에게 '아이디어 중개자'가 되어달라고 요청해서 다수 환각 현상을 활용해보자. 그리고 이들 동료가 당신의 제안을 쉽게 지지할 수 있도록 만들어서 당신의 요청을 수락할 수밖에 없게 하자. 또한 당신이 직업 개발 프로그램에 관한 이메일을 팀 전체에 보내면 적극적으로 지지 의사를 드러내달라고 요청하자.

아이디어 중개자가 되어달라는 요청은 잘 알고, 신뢰하고, 존경하는 동료에게만 보내자. 그리고 나중에 그들의 호의를 되돌려주자. 가능하다면, 당신이 보답할 수 있는 구체적인 방법을 보여주자.

상황 6: 새로운 상사와의 만남

상사가 바뀌었다. 당신은 지금 그 상사를 만나는 일대일 회의에 들어가는 중이다.

상황 6에서 활용할 수 있는 설득 기술

<u>새로운 상사가 드러내지 않은 이야기를 파악하는 노력이 중요하다. 이를 통해 그가 무엇을 성취하고자 하는지, 그리고 무엇을 중요하게 여기는지 짐작할 수 있다.</u> 그리고 상사가 목표를 성취하도록 도와줄 수 있고 그를 이해하고 자신이 그의 편이라는 사실을 보여줄 수 있다. 당신은 기존 팀원으로서 조직의 정보를 전하는 훌륭한 원천이 될 수 있다. 이 회의에서 팀을 더 효율적인 조직으로 만들고, 특정 고객의 거래 규모를 확장하고, 새로운 비즈니스를 선정하는 일과 관련해서 자신의 아이디어를 제시하자. 동료의 험담으로 이야기를 시작하지 말자. 당신은 뒤에서 이야기하거나 뒤통수를 치는 사람이라는 인상을 주길 원치 않을 것이다. 중요한 안건이 아니라면 상사를 귀찮게 하지 말자. 새로운 상사의 사무실에 하루에 다섯 번 찾아가는 아첨꾼 중 하나로 인식되길 원치는 않을 것이다. 신중하고 똑똑한 관리자라면 그 의도를 알아챌 것이다.

<u>상사에게 강한 인상을 주고자 한다면, 백투더퓨처 기술을 활용해서 미래의 산업 동향을 제시하자.</u> 과거에 확인한 일과 지금 벌어지는 일 그리고 앞으로의 예측을 설명하면서 이를 뒷받침할 만한 객관적인 데이터를 보여주자. 이러한 예측을 놓고 상사와 대화하는 과정에서 미래 지향적인 사고가로 자리 잡을 수 있다.

상황 7: 부적절한 면접 질문

당신은 취업 면접을 보고 있다. 그런데 면접관이 당신이 지금 다니는 회사에 대한 정보를 캐내기 위해 부적절한 질문을 던진다. 새로운 일자리를 원하지만 지금 다니는 회사의 부적절한 정보까지 공개하고 싶지는 않다.

상황 7에서 활용할 수 있는 설득 기술

인질 협상가는 인질범이나 위기에 처한 사람이 사용하는 단어나 표현에 주목한다. 그리고 특정 단어나 주제로부터 인질범이 완전히 드러내지 않은 동기나 두려움의 원천에 관한 실마리를 얻는다. 칩은 인질범이 이야기를 계속하도록 유도했다. 가령 이렇게 물었다. "비행기를 원한다고 했죠? 어디로 갈 생각인가요?"

반면 위기에 처한 사람에게 평화적인 해결책이 되지 못할 대화 주제는 피하거나 새로운 관점으로 전환했다. 한 인질범은 협상 과정에서 짜증을 내며 마약을 집요하게 요구했다. 칩은 그의 요구를 인정함으로써 대화 주제를 전환하고자 했다. "좋습니다. 약물을 여러 차례 요구하시네요. 그게 없으면 힘들 거라는 걸 압니다. 그런데 그 약을 먹으면 어떻게 되나요?" 칩은 용의자의 요구를 인정하면서 공감을 보였다. 그리고 정확한 답변을 주지 않은 채 대화 주제를 전환하고자 했다.

이 상황에 면접관은 정말로 중요한 주제가 아니라 당신의 현재 직장에 관한 정보를 알아내기 위한 질문을 던진다. 여기서 당신은 면접 과정의 스트레스를 이겨내면서 그가 왜 그런 질문을 했는지, 그리고 어떻게 대화 흐름을 자신에게 유리한 방향으로 이끌 수 있을지 고민해야 한다.

어쩌면 면접관은 정보를 공개하도록 유도함으로써 기업에 대한 당신의 충성심을 시험하는 것인지도 모른다. 혹은 불편한 상황에 어떻게 대처하는지 보는 것일 수도 있다. 아니면 직원을 채용할 의사는 없이 그저 경쟁사의 정보를 캐내기 위해 면접을 하는 것인지도 모른다. 그렇다면 이 질문에 답해서 당신에게 득이 될 것은 하나도 없다. 이제 당신은 <u>면접관의 의도에 집중하고, 초점 전환 기술을 활용해서 긴장감을 높이고, 포러 진술을 통해 신뢰를 쌓아야 한다.</u>

이런 말로 긴장감을 높일 수 있다. "회사의 내부 정보를 요청하시는 듯한 느낌이 듭니다. 그런 정보는 말씀드릴 수 없습니다. 절내로요."

그리고 이렇게 초점을 전환한다. "그런 정보를 말씀드리지 않더라도 저에 대한 평가에 도움이 될 만한 답변은 충분히 드릴 수 있습니다." 그러고는 면접관의 반응을 기다린다.

그리고 포러 진술로 넘어가서 이렇게 말한다. "오래 이야기를 나누지는 않았지만 특정한 결과를 원하시고 있다는 생각이 듭니다. 그렇지 않은가요?"

이제 도덕적 과시^{virtue signaling}(정치적, 사회적 올바름에 스스로 많은 관심을 기울이고 있다는 사실을 드러내는 행동—옮긴이)로 신뢰를 쌓을 차례다. 지금 회사에 대해 나쁜 말을 하는 사람은 틀림없이 다음 회사에 대해서도 똑같이 말할 것이다. 그래서 당신은 이렇게 말한다. "개인적인 신의 원칙을 지키기 위해 지금 회사에 관해서 어떤 부적절한 정보도 드릴 수 없다는 사실을 이해해주시리라 믿습니다."

상황 8: 지친 고객 서비스 담당자를 다루기

비행기 예약이 취소되는 바람에 공항에 발이 묶이고 말았다. 다시 예약하려고 여행사에 전화를 걸지만 짜증 나는 멜로디만 무한 반복되고 있다. 한참 뒤에 고객 서비스 담당자가 전화를 받았다. 당신은 조금 화가 난 상태이지만 재예약을 부탁해야 할 서비스 직원의 좋지 않은 감정 상태가 느껴진다. 이제 당신에게는 몇 가지 선택권이 있다.

- 똑같은 감정으로 맞선다.
- 상황을 고조시킨다.
- 앞으로의 상황에 대한 공감을 끌어낸다.

상황 8에서 활용할 수 있는 설득 기술

직원의 공감을 끌어낸다고 해서 '내가 처한 안타까운 상황'에 대해 칭얼대라는 말이 아니다. 다만 지금 주도권을 가진 사람(당신은 아니다)의 마음을 이해하라는 뜻이다. 서비스 담당자의 목소리에서 피곤함이 묻어날 때 그는 마치 '실수인 것처럼' 전화를 끊어버릴지 모른다. 그러면 30분 더 통화를 기다려야 할지 모른다. 아니면 예약이 내일로 미뤄지는 바람에 호텔에서 하룻밤을 묵어야 할 수도 있다. 그렇다면 자기 목소리의 어조와 억양, 속도에 유의하면서 화난 고객들로부터 좀처럼 좋은 말을 듣지 못하는 고객 서비스 담당자의 처지에 공감을 보이자. 다음으로 이렇게 서비스 담당자의 상황을 이해하는 말을 하자. "유감입니다. (잠시 뜸을 들이고 난 뒤) 이런 전화가 많이 걸려 오고 그때마다 수고하신다는 걸 잘 압니다."

지금 당신이 크게 분노하거나 혼란스러운 상황이 아니라면 딱히 해결책이 없는 서비스 담당자의 처지에 공감할 것이다. 예약이 취소되고 30분간 통화를 기다린 것은 그의 잘못이 아니다. 그 직원은 아마도 몇 시간째 짜증 난 고객을 상대하고 있을 것이다. 그러나 그게 그들의 일이라는 생각이 들 것이다. 또한 편도체가 과잉 활성화되면서 원시적인 두뇌가 가동되고 있는 상황에서 공감하라는 것은 무리한 요구일 수 있다. 게다가 공감을 억지로 짜내는 것은 도움이 되지 않는다. 담당자는 당신에게 아무런 잘못을 하지 않았다. 당신은 그에게 방금 재예약을 처리해준 승객과 같은 익명의 존재다. 당신이 그의 힘든 일과를 억지로 안타깝게 여기는 척한다고 해도 그는 진정성을 느끼지 못할 것이다.

여기서 짜증과 불편함에 주목하는 것은 상황 해결에 도움이 되지 않는다. 어쨌든 30분 동안 통화 연결음을 다시 듣기는 싫기 때문이다.

상황 9: 프로젝트 예산을 더 많이 확보하기

당신은 상무에게 보고하는 12명의 부서장 중 한 사람이며, 모든 부서장은 프로젝트 예산을 더 많이 따내기 위해 경쟁을 벌이고 있다. 어떻게 해야 조금이라도 더 큰 파이 조각을 차지할 수 있을까?

상황 9에서 활용할 수 있는 설득 기술

설득 연속체를 활용해서 주장을 펼치자. 그냥 들어가서 굽실거리며 더 많은 예산을 요청할 것이 아니라, 수용 영역에서 시작하자. 즉 당신의 부서가 기업의 인지도와 수익 혹은 내부 조직에 기여한 것처럼 당신과 상사 모두 동의할 수 있는 성과를 언급하자. 여기서 기억을 되짚어보거나 상사의 이야기 혹은 그가 믿고 있는 것을 적극적으로 활용해서 주장을 강화할 수 있다. 다만 자기 개인의 성공이 아니라 부서 전체의 성공에 집중하자. 지금은 연봉 인상이 아니라 부서 예산을 요청하는 자리다.

미래를 전망하고 증액된 예산으로 당신의 부서가 달성할 수 있는 목표를 제시하자. 당신의 요청을 들은 상사는 어쩌면 고민해본 뒤 답을 주겠다고 할 것이다. 그렇다면 상사가 밤새워 생각해볼 설득 클리프행어를 제시하자. 즉 두려움과 불확실성, 의심의 씨앗을 심자. 당신의 부서가 예산 부족으로 겪게 될 잠재적 어려움은 무엇인가? 또한 당신의 요구를 뒷받침하기 위해 부서에 관한 이야기나 상사에게 도움이 될 새로운 정보를 제시하자.

상황 10: 상사가 위기 상황에서 움직이게 만들기

한 팀원이 어떤 간부에게서 성희롱을 당했다. 인사팀이 그 간부에게 문제에 관해 설명했지만, 그는 담담한 목소리로 새로운 목표 설정에 관한 이야기만 한다. 그에게 처음으로 성희롱 피해를 당한 직원은 이미 퇴사했고, 소문에 의하면 현재 소송을 준비 중이라고 한다. 자칫 기업 이미지에 치명적인 피해가 우려되는 상황이다. 그런데도 CEO는 위기 의사소통 전문가에게 문제 해결을 의뢰하기를 망설이고 있다. 어떻게 그를 설득할 것인가?

상황 10에서 활용할 수 있는 설득 기술

두려움이 CEO의 의사결정에 어떤 영향을 미칠까? 이 사례에서 CEO는 소극적인 자세로 중요한 의사결정을 회피하고 있다. CEO가 이러한 태도에서 벗어나도록하려면 지혜로운 설득이 필요하다. 특히 회의실에 CEO와 당신 외에도 더 많은 사람이 있는 경우라면 말이다. 그는 감정적인 차원에서 안전을 선호한다. 그는 자신에 대한 확신이 없으면서도 조직으로부터 존중받고 싶어 한다. 이러한 상황에서 자신의 '정의로운 태도'만을 고집해서 CEO를 당황하게 만들어 시간을 낭비할 여유는 없다. 대신에 미래를 내다보는 노력이 필요하다.

CEO는 이미 지금 상황에서 많은 스트레스를 받고 있으며 의사결정을 두려워하고 있다. 여기서 당신이 해야 할 일은 아무것도 하지 않는 것이 외부의 도움을 요청하는 것보다 훨씬 더 위험하다는 사실을 깨닫게 만드는 것이다. 그가 느끼는 감정에 이름을 붙이고 신뢰 이야기를 활용해서 당신이 그의 상황을 이해하며 그의 편에 서 있다는 사실을 보여줘야 한다. 가령 이렇게 말하자. "지금 상황에 대해 마음이 편치 않으시리라 생각합니다." 혹은 "물론 쉽지 않은 결정입니다. 힘든 일이 될 겁니다." 다음으로 관심을 집중함으로써 그의 말에 귀를 기울이고 있으며, 또한 과거 사례를 통해 CEO가 자기 자신에 대해, 그리고 자신이 내린 결정에 대해 긍정적인 느낌을 갖도록 하자.

상황 11: 채용 후보자와 면담하기

부서의 빈자리를 급하게 충원해야 하는 상황이다. 인력 공백으로 팀원들이 과중한 업무에 시달리고 있다. 몇 주에 걸쳐 면접을 진행한 끝에 최종적으로 두 명의 후보로 압축했다. 어떻게 올바른 선택을 해야 할까?

상황 11에서 활용할 수 있는 설득 기술

여러 차례 면접에서 살아남은 후보자들을 처음 만났다면, 22초 읽기 기술로 신속하게 느낌을 파악하자. 자신에게 중요한 질문을 던져보자. 이 후보자는 강한 인상을 주려고 하는가, 아니면 관계를 형성하고자 하는가? 면접 후보자 대부분 강한 인상을 남기려고 할 것이다. 만약 관계를 형성하고 공통점을 찾으려는 후보가 있다면, 그는 탁월한 의사소통 기술을 보여주고 있는 것이다. 질문이 있는지 물어보기 전에 먼저 '당신에게' 질문을 했다면, 그 후보자는 호기심이 많고 적극적인 인물이라는 사실을 보여주는 것이다.

당신은 여러 가지 질문으로 감정적 동기를 파악해볼 수 있다. 안전함을 추구하는가, 아니면 경력 발전에 더 관심을 보이는가? 다음으로 확신의 수준을 평가해보자. 5점 만점에서 마법의 숫자는 4점이라는 사실을 기억하자. 확신이 과한 것은 자신의 부족한 측면을 보충하려는 것일 수 있다. 혹은 건방진 태도로 팀원들과 어울리지 못할 수 있다. 주저하거나 조심스러운 태도를 보이는 후보자는 조용히 있어도 문제가 없는 자리가 아닌 이상 성공하기에 확신이 부족한 것일 수 있다.

둘 중 한 후보자에게 눈길이 가는데 그가 다른 선택권을 갖고 있다면, 프랭크 기술을 활용하자. 기업의 성공 사례나 신제품 혹은 기업이 벌이고 있는 행사에 관한 소식을 들려주면서 그를 이야기 속으로 데려오자. 가령 이렇게 말하자. "눈으로 직접 확인하기까지 기대하세요!" 혹은 "그가 마음에 들 겁니다. 이 분야에서는 전설적인 인물이거든요."

상황 12: 새로운 사업가로 전시회장에 들어서고 있다

복도를 어슬렁거리면서 명함을 뿌리는 행동은 새로운 사람을 만나는 데 도움이 될 수는 있지만, 새로운 비즈니스를 시작하기 위한 최적의 접근 방식은 아니다. 그렇다면 어떻게 해야 할까?

상황 12에서 활용할 수 있는 설득 기술

산업 박람회에서는 무엇보다 중요한 인물을 만날 수 있지만, 그러한 행사는 인맥을 넓히기 위한 기회가 아니라 매출을 일으킬 기회라는 점을 명심하자. 친구를 사귀려고 거기에 간 것이 아니다. 당신을 포함해서 참석자 모두 제품이나 서비스 혹은 특별한 기술 프로그램을 판매하기 위해 그곳에 왔다. 거기서 22초 읽기 기술을 충분히 활용하고 다음 사람으로 재빨리 넘어갈 수 있다. 반면 대화가 몇 분 이상 길어진다면 좀 더 깊은 관계를 형성할 수 있다. 그럴 때 상대에게 관심을 집중하자. 미묘한 방식으로 귀를 기울이고 있다는 신호를 보내자.

재능있는 이야기꾼이라면 프랭크 기술을 활용해서 상대를 이야기 속으로 데려오자. 하지만 그럴 때도 비즈니스와 경력, 그리고 자신의 산업 분야에 집중하자. 파트너와 함께 참여하면 더 유리하다. 각자 서로의 성취를 홍보하면 혼자일 때보다 더 자연스럽다. 아델은 홍보 회사를 설립하고 나서 바로 그렇게 했다. 그녀는 전시회장에서 자신처럼 새로운 비즈니스에 막 도전한 마케팅 전문가를 만났다. 두 여성은 뜻이 잘 통했고 결국 전시회에 함께 참여하기로 했다. 그들은 각자의 홍보 슬로건을 작성하고 공동으로 홍보 작업을 했다! 그리고 거기서 새로운 고객을 만나고 몇몇은 서로에게 소개해주었다!

새로운 설득 기술 시도하기

위 사례를 통해 새로운 설득 기술을 실제 상황에서 어떻게 적용할 수 있는지 살펴봤다. 그러나 설득 기술이 제2의 본성이 되기까지는 시간이 필요하다. 여기서 배운 기술들을 새로운 상황에 적용해나가는 과정에서 설득 기술은 조금씩 발전할 것이다.

그러나 모든 시도가 완벽한 성공으로 이어지지는 않을 것이다. 그래도 그 과정에서 우리 두뇌는 완벽한 연결고리를 만들어낼 것이다. 우리가 새로운 기술을 익힐 때 두뇌의 '신경 시스템' 역량은 그 기술과 관련해서 발전한다. 신경과학자들은 이러한 신경 시스템을 '활동전위 action potential'로 설명하는데, 이는 자극을 받아서 발생하는 전기적 활성화로 뉴런을 따라 이동한다. 어릴 적 자전거 타는 법을 배운 과정을 떠올려보자. 아마도 계속 넘어지면서 몇 번은 무릎이 까졌을 것이다. 하지만 어느 순간 완벽한 균형감각이 본능적으로 자리 잡았다. 그리고 그때 자전거와 한 몸이 된 듯한 느낌이 들었을 것이다. 특정 과제를 반복하면 기술이 조금씩 발전한다. 그리고 두뇌에 새로운 회로가 형성되면서 자신만의 접근 방식과 스타일이 추가로 완성된다.

설득력이 향상될 때 우리는 세상을 발전시키고 미래를 열어가는 과정에 기여하게 될 것이다. 사실 세상을 바꾼 모든 아이디어는 사람들이 훌륭한 일을 하도록 설득한 사람에게서 시작되었다. 부디 이 책에서 소개하는 기술을 활용해 개인적인 삶과 직업적인 삶을 비껴나가길 바란다. 우리는 분명히 그럴 수 있다고 확신한다.

주석

서문
1. Margaret Echelbarger, Kayla Good, and Alex Shaw. *Judgment and Decision Making*, vol. 15, no. 6, November 2020, pp. 959-971.

1장
1. Scott Magids, Alan Zorfas, and Daniel Leemon. "The New Science of Customer Emotions," *Harvard Business Review*, November 2015.
2. Sigal Barsade and Olivia A. O'Neil. "Manage Your Emotional Culture," *Harvard Business Review*, February 2016.

3장
1. 개인적인 인터뷰.
2. Brian Luntz. "Scientist Program Mice to Be Friends Using Neuron Stimulating Brain Implants," *IFLScience*, May 11, 2021. 3; Simon Sinek, David Mead, and Peter Docker. *Find Your Why: A Practical Guide for Discovering Purpose for You and Your Team*. Portfolio. 2017.

4장
1. https://www8.gsb.columbia.edu/video/videos/how-influence-people-negotiation-vs-persuasion-skills.
2. https://smartypantsmagazineforkids.com/2022/09/28/andrew-carnegie-and-the-elephant-who-crossed-the-bridge/.

5장
1. Matthew Hutson. *Scientific American*, April 4, 2017. https://www.scientificamerican.com/author/matthew-hutson/.
2. 개인적인 인터뷰
3. https://www.pnas.org/doi/10.1073/pnas.2118548119.

6장
1. https://doi.org/10.2201/nonlin.003.01.001.
2. David Burkus. *Under New Management: How Leading Organizations Are Upending Business as Usual*. Harper Business. June 2017.

3. https://www.jstor.org/stable/10.1086/421787.
4. Zig Ziglar. *See You at the Top: 25th Anniversary Edition*. June 2000.
5. https://onlinelibrary.wiley.com/doi/full/10.1111/ecin.12882.
6. https://www.youtube.com/watch?v=P8Pu9j5006k.
7. https://www.eofire.com/podcast/.

7장

1. https://www.theatlantic.com/health/archive/2015/02/this-is-your-brain-on-magic/385468/
2. https://parade.com/50115/parade/interview-with-criss-angel/.
3. https://psychologyconcepts.com/barnum-effect-or-forer-effect/.
4. https://www.forbes.com/sites/giovannirodriguez/2017/07/21/this-is-your-brain-on-storytelling-the-chemistry-of-modern-communication/?sh-676ae19ac865.
5. https://www.researchgate.net/publication/232543099_Everyday_mind_reading_Understanding_what_other_people_think_and_feel.

8장

1. https://www.pnas.org/content/107/32/14425.
2. https://www.cell.com/current-biology/home.

9장

1. https://www.cbinsights.com/research/what-is-psychographics/.

10장

1. 개인적인 인터뷰.
2. https://nypost.com/2018/12/14/this-is-exactly-how-long-you-have-to-make-a-good-first-impression/.
3. https://www.drjudyho.com/stop-self-sabotage.
4. https://www.pnas.org/doi/10.1073/pnas.1920484117.

11장

1. 개인적인 인터뷰.
2. 개인적인 인터뷰.
3. https://workforceinstitute.org/.
4. https://www.bls.gov/opub/ted/2021/quits-rate-of-2-9-percent-in-august-2021-an-all-time-high.htm.

12장

1. https://www.azquotes.com/quote/552174.
2. https://brainworldmagazine.com/the-myth-of-multitasking/.
3. https://doi.org/10.1016/j.neuron.2006.11.009.
4. Gary Noesner. *Stalling for Time*. Random House. 2010.

13장

1. https://www.quotes.net/quote/51459.
2. https://img.en25.com/Web/CPP/Conflict_report.pdf.
3. https://procurementtactics.com/negotiation-quotes/.
4. https://www.ted.com/talks/mihaly_csikszentmihalyi_flow_the_secret_to_happiness?language=en.
5. https://hbr.org/2008/09/how-pixar-fosters-collective-creativity.
6. https://hbr.org/2021/08/why-are-we-so-emotional-about-money.
7. https://www.pbs.org/newshour/economy/making-sense/money-habits-are-set-by-age-7-teach-your-kids-the-value-of-a-dollar-now.

14장

1. https://www.wired.com/2007/03/security-matters0322/.
2. https://www.npr.org/2010/12/06/131734718/just-breathe-body-has-a-built-in-stress-reliever.

15장

1. https://www.cnn.com/videos/us/2018/02/19/1995-john-f-kennedy-jr-remembering-jfk-larry-king-sot.cnn.
2. https://www.fastcompany.com/90733407/the-dos-and-donts-of-creating-your-company-vision.

16장

1. https://www.psychologytoday.com/us/blog/the-social-thinker/201401/why-new-year-day-s-is-the-worst-day-start-your-resolution.